Las mujeres inteligentes acaban ricas

Si está interesado en recibir información
sobre nuestras publicaciones,
envíe su tarjeta de visita a:

Amat Editorial
Comte Borrell, 241
08029 - Barcelona
Tel. 93 410 97 93
Fax 93 321 50 68
e-mail: info@amateditorial.com

David Bach

Las mujeres inteligentes acaban ricas

Siete pasos para conseguir seguridad
financiera y alcanzar sus sueños

Amat Editorial

La edición original de esta obra ha sido publicada por
Broadway Books
Título original en inglés: *Smart women finish rich*
Autor: DAVID BACH
© David Bach – New York, 1999
y para la edición en lengua castellana
© Amat Editorial, S.L., Barcelona, 2002
Traducido por: Betty Trabal
ISBN: 84-9735-015-4
Depósito legal: B-12.265-2004
Fotocomposición: Text Gràfic
Impreso por: T. G. Vigor, S. A. - Sant Feliu de Llobregat (Barcelona)
Impreso en España — *Printed in Spain*

Con amor a mi abuela Rose Bach,
la cual me enseñó la importancia de vivir plenamente.
Deseo que permanezcas en mi pensamiento
y en mi espíritu para siempre.

Te añoro.

Índice

Agradecimientos

En una ocasión mi abuela Bach me dijo que la clave para estar satisfecho en la vida está en comprender que el fruto más importante de la vida está siempre en el extremo de la rama y que para conseguirlo uno tiene que estar dispuesto a caer del árbol. La clave, me dijo, era tener gente alrededor que pudiera agarrarte en caso de que cayeras. Yo he tenido la gran suerte de contar con un grupo de gente increíble a mi alrededor dispuesta siempre a ayudarme mientras me arriesgo para coger el fruto de la vida. Y sólo gracias a ellos, que me han apoyado tanto, estoy donde estoy.

En primer lugar y ante todo, tengo que agradecer enormemente a mi agente Jan Miller. Tú eres sin ninguna duda la que más ánimos me has dado y siempre te agradeceré nuestra nueva amistad y el haber creído en mí y en mi visión. Tú haces que las cosas ocurran, y ¡esto me encanta! Al equipo colaborador de Jan –Joy Donsky, Lisa Rich, y Shannon Miser-Marven– gracias a todas por vuestra ayuda en este libro; sin vosotras no lo hubiera podido hacer.

A Allan Mayer, mi colaborador en este proyecto –gracias, gracias, gracias por hacer de este libro lo que es–. Tú has sido desde el principio hasta el final un auténtico profesional y para mí ha sido un placer trabajar contigo. Gracias por ayudarme a tocar con los pies en el suelo siempre durante la realización de este proyecto.

A Vicki St.George, gracias por ser el ángel que me animó en «Date with Destiny» y me dijo que podía ayudarme a hacer que mi sueño se hiciera realidad. Gracias a tu ayuda en la propuesta del libro fui capaz de tener unos agentes entre los que elegir. Siempre te agradeceré a ti y a tu socia de Just Write, Karen Risch, por ser las primeras expertas en creer en mí y ver mi visión.

A mi increíble equipo de Broadway Books, os adoro desde el mismo minuto en que os conocí. A mi editora, Suzanne Oaks, eres absolutamente impresionante. Tus opiniones e ideas sobre este libro han sido inestimables. Sólo espero que éste sea el primero de muchos otros proyectos en los que trabajemos juntos. A tu ayudante, Ann Campbell, gracias por mantenerme en mi camino durante todo el viaje; eres magnífica. A Trigg Robinson y David Drake, gracias por el viaje por el libro. A Bill Shinker, gracias por crear un equipo tan formidable en Broadway. Te agradezco tu enorme interés y confianza en este libro y en mí.

Gracias a mi equipo de The Bach Group que me ha prestado un apoyo de primera calidad. A Adam Ezrilov, Kathy Price, Emilie Paisley, Carla Johnson, Carrie Farina, Judy Taggart, Lindsey Noss y Brian Lewis, Emily Bach, y mi padre, Marty Bach, gracias por hacer que nuestra oficina funcione como es debido y por tener contentos a los clientes. Gracias también por comprender el estrés y los cambios de humor que me ha ocasionado este proyecto y por el que he tenido que comprimir el trabajo de seis días en sólo tres. Vosotros sois los mejores jugadores que todo el mundo aspiraría tener y os estoy enormemente agradecido por vuestro apoyo, amistad y compromiso diario por ser los mejores.

A mis mentores, les debo agradecimiento y reconocimiento. A mi profesor y mentor Anthony Robbins, tu amistad, tus enseñanzas, y tus seminarios han modelado mi vida desde 1990, y por ello te estoy enormemente agradecido. A Bill Bachrach, tu libro *Values-Based Financial Planning*, tu programa TAC, y tu amistad han cambiado mi vida para siempre. Gracias por enseñarme cómo ayudar a los demás a aprovechar sus valores sobre el dinero. A Dan Sullivan, tu programa «Entrenamiento estratégico» ha impactado tremendamente en mi vida y en mis clases. Gracias por enseñarme el poder de la concentración y la simplicidad.

A mi equipo de publicidad del Ford Group, Arielle Ford, tú eres la mejor, tengo unas ganas enormes de celebrar contigo nuestro éxito futuro.

A mi buen amigo Jeff Odiorne, quien me sugirió en una cena: «¿Por qué no te tomas un día libre por semana en el trabajo y escribes un libro?». ¡Madre mía! ¡Era obvio! Gracias por pensar en ello. A mis amigos más próximos que me han tenido que escuchar hablando sobre el libro y me han prestado en todo momento su apoyo emocional. Gracias por vuestro amor y amistad. A Guy Sengstock, mi entrenador personal: nadie me ha oído hablar tanto sobre el libro como tú. Gracias por mantenerme en forma y optimista.

A todos mis clientes y estudiantes con los cuales he crecido y de los que he ido aprendiendo, gracias por permitirme llevar una vida maravillosa haciendo algo que me encanta hacer.

Gracias a toda la gente que me ha ayudado con sus opiniones y *feedback* sobre este libro. En particular, me gustaría agradecer a Eric Peterson de Hicks Pension Services, a Sue Varenchik de GE Capital Assurance, y a la abogada Shella Camernisch.

A mi increíble madre, Bobbi Bach, gracias por haberme ayudado a crecer creyendo que podía conseguir lo que quisiera. Tú me has dado el mejor regalo que una madre puede ofrecer, el regalo del amor, de la seguridad, de la confianza.

A mi afortunada hermana Marty Bach, tú personificas a esa Mujer Inteligente de hoy en día, que sabe vivir y acabar rica. Estoy muy orgulloso de ti.

A mi padre, Marty Bach, nunca me hubiera imaginado la cantidad de esfuerzo que se tenía que hacer para llegar al nivel de éxito que tú has conseguido. Ahora ya lo sé. Siempre has estado ahí para ayudarme y por eso te quiero. Gracias por convencerme de que me metiera en el mundo de las inversiones y por apoyarme en todo. Sin tu apoyo este libro no hubiera sido posible.

Y por último quiero agradecer a mi esposa, Michelle: tú eres sin lugar a dudas la mujer más maravillosa que jamás he conocido. Gracias por tu fantástico apoyo en este libro, por devolver siempre la sonrisa a mi cara, y por ser la isla segura en la tormenta. El valor que tú has añadido en mi vida es incalculable.

Os quiero a todos de todo corazón.

David Louis Bach
San Francisco, California

Introducción

Por qué las mujeres inteligentes toman el control de su futuro financiero

Nunca olvidaré el momento en que pregunté a mi madre: «¿Qué es lo que realmente hace girar el mundo, el dinero o el amor?». Entonces sólo tenía cinco años. Me miró a los ojos fijamente y dijo: «David, el amor es lo que hace que tu vida sea especial... ¡pero sin dinero tendrías serios problemas!».

De hecho, «serios problemas» son mis palabras. Las palabras que mi madre dijo en realidad no pueden repetirse. Jamás antes le había escuchado decir una palabrota de «adulto», y por eso aunque sólo tuviera cinco años comprendí que el no tener dinero podía ser algo realmente doloroso. La siguiente pregunta que le hice fue la más lógica para mi mente de cinco años: «¿Nosotros somos ricos, mamá?». Para responder a esta pregunta mi madre tardó un poco más (de hecho creo que incluso me mandó a jugar con mis juguetes), pero la idea del dinero se quedó desde entonces clavada en mí. Si no tener dinero era tan malo, ¿por qué no todo el mundo pensaba en cómo conseguirlo y mantenerlo? No tiene que ser tan difícil. ¿O acaso lo es?

Veinticinco años más tarde, tengo el privilegio de ganarme la vida enseñando a miles de personas –en su mayoría mujeres– cómo invertir y administrar su dinero. Y me complace informarles de que, dejando de lado las tonterías, la administración del dinero no es en realidad tan complicada como parece. Es cierto que gracias a mis seminarios «Las mujeres inteligentes acaban ricas» ya he ayudado a miles de mujeres a viajar por el mismo camino de la independencia financiera que usted va a emprender con este libro. Ellas han aprendido –igual que usted lo aprenderá– las tres claves para administrar el dinero inteligentemente que les llevarán a ganar el control sobre su propio destino financiero... y, sí, acabar ricas:

- Cómo utilizar la cabeza y el corazón a la hora de tomar decisiones financieras.

- Cómo lo que yo denomino «el factor *latté*» puede transformar hasta al asalariado más modesto en un gran inversor.

- Cómo mi método de las «tres cestas» para la planificación financiera, podrá asegurarle no sólo la seguridad a largo plazo sino también la posibilidad de realizar los sueños de toda la vida.

Verá que en mi planteamiento intervienen una serie de técnicas muy poderosas y excitantes, pero todas ellas bastante fáciles de dominar. De todas formas, antes de empezar, me gustaría tratar una cuestión que llegado este punto siempre se me plantea...

¿Quién soy yo para ayudarle a hacerse rica?

Una manera de contestar a esta pregunta es diciendo que soy el Vicepresidente adjunto y consejero financiero de una firma que opera en la Bolsa de Valores de Nueva York y que trabajo en Orinda, California, donde soy socio de The Bach Group, el cual gestiona cerca de quinientos mil millones de dólares de dinero de la gente. Muchos de los cientos de mis clientes son mujeres que han venido a mí después de asistir a alguno de mis seminarios sobre inversión o recomendadas por otras mujeres.

Pero lo que probablemente usted quiera saber es por qué un hombre (y sí, lo admito, no puedo ocultar el hecho de que soy un hombre) está tan interesado en enseñar a las mujeres a controlar sus finanzas.

Bueno, la respuesta tiene mucho que ver con mi abuela. Su nombre era Rose Bach, y ella era diferente a todas las abuelas que he conocido en mi vida.

Mi abuela, la inversora

La jefa de compras de pelucas en Gimbel's (por aquél entonces Gimbel's era uno de los grandes almacenes líderes en Norteamérica), la abuela Bach, era una mujer trabajadora en una época en la que apenas ninguna mujer trabajaba. Mis abuelos nunca fueron ricos; de hecho, nunca pudieron comprarse una casa. A pesar de todo, mi abuela decidió a una edad muy temprana que quería convertirse en inversora. Actuando en su propio nombre, cogió todas sus ganancias y las invirtió en valores y bonos. Al cabo de un tiempo y sin pedir consejo a su marido, había construido una cartera de gran valor. Cuando recientemente murió a la edad de 86 años, sus inversiones valían cerca de un millón de dólares –y esto, para una mujer cuyo primer sueldo fue de ¡10 dólares por semana!

Mi abuela Bach me enseñó muchas cosas, pero de entre todas ellas hay una lección que me interesa destacar:

¡Usted no tiene que ser rica para ser inversora!

De todas formas, si se convierte en inversora y lo hace sabiamente igual que lo hizo mi abuela Bach, ¡seguramente se hará rica!

Fue mi abuela la que me ayudó a realizar mi primera compra de acciones. Tenía siete años y mi restaurante favorito era el McDonald's. Por eso, siempre que estaba con ella me llevaba a comer a uno de sus restaurantes. Un día, siguiendo sus consejos, en lugar de pedir salsa de tomate para las patatas fritas, miré a la chica que había al otro lado del mostrador y le pregunté: «¿Cotiza en bolsa esta compañía?».

La chica del mostrador me miró como si estuviera loco y llamó al director. Sí, me dijo, McDonald's es una empresa que cotiza en Bolsa. Tras cierta persuasión por parte de mi abuela Bach (y mucho aspirar y lavar platos) conseguí ahorrar durante tres meses y acumular suficiente dinero para comprar tres participaciones de la empresa McDonald's.

Esto fue hace veintitrés años. Desde entonces las acciones de McDonald's han ido subiendo en valor y se han dividido tantas veces que esas tres acciones originales mías se han convertido en cerca de doscientas acciones. Si por aquél entonces hubiera tenido suficiente dinero para comprar cien acciones de la compañía (en aquella época una inversión de unos 10.000 dólares), mi participación valdría en la actualidad unos ¡500.000 dólares! (Siempre culpo a mis padres por no haberme prestado el dinero adicional.) Y lo único que hice fue salir a comer con mi abuela cuando era niño y poner mis escasos ahorros en una empresa cuyas hamburguesas me encantaban.

Cualquier mujer puede ser rica

Puesto que mi abuela Bach era mi gran inspiración cuando era niño, crecí creyendo que todas las mujeres eran como ella –conscientes de la importancia de invertir y bastante buenas en ello–. Y, por eso, tras seguir los pasos de mi padre e introducirme en el mundo de las inversiones, me quedé sorprendido al descubrir que la realidad era todo lo contrario. La mayoría de las mujeres no recibía ni siquiera una educación básica en finanzas hasta que realmente la necesitaba, pero entonces llegaba demasiado tarde –cuando se divorcian o enviudan y de repente se encuentran con que tienen que hacerlo en el peor momento de su vida–. En estas circunstancias, el resultado suele ser la devastación económica.

Yo quería ayudarles. Quería que todas las mujeres estuviesen informadas, recibieran educación, y las herramientas necesarias para cuidarse a sí mismas económicamente bajo cualquier circunstancia. Para ello diseñé un seminario de inversiones denominado «Las mujeres inteligentes acaban ricas» en el cual hice dos cosas importantes. Una, dirigirme a la cabeza y al corazón, reconociendo que la planificación financiera es tanto un aspecto emocional como uno intelectual. Y dos, tendí un simple pero efectivo camino que cualquier mujer puede seguir para conseguir seguridad y libertad económica.

La respuesta fue inmediata e increíble. Primero docenas, después cientos de mujeres se apuntaron a mis clases, y durante los últimos años he realizado este seminario para miles de mujeres por todo el país. ¿Por qué esta respuesta masiva? En una palabra, por necesidad. Como me dijo una estudiante: «Cuando crecí nadie me enseñó nada sobre el dinero, ni mi padre, ni mi madre, ni el colegio, así que de repente me di cuenta de que tenía que aprender por mí misma». Otra estudiante explicó: «Nadie va a cuidarme. Tengo que responsabilizarme yo misma». Una tercera añadió: «Tendríamos serios problemas si les dejáramos todo a nuestros maridos. Tenemos que conocer nuestras finanzas para poder ser independientes y cuidarnos a nosotras mismas».

Aunque mis estudiantes proceden de estilos de vida muy diferentes –ricas, pobres, mayores, jóvenes, solteras, casadas– prácticamente todas ellas creen en la importancia de la educación. Como dijo una mujer trabajadora madre de dos hijos de Walnut Creek, California, después de haber asistido a mi curso, «Conocer nuestras propias finanzas es tan importante como conocer nuestra salud. Una no puede tomar decisiones económicas si no está preparada».

Lo que *yo he* aprendido de mis seminarios es que las mujeres *quieren* ser responsables de su futuro financiero. El problema está en que muchas de ellas no saben por donde empezar. O, si ya han realizado algún paso en algunas áreas, han olvidado otras. Es difícil explicar lo gratificante que es para mí ver cómo mujeres que han asistido a mis seminarios han aprendido a tomar el control de sus destinos financieros, tomando mejores decisiones sobre sus futuros en este terreno y sintiéndose enormemente satisfechas con el resultado de ellas.

¡Bienvenida al club!

Y ahora usted va a pasar a ser una de ellas.

Lo primero de todo es felicitarle por haber dado este paso tan importante para conseguir seguridad e independencia económica. El hecho de que haya elegido este libro indica que usted ha decidido tomar las riendas de su futuro económico. Puede que no lo crea, pero al tomar esta decisión y actuar sobre ella, ya ha realizado la parte más difícil del proceso.

Felicidades también porque ha decidido hacerlo en el momento más oportuno. El hecho es que ahora es el mejor momento de la historia para que las mujeres tomen el control de su futuro financiero. Actualmente las mujeres no sólo están consiguiendo el éxito en sus carreras, sino que en muchos casos es el sueldo de la mujer el que sostiene a toda la familia. (Siete de cada diez cheques personales que se emiten en Norteamérica están firmados por mujeres). En conjunto, las mujeres trabajadoras actualmente ganan más de un billón de dólares anuales y representan cerca del cincuenta y dos por ciento del total de los ingresos domésticos en ese país. Actualmente en Norteamérica hay cerca de ocho millones de empresas con propiedad femenina, generando más de 2,3 billones de dólares en ingresos anuales. Y aún más, según la Fundación Nacional para Mujeres Propietarias de Empresas, las mujeres están iniciando el doble de nuevas empresas que los hombres. Las mujeres emplean a más gente que las quinientas firmas industriales norteamericanas más importantes juntas, y dentro de los próximos años poseerán la mayoría de las pequeñas empresas.

Algo que a los hombres no les gustará oír...

Tras haber trabajado como planificador y asesor financiero con literalmente miles de mujeres durante los últimos años, hay algo más que puedo decirle sobre las mujeres y el dinero: por norma general, las mujeres hacen mejores inversiones que los hombres. Cuando las mujeres empiezan a invertir, generalmente primero idean un plan, y después lo siguen a rajatabla. En una palabra, se «comprometen». Los hombres por el contrario... bueno, todos hemos escuchado alguna vez esa terrible frase «el miedo al compromiso», ¿no? En lugar de mantenerse firmes con una inversión sólida e importante, los hombres suelen aburrirse pronto y empiezan a buscar a su alrededor otra «cosa estupenda».

Mi experiencia es que las mujeres simplemente no hacen esto. Por norma general, las mujeres que invierten tienden a ser cautelosas con las denominadas «tendencias candentes». Esto no ocurre con los hombres. Siempre he tenido clientes masculinos que me han llamado con órdenes de comprar mil acciones de bolsa simplemente porque han oído un «consejo candente» en el gimnasio o jugando a golf. Normalmente estas peticiones de compra de acciones no van acompañadas de una investigación.

Y ésta no es sólo mi opinión. Las estadísticas también la apoyan. En 1996, los clubes de mujeres inversoras superaron a sus equivalentes masculinos por un amplio margen, consiguiendo de promedio un rendimiento de la inversión de más del veintiuno por ciento versus el quince por ciento escaso de los hombres. ¿Pura chiripa dice usted? Según la Corporación de la Asociación Nacional de Inversores, durante los últimos doce años, los clubes de inversión de mujeres han superado a los hombres nueve veces.

¿Lo encuentra sorprendente? Muchos de nosotros sí. Y esto es así porque hemos aceptado sin pensar el estereotipo de que la administración del dinero es un «juego» de hombres –un juego al que a las mujeres no se les permite jugar–. ¿Por qué? Quizá tenga algo que ver con el hecho de que la mayoría de nosotros hemos crecido viendo a nuestros padres gestionando el dinero de la familia. Ciertamente, muchas mujeres me han dicho que ésta fue la razón de que nunca antes se plantearan jugar un papel activo en la planificación de su futuro financiero. Con todo, no sé bien cuál es la causa pero cuando se trata de dinero todavía hay muchas mujeres que prefieren mantenerse al margen. Argumentan cosas como, «No soy demasiado buena con el dinero», o «El dinero no me hace feliz», o «¿Por qué preocuparse? cuanto más dinero hagas más tendrás que pagar al Estado», para intentar justificar su miedo a enfrentarse a su situación económica.

Un «juego» en el que usted también tiene que participar

Creo que esto es un error. Las mujeres del mundo actual tienen que dejar de mirar y empezar a participar en el juego. Más importante aún, tienen que empezar a disparar por sí mismas. No vale andarse con rodeos: este juego denominado del dinero (por cierto, nombre inapropiado) tiene unas consecuencias reales muy serias para todos nosotros. La gente que dice haber decidido no jugar al juego del dinero está engañándose a sí misma. Después de todo, la manera en que tratamos nuestro dinero, da color a todos y cada uno de los aspectos de nuestra vida: la educación de nuestros hijos, el tipo de casa que ofrecemos a nuestras familias, el tipo de contribución que hacemos a nuestras comunidades (sin mencionar todo esa clase de cosas mundanas como el tipo de comida que comemos, la ropa que llevamos y las vacaciones que hacemos).

El hecho es que en realidad ninguno de nosotros tiene opción: todos estamos jugando al juego del dinero nos guste o no. La única cuestión es: ¿Estamos ganando?

Por desgracia la mayoría de la gente no está ganando. ¿Por qué? Porque nadie le ha enseñado siquiera las normas. Piense en ello. ¿Cómo puede alguien ganar un juego –o incluso hacerlo bien– si no conoce las normas? Es imposible. De vez en cuando la suerte jugará a su favor, pero no será más que eso, un golpe de suerte. No puede depender de ella; usted no querrá que su cuenta bancaria, su jubilación o su sueño de tener una casa nueva esté expuesto únicamente a la suerte.

Lo que necesita para tomar el control de su destino económico es una copia de las normas. Un manual de instrucciones. Un mapa de carreteras.

Más buenas noticias para las mujeres

Esto es precisamente este libro: un mapa de carreteras financiero que le mostrará cómo llegar de donde está ahora a donde quiere estar en el futuro. La buena noticia es que las mujeres suelen ser bastante buenas a la hora de utilizar los mapas de carreteras. Ciertamente, muchas son mejores que los hombres. Los hombres generalmente prefieren conducir a la aventura, esperando encontrar algo que les sea familiar, antes de admitir que se han perdido y preguntar a alguien. Ya sabe a qué me refiero. Estoy seguro de que alguna vez se ha encontrado yendo a algún lugar con su marido o su padre, cuando de repente se ha dado cuenta de que hace demasiado rato que están conduciendo y todavía no han visto el indicativo del lugar al que se dirigen. La conversación más típica en este tipo de situaciones es algo así:

USTED: Cariño, creo que nos hemos perdido. Será mejor que te pares en alguna gasolinera o en algún otro sitio...

ÉL: No, no estamos perdidos. Sé exactamente dónde estamos.

USTED: Pero...

ÉL: He *dicho* que no estamos perdidos. Tiene que estar muy cerca de aquí.

Evidentemente, lo que cada uno de ustedes estaba pensando en ese momento es:

USTED: No tiene ni la más remota idea de dónde estamos. Si se detuviera y preguntara, en un momento llegaríamos.

ÉL: ¡No puedo creer que estemos perdidos! Creía conocer el camino. ¿Dónde estamos? Debería parar y preguntar el camino, pero si lo hago ella creerá que no sé dónde estamos. ¡Me convertiría en un perdedor si lo hiciera!

Lo mismo suele ocurrir con nuestro dinero. Por norma, los hombres creen que se supone que tienen que saber lo que hacen con la economía personal, y por tanto cuando no es así, suelen pretender que lo saben y se resisten a pedir ayuda. Como consecuencia de ello muchos hombres acaban tomando caminos equivocados que les alejarán de su destino.

Las mujeres por el contrario tienen relativamente pocos problemas a la hora de admitir que se han equivocado o no saben algo. Es por esto que pueden convertirse en mejores inversoras que ellos. Además no tienen ningún problema con la idea de que ellas no han sido educadas para tener éxito. Las mujeres se sienten a gusto estudiando y aprendiendo pero además no les importa preguntar –y preguntando aprenden más–. Esto lo he podido comprobar en mis seminarios. Cuando las mujeres vienen a las clases, estudian, leen y hacen preguntas. Su objetivo es instruirse en el tema, aprender las técnicas para administrar sus propias finanzas. No pretenden demostrar a las demás de la clase que ellas son más listas que el instructor. (Este rol suele desempeñarlo el típico chico sentado al final de la sala que cree tener todas las respuestas, pero cuyo dinero está todavía en una cuenta de ahorro ganando un interés mísero del dos por ciento.)

Ha llegado el momento de que usted se haga cargo

La premisa básica de este libro es sencilla. Creo de todo corazón que independientemente de cuál sea su edad, estado o situación –tanto si está en sus 20 como si está en los 80; tanto si está soltera, casada, divorciada o viuda; tanto si es profesional como si es ama de casa– usted como mujer está capacitada para hacerse cargo de sus finanzas y de su futuro financiero. Todo lo que necesita es que le den las herramientas adecuadas, cosa que va a hacer este libro.

Un viaje que cambiará su vida

En las páginas siguientes, lo que vamos a hacer es embarcarnos en un viaje –un viaje de siete etapas que empieza con la educación y termina con la puesta en acción–. Cuando el viaje acabe usted habrá aprendido los principios fundamentales de la administración financiera personal –principios que podrá utilizar para convertir sus sueños de libertad, seguridad e independencia en realidades concretas.

Como verá, las siete etapas que comprende nuestro viaje hacia la seguridad e independencia financiera abarcan un terreno relativamente amplio. No por ello dejan de ser relativamente sencillas. De hecho, son tan fáciles que no solamente podrá utilizarlas para cambiar su vida, sino que también podrá enseñárselas a todos los que quiera para que ellos también consigan el mismo éxito que usted.

Específicamente, nuestros siete pasos consisten en una serie de estrategias prácticas y fáciles de comprender para tomar las riendas de su futuro financiero –estrategias específicas que podrá empezar a poner en práctica antes incluso de haber acabado de leer el libro–. Conforme vaya avanzando, aprenderá no sólo qué opciones tiene, sino qué opciones podrían ser más convenientes para usted, y cómo diseñar un plan de acción personalizado en función de su particular situación.

En la primera fase de nuestro viaje, descubrirá aquello que no conoce –pero debería conocer– sobre su situación financiera personal y familiar. Después de ello, aprenderá a identificar su propias actitudes fuertemente arraigadas hacia el dinero, a definir los valores personales que estas actitudes reflejan, y a crear unos objetivos financieros reales basados en estos valores. En cuanto sepa a dónde quiere llegar, se le indicará con exactitud qué necesita hacer para organizarse y cómo puede empezar a construir un nido por muy modestos que sean sus ingresos (igual que lo hizo mi abuela Bach). Este último punto es especialmente importante porque muchas mujeres creen que la planificación financiera y las inversiones son sólo para gente con grandes ingresos y mucho dinero. Como podrá comprobar más adelante, lo importante ¡no es cuánto ganas, sino cuánto ahorras!

Por último, nuestro programa presentará una serie de estrategias simples pero poderosas diseñadas para ofrecerle: 1) un plan efectivo para la seguridad a largo plazo, 2) protección financiera contra lo inesperado y 3) la capacidad para construir el tipo de vida con el que siempre ha soñado. Por el camino, explicaremos todo lo que tiene que saber sobre la planificación tributaria, las facturas, los seguros, la bolsa (incluyendo los nueve grandes errores que comete la mayoría de los inversores), la jubilación, cómo comprar una casa y como contratar a un asesor financiero.

Al final, tanto si usted gana mucho como si gana poco, nuestro viaje de siete etapas habrá cambiado radicalmente su manera de pensar sobre el dinero –y por tanto cambiará también su vida.

Convertirse en alguien de la elite financiera

Individualmente, cada uno de los siete pasos de nuestro viaje es sencillo pero poderoso. A las mujeres que asisten a mis seminarios siempre les digo que con sólo aprender y aplicar dos o tres de los siete pasos, ya estarán en mejor forma financiera que el noventa por ciento de la gente del país. Si consiguen cuatro o cinco pasos, se encontrarán entre el cinco por ciento mejor de la población –financieramente mejor que el noventa y cinco por ciento. Y si logran llegar a los siete pasos, pasarán automáticamente a formar parte de la elite financiera del país –del uno por ciento superior de la población–. Y aún mejor, llevarán consigo a su familia y a todos aquellos que aman.

Y mientras adquiere las herramientas que necesitará para controlar su destino económico, nuestro programa de siete fases también le ayudará a aprender a sentirse a gusto con la idea de asumir responsabilidad financiera. Este es un punto clave, ya que los aspectos psicológicos y emocionales de la planificación financiera son extremadamente importantes. Aun y así, no sé por qué, pero algunos métodos todavía los ignoran.

El hecho es que no hay nada que saque a relucir tanto sus emociones como el tema del dinero. (Según los consejeros matrimoniales, el dinero es la causa que más divorcios provoca.) No hace falta decir que todos pensamos de diferente manera sobre el tema del ahorro y la inversión. Hay quien ahorra para crear seguridad y asegurar el porvenir de su familia; otros gastan para sentirse libres o experimentar aventura. Sea cual sea el caso, las emociones que despierta el tema del dinero suelen determinar si viviremos nuestras vidas en la comodidad o en la pobreza. Pero todavía hay mucha gente que no sabe qué es lo que realmente conduce estas emociones por lo que al tema del dinero se refiere.

El síndrome de la «mujer indigente»

Entre las mujeres, el impacto de la emoción sobre sus vidas financieras se demuestra claramente en lo que los expertos denominan «el síndrome de la mujer indigente», por el cual mujeres pudientes materialmente se encuentran viviendo en un continuo temor a quedarse sin blanca y tener que vivir en la calle. Yo en mi consulta me he encontrado con muchos casos de mujeres que, teniendo unas carteras de inversión importantes, me han preguntado: «David, si el mercado baja, ¿tendré que vivir como una indigente?».

Este tipo de temor es infundado pero real, y por tanto no puede ser ignorado. El programa de este libro, gracias a enseñarle a entender las necesidades emocionales y psicológicas que afectan su manera de pensar sobre el dinero, le enseñará también a superar esos miedos que podrían llevarle a una parálisis financiera, y peor aún, a tomar decisiones imprudentes. También aprenderá a crear una agenda útil a partir de la cual diseñar un plan financiero a largo plazo que realmente refleje aquello que usted busca en la vida.

Cómo utilizar este libro de la mejor manera

Antes de empezar, me gustaría darle algunos consejos de cómo leer este libro. Primero, me gustaría que pensara en el libro como en una herramienta. Como ya he mencionado, es algo así como un mapa de carreteras –su mapa de carreteras personal hacia un futuro financiero próspero–. Al mismo tiempo, me gustaría que me considerara como su «entrenador del dinero», un nuevo amigo dispuesto a ofrecerle consejos útiles sobre cómo llegar a donde quiere ir.

Debería comprender también que cada uno de los siete pasos que componen el libro pueden seguirse por separado o bien combinados unos con otros. Mi consejo es que siga el orden del libro, leyendo cada uno de los capítulos por lo menos dos veces antes de pasar al siguiente. ¿Por qué? Porque la repetición es el secreto de toda destreza, y cuando leemos algo por primera vez, no siempre captamos o retenemos todo lo que quisiéramos.

Otro consejo: conforme vaya adelantando en su viaje y aprendiendo cosas nuevas sobre la administración del dinero, no se quede empantanada por culpa de todas las cosas que debería haber hecho hace tiempo y que no ha hecho. Si comento algo que usted no supiera o que ojalá hubiera sabido antes, no se preocupe. El problema no es lo que *no* está haciendo en el presente. El problema es qué *va* a hacer a partir de ahora con todo lo que acaba de aprender al leer el libro.

Teniendo esto presente, me gustaría compartir con usted una breve historia sobre una de las mujeres que asistió a uno de mis seminarios.

Nunca es demasiado tarde... ¡ni demasiado pronto!

Lauren se levanto en medio de la clase mirándome con cara de desesperación. «David –dijo– creo que soy la mujer más joven de la clase y no estoy segura de pertenecer a ella, pero sé que tengo que empezar a planificar mi jubilación y no sé cómo hacerlo».

Al mirar al resto de la clase, me di cuenta de que Lauren tenía razón en una cosa. Probablemente fuera la más joven de las mujeres de la clase. Le sonreí, y después dirigiéndome a toda la clase pregunté: «¿A quién de ustedes le hubiera gustado asistir a una clase así veinte años atrás?».

Todas levantaron la mano. Mirando a Lauren dije: «Me parece que estás en la clase adecuada en el momento adecuado».

Unas semanas más tarde Lauren vino a mi despacho. Tenía 28 años, había acabado la universidad, y estaba trabajando como consultora. Sin embargo, igual que ocurre con muchas mujeres de su edad, Lauren no estaba aprovechándose de su plan de jubilación. De hecho, a pesar de estar ganando más de 50.000 dólares al año, gastaba todo lo que ganaba. Empleando las mismas técnicas que voy a enseñarle en el libro, enseñé a Lauren a controlar sus gastos y empezar a «maximizar» sus contribuciones a su plan de jubilación. Ahora, después de tres años, Lauren tiene ya más de 20.000 dólares en su cuenta de jubilación y si sigue así, cuando llegue a los 50 años habrá conseguido cerca de dos millones de dólares. Además, gracias a utilizar las herramientas que usted también aprenderá en este libro, Lauren ha conseguido un nuevo trabajo y ¡ha doblado sus ingresos! Actualmente, con 31 años, tiene ya pleno control de su dinero y un nuevo empleo en el que le pagan lo que ella vale.

No voy a ser yo quien me atribuya el mérito, por supuesto, todo el mérito es de Lauren. Ella asistió a las clases, siguió los consejos y (lo que es más importante) los puso en práctica.

Y usted también puede hacerlo.

Recuerde, este libro pretende ayudarle a seguir avanzando y a tomar el control de su vida, y no hacerle pasar un mal rato por todo aquello que debería haber hecho y no hizo.

Por último, el libro pretende ser divertido. Pretende que usted se divierta. Está a punto de embarcarse en un excitante viaje hacia su nueva persona, una mujer con total control de su destino que ha aprendido a gestionar su propio futuro financiero.

¡Empecemos!

Primer paso

Aprenda los hechos –y los mitos– sobre su dinero

Wendy estaba sentada en mi despacho, alerta, inquisitiva y un tanto azorada. Una experta y exitosa agente inmobiliaria había venido a hacerme una consulta financiera –y los detalles de su situación no eran del todo tranquilizadores–. A pesar de que estaba ganando algo más de 250.000 dólares al año y sus hijos iban a un colegio privado que le costaban cerca de 15.000 dólares anuales cada uno, sus finanzas personales eran un desastre. Como madre soltera autónoma, tenía menos de 25.000 dólares ahorrados para su jubilación, ningún seguro de vida o de invalidez, y nunca se había preocupado por escribir un testamento.

En resumen, esta ejecutiva ambiciosa e inteligente, estaba totalmente desprotegida frente a lo inesperado y nada preparada para el futuro. Cuando le pregunté por qué nunca había hecho ninguna planificación financiera, se encogió y me respondió algo a lo que estoy muy acostumbrado: «Estoy siempre tan ocupada con mi trabajo que no tengo tiempo para pensar qué hacer con el dinero que gano».

Mirando por encima de la mesa del restaurante, podía ver la tristeza que había en la mirada de mi madre. Una buena amiga suya acababa de divorciarse. De repente, después de más de tres décadas de estar casada con un adinerado cirujano, su amiga se encontró viviendo en un diminuto apartamento, luchando por llegar a fin de mes con un sueldo como secretaria de 25.000 dólares anuales. Al igual que muchas otras mujeres que habían tenido que dejar una vida acomodada, su amiga nunca había prestado atención a las finanzas de su familia, y por ello su ex marido pudo salirse con la suya al pactar las condiciones del divorcio. Fue algo terrible que me hizo pensar en la posibilidad de que mi madre estuviera viviendo algo similar. Así que le pregunté: «Mamá, ¿sabes dónde está el dinero de la familia?».

Creía que ésta era una pregunta sencilla. Después de todo, mi padre era un próspero consultor y *broker* financiero que impartía clases sobre inversión tres noches por semana. Mi madre *tenía* que estar al día de las finanzas de la familia.

Sin embargo, no contestó en seguida. Después encogiéndose en la silla dijo: «Por supuesto sé donde está nuestro dinero. Tú padre lo controla todo».

«Pero, ¿dónde está? ¿Sabes dónde lo ha invertido?»

«Bueno, no, no lo sé. Tu padre es el que lo lleva todo.»

«Pero, ¿tú no tienes tus propias cuentas, tu propia línea de crédito?»

Mi madre se rió. «David –dijo–, ¿para qué quiero yo una línea de crédito? Tengo el mejor banco del mundo: tu padre.»

La razón de que haya empezado nuestro viaje con estas dos historias es que sé que usted es una mujer muy especial, el tipo de mujer que cree en sí misma. Usted cree tener la capacidad y la inteligencia necesarias para llevar el tipo de vida que cree que se merece. (De lo contrario, nunca hubiera seleccionado este libro.) Además también cree –correctamente– que el dinero es importante y que tiene que aprender más sobre el ahorro y la protección del mismo. Por último, sé que usted es alguien que reconoce que para mejorar y desarrollar nuevas destrezas es necesario algo más que una simple ráfaga de entusiasmo: se necesita compromiso y formación.

Es por esto que el primer paso de nuestro viaje va a intentar motivarle para que se eduque a sí misma desde ahora y para siempre sobre su dinero y el papel que éste juega en su vida. Creo que independientemente de cuál sea su situación actual –tanto si es rica como si gasta todo lo que gana– con un poco de educación y una acción motivadora se puede conseguir mucho.

También sé por mi experiencia con miles de mujeres que, desgraciadamente ni Wendy, la agente inmobiliaria, ni mi madre son casos raros. Sí, las mujeres hace tiempo que poseen casi la mitad de los activos financieros del país. Sí, la mayoría de las mujeres trabaja y casi la mitad de ellas es la fuente de ingresos principal de la familia. Sí, las estadísticas sobre el divorcio y la viudedad son espantosas. Sí, a pesar de todo esto, lo triste es que muy pocas mujeres saben algo sobre sus finanzas familiares y personales.

Y también, muy poca gente conoce los principios fundamentales sobre el dinero que usted va a aprender en este libro. Y lo que es más importante, aunque crean saberlo, muy pocas veces siguen los principios consistentemente. Este último punto es importante porque como verá en el transcurso de su viaje, no es lo que va a aprender lo que mejorará su vida sino lo que haga con lo que ha aprendido.

Los hechos y mitos sobre usted y su dinero

Lo que vamos a hacer en este capítulo es familiarizarle con lo que denominamos los hechos financieros de la vida. Cuando haya comprendido todos los hechos, podrá entender completamente por qué es esencial que usted tome las riendas de su propio futuro financiero. Más aún, estará totalmente motivada para empezar a aprender cómo hacerlo.

El primer hecho de la vida financiera que debe comprender es que mientras que la planificación del futuro es importante, todavía lo es más para las mujeres. A pesar de que en muchos aspectos vivimos en la era de la igualdad, no hay duda de que...

Sea justo o no lo sea, las mujeres tienen que hacer
más planificación financiera que los hombres.

Como he dicho en la introducción, ésta es una buena era para ser mujer si la comparamos con otras. En términos de oportunidades y recursos, no podía haber escogido mejor momento para emprender su viaje hacia un futuro financiero seguro. Y no se trata únicamente de una cuestión de economía. Gracias a los avances en la tecnología y en las cuestiones públicas, las mujeres no sólo viven ahora más que nunca sino que son más activas durante más tiempo. En mis seminarios, siempre bromeo de que las mujeres de 80 años de hoy en día beben «zumos verdes» y hacen aeróbic cada mañana. Mi abuela Bach era así. Hasta los 86 años, caminaba ocho kilómetros diarios y ¡salía a bailar tres noches por semana! A mitad de sus ochenta, mi abuela disfrutaba de una vida que era más activa, social y físicamente, que la mía a los 30.

Pero si la buena noticia es que vivimos en una era en la que las barreras que habían mantenido a raya a las mujeres por fin han sido derribadas, la mala noticia es que todavía quedan muchos obstáculos por superar. Por ejemplo...

Las mujeres todavía ganan un veinticinco por ciento menos que los hombres.

Otro: que las mujeres tienen menos probabilidades de tener una corriente de ingresos regular durante toda su vida. En algunos casos, esto se debe a la discriminación, pero también al hecho de que las responsabilidades como la educación de los hijos y el cuidado de las personas mayores hacen que las mujeres tengan que coger y dejar sus empleos más a menudo que los hombres. En conjunto, a lo largo de toda su vida laboral, las mujeres están de promedio once años y medio sin trabajar, mientras que los hombres sólo están sin empleo dieciséis meses.

Según un estudio reciente llevado a cabo por el Departamento de Trabajo de Estados Unidos...

Las mujeres son las más afectadas por los recortes de personal que realizan las empresas.

Y es por esto que a las mujeres les cuesta más encontrar un trabajo nuevo, y cuando por fin lo encuentran suelen ser trabajos a tiempo parcial que ofrecen sueldos más bajos y menos beneficios.

Como consecuencia de todo ello, los beneficios de jubilación acumulados de una mujer serán probablemente inferiores a los de los hombres –y esto suponiendo que tengan una pensión–. Mientras que la mitad de los hombres tiene una...

Sólo una mujer de cada cinco de más de 65 años
recibe una pensión.

Pero no es simplemente el hecho de que como mujer vaya a recibir menos beneficios, sino que como mujer va a tener que hacerlos durar más. Probablemente usted vaya a vivir más años que sus equivalentes masculinos (un promedio de siete años más según el Centro Nacional de la Salud), lo cual quiere decir que va a necesitar más recursos de jubilación que ellos. Y no sólo para usted misma, sino que dada su larga expectativa de vida, lo más probable es que la carga financiera que representa tener que cuidar a sus familiares más mayores recaiga también sobre sus espaldas.

Todo esto terminará seguramente en un gran lamento

En conjunto esta es la razón de que la planificación financiera a largo plazo sea tan importante para las mujeres. A diferencia de los hombres, usted va a tener que ser más previsora, va a tener que empezar a ahorrar antes, y aferrarse a sus planes con más disciplina. Afortunadamente, hacer todo esto no sólo es posible hoy en día sino que es relativamente sencillo. El truco está en reconocer qué hay que hacer, lo cual nos llevará al otro hecho básico de la vida financiera: la ignorancia no es buena. Sino más bien lo contrario...

¡Es eso que no conoce lo que puede llegar a herirle!

En una ocasión una mujer sabia dijo: «no es lo que conoces lo que puede herirte sino lo que no conoces». Me gustaría ampliar un poco más esta idea y sugerir que lo que generalmente causa mayor sufrimiento y pena es *aquello que no sabes que ignoras.*

Piense en ello un minuto. En nuestras vidas diarias, existen sólo unas pocas categorías de conocimientos:

- Lo que sabemos que sabemos (por ejemplo, cuánto dinero ganamos al mes).

- Lo que sabemos que no sabemos (por ejemplo, cómo irá la Bolsa el año que viene).

- Lo que sabemos que deberíamos saber (por ejemplo, cuánto necesitaríamos para jubilarnos cómodamente).

- Lo que no sabemos que no sabemos (por ejemplo, que en 1997 el gobierno estadounidense hizo 824 enmiendas al código fiscal, muchas de las cuales podrían afectar directamente a la cantidad de dinero que podremos gastar en el cuidado de nuestros hijos, en la enseñanza, en los gastos médicos y en nuestra propia jubilación).

Es esta última categoría la que causa más problemas en nuestras vidas. Piense en ello. Cuando se encuentra en un auténtico lío, ¿no le parece que siempre es el resultado de algo que usted no sabía que no sabía? (Considere la inmobiliaria que compró como algo fantástico y que resultó estar en medio de un pantano lleno de cocodrilos.) Así es la vida, especialmente cuando se trata de dinero. Realmente, la razón por la que mucha gente fracasa económicamente –y como resultado nunca tiene el tipo de vida que le gustaría– es casi siempre por algo que no sabía que no sabía.

Este concepto es increíblemente sencillo, pero al mismo tiempo tremendamente poderoso. Entre otras cosas, quiere decir que si podemos reducir lo que no sabemos que ignoramos sobre el dinero, nuestras posibilidades de ser económicamente exitosos –y, aún más importante, de seguirlo siendo– pueden aumentar significativamente. (También significa que cuanto más cosas descubra que ignora al leer este libro, más feliz será, porque querrá decir que ¡ya está aprendiendo proactivamente!)

Así pues, ¿cómo aplicar este concepto? Bien, creo que la mejor manera de reducir lo que usted no sabe que no sabe sobre el dinero es aprender qué es lo que tiene que ignorar. Es decir, tiene que descubrir qué cosas conoce sobre el dinero que en realidad no son ciertas. O, como a mí me gusta decir...

No se deje engañar por los mitos más comunes sobre el dinero.

Siempre que realizo un seminario suelo empezar la clase sugiriendo que la razón por la que mucha gente –no sólo mujeres– fracasa financieramente es que se ha dejado engañar por una serie de mitos sobre el dinero que no son verdaderos. Creo que es conveniente que dediquemos un tiempo a explorar estos mitos y a aprender a reconocerlos. La razón es simple: al hacerlo reducimos las posibilidades de que nos engañen.

MITO Nº 1
¡Gane más dinero y será rica!

Éste es uno de los mitos más comunes sobre las finanzas personales: uno de las factores más importantes para determinar si una persona será rica es cuánto dinero gana. Dicho de otra manera, pregunte a las mujeres qué se necesita para ser rico y le contestarán invariablemente, «Más dinero».

Parece lógico, ¿no? Gane más dinero y será rica. Seguramente ahora esté pensando: «¿qué hay de incorrecto en ello? ¿Por qué es un mito?».

Bien, para mí, la frase: «Gane más dinero y será rica» me hace pensar en ese tipo de publirreportajes televisivos que se emiten a altas horas de la madrugada, con su entusiasta presentador y sus astutas ideas de cómo hacerse rico rápidamente. Mi favorito es uno en el que aparece un chico con una cadena de oro sonriendo a la cámara y diciendo que puedes ganar una fortuna desde el sofá simplemente mirando la televisión. Antes de entrar en el tema de si esta idea en particular puede dar sentido a algún negocio, déjeme que le diga que la premisa básica de su discurso –es decir, que la clave para la riqueza es encontrar alguna manera fácil y rápida de incrementar sus ingresos– no es para nada verdadera. De hecho, lo que determina su riqueza no es cuánto dinero gana sino cuánto dinero guarda de lo que gana.

Me explicaré. Yo creo que muchas personas que creen tener un problema de ingresos en realidad no lo tienen. Puede que usted no me crea. Puede que piense que tiene un problema de ingresos. A lo mejor ahora está pensando: «Lo siento pero no creo lo que está diciendo, en vista de mis facturas y mis gastos, le puedo asegurar que tengo un problema de ingresos».

Bueno, no estoy diciendo que no sea cierto que se esté enfrentando a algunas dificultades económicas, sino que si analizáramos en detalle su situación, encontraríamos que el problema no está en el tamaño de sus ingresos. Lo más normal es que a lo largo de toda su vida laboral una persona gane una cantidad de dinero bastante elevada. Y usted no es un caso aparte. Si le cuesta creerme, observe el siguiente gráfico de las Estimaciones de Ganancias:

ESTIMACIONES DE GANANCIAS

¿Cuánto dinero pasará por sus manos a lo largo de toda su vida y qué hará con él?

Ingresos mensuales	10 años	20 años	30 años	40 años
$ 1.000	$ 120.000	$ 240.000	$ 360.000	$ 480.000
$ 1.500	180.000	360.000	540.000	720.000
$ 2.000	240.000	480.000	720.000	960.000
$ 2.500	300.000	600.000	900.000	1.200.000
$ 3.000	360.000	720.000	1.080.000	1.440.000
$ 3.500	420.000	840.000	1.260.000	1.680.000
$ 4.000	480.000	960.000	1.440.000	1.920.000
$ 4.500	540.000	1.080.000	1.620.000	2.160.000
$ 5.000	600.000	1.200.000	1.800.000	2.400.000
$ 5.500	660.000	1.320.000	1.980.000	2.640.000
$ 6.000	720.000	1.440.000	2.160.000	2.880.000
$ 6.500	780.000	1.560.000	2.340.000	3.120.000
$ 7.000	840.000	1.680.000	2.520.000	3.360.000
$ 7.500	900.000	1.800.000	2.700.000	3.600.000
$ 8.000	960.000	1.920.000	2.880.000	3.840.000
$ 8.500	1.020.000	2.040.000	3.060.000	4.080.000
$ 9.000	1.080.000	2.160.000	3.240.000	4.320.000
$ 9.500	1.140.000	2.280.000	3.420.000	4.560.000
$ 10.000	1.200.000	2.400.000	3.600.000	4.800.000

Fuente: *The Super Saver: Fundamental Strategies for Building Wealth* por Janet Lowe (Longman Financial Services Publishing: Estados Unidos, 1990).

Los números no mienten. A lo largo de toda su vida un ciudadano ganará ¡entre uno y tres millones de dólares!

En función de sus ingresos mensuales, ¿cuánto dinero cree que ganará a lo largo de toda su vida? Seguro que es una cifra de nueve números. ¿No cree que es mejor guardar parte de este dinero? Yo sí lo creo –y seguro que usted también–. Por desgracia, muchos de nosotros no guardamos *nada* de ese dinero. De hecho, el norteamericano medio trabaja un total de 90.000 horas de toda su vida ¡y al final no le queda nada para demostrarlo! Lo normal entre la gente de 50 años de nuestro país es que de promedio tengan unos ahorros de sólo 10.000 dólares.

¿Cómo explicamos este hecho? Es muy simple.

¡El problema no es nuestro ingreso, sino nuestro gasto!

En el cuarto paso de nuestro viaje veremos más en detalle este asunto. Por ahora, limítese a confiar en mí. No es el tamaño de sus ingresos lo que determinará su bienestar económico durante los próximos 20 o 30 años, sino el *tratamiento* que le da a ese dinero que gana.

Sé que esto es algo difícil de creer, pero es cierto. Considere los descubrimientos que relata Tom Stanley en su reciente libro *The Millionaire Next Door*, libro que yo recomiendo efusivamente a mis estudiantes; su autor entrevistó a cientos de millonarios y descubrió una serie de cosas que me sorprendieron y probablemente a usted también le sorprendan.

Lo que Stanley descubrió es que muchos millonarios son justamente lo contrario. En otras palabras...

CUANDO EL SOMBRERO ES PEQUEÑO, HAY MUCHAS VACAS

Aquí tiene algunos de los descubrimientos de Stanley:

- La riqueza neta media de un millonario es de 3,7 millones de dólares.

- El millonario medio vive en una casa que cuesta 320.000 dólares.

- La renta gravable media de un millonario es de 131.000 dólares al año.

- Para la mayoría, los millonarios se describen a sí mismos como «cicateros» que creen que la caridad empieza en casa.

- Muchos millonarios conducen coches antiguos. Sólo una minoría conduce coches nuevos o los arriendan.

- Cerca de la mitad de los millonarios que Stanley estudió no ha pagado nunca más de 399 dólares por un traje.

- Los millonarios son inversores dedicados –de promedio, invierten cerca del veinte por ciento de sus ingresos domésticos totales cada año.

Lo que más me sorprende de estos datos es que una familia con una riqueza neta de cerca de cuatro millones de dólares sea para la mayoría de la gente una familia muy rica. Creo ciertamente que conseguir acumular cuatro millones de dólares es una cantidad muy buena. De todas formas, los ingresos que esta gente obtiene (un promedio de 131.000 dólares al año) no son realmente tan elevados. Son más que la media eso sí, pero no es esa cantidad extraordinaria que solemos asociar a la gente que ha amasado una gran fortuna.

El hecho es que lo que ha permitido a la mayoría de estas personas hacerse millonarias no es lo mucho que ha ganado sino lo poco (hablando en términos relativos) que ha gastado. Para utilizar una metáfora deportiva, mientras que su ataque ha sido probablemente muy bueno, la defensa que han jugado con su dinero ha sido más que brillante.

Por desgracia, mucha gente administra sus finanzas justo de la manera contraria. Son fantásticos en el ataque pero débiles en la defensa. Como consejero financiero, he conocido gente que ganaba más de 100.000 dólares al año y se sentía rica y vivía como una persona rica, cuando en realidad no lo era.

Éste es el tema a discutir.

CUANDO EL SOMBRERO ES GRANDE, NO HAY VACAS

Nora vino a verme por primera vez después de asistir a un curso sobre planes de jubilación que di en la Universidad de California-Berkeley Extension. En cuanto entró en mi despacho me di cuenta de que se trataba de una chica con mucho éxito. Su ropas eran de los mejores diseñadores, llevaba un Rolex de oro valorado en por lo menos 10.000 dólares, y la había visto conduciendo un Mercedes-Benz nuevo de unos 82.000 dólares (el cual tenía con un *leasing*).

Nora, una chica atractiva y elegante de 48 años de edad, era dueña de una empresa que empleaba a diez personas y ganaba más de cinco millones de dólares anuales. Pero a pesar de que sus ingresos personales eran superiores a los 200.000 dólares anuales y durante más de una década había estado ganando mucho dinero, su patrimonio neto era casi cero. Nora no tenía todavía una cuenta de jubilación. Tenía unos 50.000 dólares de patrimonio en su casa, pero tenía también dos hipotecas sobre su casa, sobre las que debía un total de 400.000 dólares. Y por si fuera poco, Nora tenía una deuda en su tarjeta de crédito de más ¡35.000 dólares!

Después de contarme su situación, le dije, «Nora, ¿estás pensando trabajar toda la vida?».

Ella me miró confundida, «¿Qué quieres decir? –preguntó.

«Bueno –respondí–, estabas pensando trabajar el resto de tu vida?»

«No –me contestó–. Espero jubilarme a los 55 años.»

«¿En serio? –le dije–. ¿Con qué?»

Nora me miró como si no entendiera lo que le estaba diciendo.

«¿Podrías vender tu empresa?»

Nora se mordió el labio. Su empresa, me explicó, había sido creada básicamente gracias a una serie de buenas relaciones las cuales probablemente no se irían con un tercero.

«Ya veo. Entonces supongo que tienes algún familiar rico que está pensando en morir a tiempo para que tú heredes su dinero cuando tengas 55 años?»

Ahora Nora también me miró perpleja, «No –dijo pausadamente–, no tengo ninguna herencia próxima».

«Entonces estoy totalmente confundido –dije–. ¿Cómo vas a jubilarte? No tienes ningún ahorro. No puedes vender tu empresa. La casa todavía no es tuya.»

Nora afligida me contestó, «Gano tanto dinero que pensaba que podría cubrir los atrasos».

¡GASTE MÁS DE LO QUE GANA Y TENDRÁ SERIOS PROBLEMAS!

Me gustaría decirle que Nora consiguió reparar rápidamente sus problemas, pero no fue así. En primer lugar, Nora tenía algunos hábitos realmente malos –el peor de ellos era que siempre gastaba más de lo que ganaba–. En segundo lugar, no me creyó del todo cuando le dije que tenía que cambiar su sistema y que tenía que hacerlo cuanto antes.

Tardó dieciocho meses en abrir una cuenta de jubilación y hacer su primera aportación. Esto fue hace cuatro años y ahora Nora es una persona totalmente diferente. Ahora, cada dos semanas me envía un cheque para su fondo de jubilación. No sólo está financiando completamente su cuenta de jubilación, sino que también está apartando algo de dinero en cuentas adicionales para el pago de impuestos aplazado (de lo cual hablaremos en el quinto paso). Hasta ahora Nora ha conseguido ahorrar cerca de 90.000 dólares y gracias a incrementar un poco el pago mensual de su hipoteca, tendrá su casa totalmente pagada en quince años en lugar de en treinta, lo cual le ahorrará cerca de 285.000 dólares. (Usted aprenderá a hacerlo en el sexto paso.) Además, otra cosa importante también es que ha dejado de arrendar coches de lujo (se ha comprado uno de segunda mano), y ha pagado su deuda de la tarjeta de crédito.

Nora no está llevando a casa más dinero del que solía llevar antes. Sin embargo ahora, por primera vez, está realmente creando riqueza.

¿Qué ha cambiado? La respuesta es sus hábitos de gasto –y, lo más importante de todo, sus hábitos de inversión–. Ésta es la clave. Al igual que los millonarios de Tom Stanley, Nora ha salido del mito de los ingresos y ha aprendido que lo importante no es cuánto ganas sino cuánto guardas.

Una ventaja importante que Nora ha tenido a su favor es que se ha dado cuenta a tiempo de que iba a tener que cuidarse a sí misma, y es por esto que montó su propio negocio. Instintivamente, comprendió que uno de los principios fundamentales de una gestión inteligente del dinero es la independencia, o como me gusta decirles a mis clientes...

Nunca pongas todo tu destino financiero en manos de otro.

Esto nos lleva al segundo gran mito en el que suelen caer las mujeres, lo que yo denomino el mito de la Cenicienta, conocido también como el mito «Mi marido me mantiene» o peor aún, «Encuentra y cásate con un hombre rico y todo te irá bien».

MITO N°2
Mi marido (o cualquier otro hombre) me mantendrá.

Ahora, antes de entrar en este tema, permítame que le diga que sé que es perfectamente posible que esté felizmente casada o que haya elegido seguir soltera pero feliz. A pesar de todo, por mi experiencia he podido comprobar que vale la pena dedicar unos momentos a este mito porque hay algunas versiones de él que afectan a casi todas las mujeres. Al cabo de los años, cientos de mujeres han compartido conmigo sus penosas historias personales sobre cómo sus vidas fueron prácticamente destrozadas por culpa de creer que algún hombre –si no era su marido, era su padre, su jefe o un asesor financiero– podía mantenerlas. Y cuando empecé a escribir este libro, todavía más mujeres me imploraron que no dejara de tratar este tema en profundidad. Así que ahí va.

No es ni seguro ni práctico confiar en que el hombre de su vida cuidará de sus finanzas.

¿Por qué digo esto? Veamos los hechos. Si durante los últimos siglos los hombres han sido quienes gestionaban el dinero de sus familias, podemos ver claramente que no han estado haciendo un trabajo demasiado bien hecho. Considere esta estadística...

Sólo el cinco por ciento de los norteamericanos puede permitirse el jubilarse la los 65 años!

Esto es cierto, sólo el cinco por ciento de los norteamericanos (esto es uno de cada veinte) tiene a los 65 años unos ingresos anuales superiores a los 25.000 dólares anuales. Seguro que no hace falta que le diga que en muchos lugares con 25.000 dólares no llegas a cubrir ni siguiera los gastos básicos para vivir. ¿Cubre esta cantidad los suyos?

Pero ¡espere! La cosa va a peor. Como ya he dicho anteriormente, las mujeres viven más pero tienen unas pensiones y otros beneficios de jubilación inferiores a los de los hombres. Por tanto, tienen que arreglárselas con menos que los hombres.

Lo que todo esto añade a la jubilación –o mejor dicho, no añade– es otra estadística espeluznante...

Los ingresos medios de una mujer norteamericana de más de 65 años son inferiores a 7.000 dólares anuales.

Una mujer no puede vivir con esto –por lo menos hoy día, y con un mínimo de comodidades–. Y francamente, ¡no me gustaría dejarle que lo probara!

Me preguntará, ¿pero, y la Seguridad Social? La Seguridad Social algo ayuda, ¿no? Probablemente, siempre que el sistema continúe para cuando lleguemos a la edad de la jubilación. (¿Y no hay garantías de que vaya a ser así?) El hecho es, que la Seguridad Social nunca fue creada como plan de jubilación. Como mucho, fue diseñada para ofrecer un ingreso *complementario*.

Veamos las cifras. En 1997, el año más bajo por lo que a cifras se refiere, los beneficios medios de la Seguridad Social de una mujer jubilada ascendieron a poco menos de 8.000 dólares anuales. Según los cálculos, el beneficio máximo que una persona jubilada puede reunir es de 1.342 dólares mensuales –16.104 dólares al año–. En otras palabras, lo *máximo* que una persona puede esperar hoy día de la Seguridad Social, sea cual sea la aportación que haya hecho al sistema durante su vida laboral, es un poco más de 16.000 dólares al año. Esta situación es similar en la mayoría de países. Esto puede ser suficiente para ir tirando, pero no para vivir cómodamente. Por desgracia, hay millones de personas que no tienen otra opción que intentar vivir con esa cantidad. Usted no querrá ser una de ellas.

No estoy diciendo que tenga que olvidarse de la Seguridad Social, sino que me estoy refiriendo a que usted debería tener bien claro que el sistema no va a darle más que una pequeña fracción de sus ingresos de jubilación. ¿Cómo de pequeña? Para mucha gente, la Seguridad Social representa menos del veinte por ciento de sus ingresos totales.

Puesto que así son las cosas, hay una manera muy fácil de averiguar ahora cuánto le va a dar la Seguridad Social cuando se jubile –y me gustaría que supiera lo importante que es que lo calcule ahora mismo–. Esto es especialmente importante para las mujeres, ya que como he mencionado anteriormente, las mujeres tienden a trabajar menos consistentemente a lo largo de su vida que los hombres y, como resultado, sus beneficios de la Seguridad Social suelen ser también inferiores a los esperados.

Lo qué usted tiene que hacer para evitar sorpresas desagradables al final del camino es solicitar lo que se denomina un «Balance de ganancias personales y beneficios estimados». Este documento presenta su historial de ganancias de la Seguridad Social y estima sus beneficios del futuro. La Administración de la Seguridad Social le ofrecerá este balance sin cargo alguno, pero para ello tiene que solicitarlo.

Esto es algo que debería hacer inmediatamente. Hoy. Ya mismo. Es muy sencillo. Telefonea a su oficina de la Seguridad Social y les dice que quiere pedir una copia de su balance de beneficios estimados.

En los divorcios, las mujeres todavía
acaban llevándose la peor parte.

Sí, a todos nos gusta creer que podemos confiar en nuestras parejas. Por desgracia, las estadísticas cuentan una historia bien diferente. Casi el cincuenta por ciento de los matrimonios actuales acaba en divorcio. ¿Qué pasa con la pensión alimenticia y el mantenimiento de los hijos? La triste verdad es que una vez se ha ido el marido, la mayoría de las divorciadas ven su nivel de vida caer a plomo. Según un estudio simulado realizado por la organización norteamericana Fundación para la Defensa Legal de las Mujeres, el cual cita el libro *A Women's Guide to Savvy Investing*, los padres que se quedan con la custodia de los hijos (generalmente las mujeres) verán sus ingresos reducidos en un veinticinco por ciento. Al mismo tiempo, el nivel de vida de los padres que no tienen la custodia (generalmente los hombres) se verá incrementado en un treinta y cinco por ciento. En California estas estadísticas pueden ser incluso peores. Según el autor Ken Dychtwald, quien escribió el famoso libro *Age Wave*, un estudio llevado a cabo en California observó que en el primer año después del divorcio, el nivel de vida de las mujeres más mayores caía un setenta y tres por ciento, mientras que el de los hombres crecía un cuarenta y dos por ciento.

Estas estadísticas son bastante nuevas. Pero a pesar de toda la atención que han recibido recientemente, aparentemente muchas mujeres siguen convencidas de que ellas serán la excepción a la regla —y se sorprenden cuando se dan cuenta de que no lo son—. No puedo contar la cantidad de mujeres que han venido a pedirme consejo después de haber estado absolutamente cegadas por los maridos en cuyas manos habían puesto confiadamente sus futuros. Por desgracia, cuando vienen a verme suele ser demasiado tarde para intentar algo más que recoger las piezas.

En honor a la verdad, tengo que decir que también *hay* muchos hombres buenos. Pero aunque usted tenga la suerte de haberse juntado con uno de ellos, nunca tiene la garantía de un futuro feliz y seguro. ¿Por qué? Porque por muy bueno que sea su hombre, tarde o temprano morirá —y seguramente lo hará antes que usted—. Recuerde que de promedio las mujeres viven siete años más que los hombres. Está claro que a nadie le gusta pensar en ello. Es realmente terrible que muchos hombres de buena intención y que realmente aman a sus mujeres y a su familia, no quieran enfrentarse a esta realidad ineludible. Lo peor de este tipo de rechazo es que este tipo de maridos tan buenos siempre posponen el tener que enfrentarse a esos recuerdos desagradables de su mortalidad como son los testamentos y los seguros de vida. Y esto no es más que la receta para el desastre.

La edad media de viudedad actualmente es sólo de 56 años.

Es por esto que para una mujer perder un marido es generalmente algo tan devastador a nivel económico como lo es a nivel emocional. Cerca del ochenta por ciento de las viudas que son pobres ahora no lo eran antes de que murieran sus maridos. ¿Por qué? Por culpa de una planificación inadecuada, o en muchos casos inexistente. ¿Cómo si no explicaría el hecho de que una de cada cuatro viudas gasta toda la indemnización por fallecimiento en sólo dos meses?

Cuando compartía esta idea en uno de mis seminarios, una mujer llamada Sara se levantó llorando y dijo a la sala: «David, todo lo que está usted diciendo es verdad. Tengo 57 años y mi marido, un abogado con mucho éxito, tenía su propio despacho. Hace seis meses que murió y yo ahora estoy arruinada».

Le pregunté a Sara cómo es que había ocurrido eso. Resultó que aunque su marido estaba especializado en testamentos, nunca se había molestado en hacer el suyo propio.

Todo el grupo se quedó pasmado. Yo podía ver la pregunta en los rostros de la gente: *¿Quiere usted decir que un abogado que escribía testamentos para vivir no tenía el suyo propio?* Pero cuando pregunté a la clase, «¿cuántas de *ustedes* tienen testamento?» menos de la mitad de la clase respondió afirmativamente. Y cuando pregunté: «¿cuántas de ustedes han revisado su testamento en los últimos cinco años?», menos del diez por ciento levantó la mano. Así pues, la historia de Sara no tendría por qué sorprendernos tanto.

Después pregunté a Sara: «¿Si su marido tenía tanto éxito, cómo es que usted está casi arruinada?». Me contestó que cuando su marido murió descubrió que la casa de 2 millones de dólares en la que vivían arrastraba una hipoteca de un millón y medio. Con su marido muerto y sin ingresos propios, los pagos enormes de la hipoteca eran superiores a lo que ella podía pagar. Por culpa de ello, Sara se vio obligada a poner la casa a la venta. Por desgracia, esto ocurría en un momento en el que el mercado inmobiliario de California estaba mal y no pudo encontrar un comprador. Para empeorar las cosas, su marido no sólo no había hecho testamento, sino que tampoco tenía un seguro de vida. Y además, había utilizado su casa como garantía de los préstamos que pidió para su despacho –el cual ya no existía porque sus socios habían decidido empezar una nueva firma sin la obligación de las deudas del marido–. Sara tenía un enorme problema, y todo porque había asumido que su marido la iba a cuidar siempre, y *él* no se había preparado para lo imprevisible.

Sara es un caso extremo, pero no por ello inusual. En cualquier caso, hay una lección importante que aprender de su experiencia: no permita nunca que el mito de «algún hombre me mantendrá» sea su realidad. Es la receta para el desastre.

Hay otro mito que me gustaría compartir con usted:

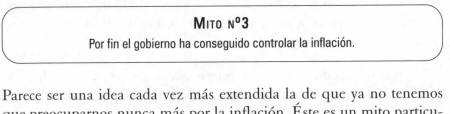

MITO Nº3
Por fin el gobierno ha conseguido controlar la inflación.

Parece ser una idea cada vez más extendida la de que ya no tenemos que preocuparnos nunca más por la inflación. Éste es un mito particularmente peligroso no sólo porque no es verdad sino porque alimenta la complacencia. Realmente, no puedo pensar en nada más autodestructivo financieramente que la idea de que no tenemos que preocuparnos por el futuro porque el gobierno por fin ha conseguido controlar la inflación.

Ciertamente, sería bonito si fuera verdad. Pero por desgracia no sólo no lo es sino que...

La inflación sigue siendo el enemigo público número uno.

A veces cuando imparto alguna clase, alguien levanta la mano e intenta debatir esta cuestión. «Pero David, realmente parece que el gobierno ha controlado la inflación. Después de todo, no veo que las cosas cuesten mucho más ahora que antes».

Bien, esto no es lo que dicen las estadísticas. Lo que los números nos dicen es que durante los últimos veinte años, el incremento anual del coste de la vida ha sido de promedio un cinco por ciento y en los últimos diez años, un 3,5%. Basándonos en estas cifras, es bastante seguro predecir que la inflación rondará alrededor del cuatro por ciento en el futuro.

Aunque no parezca demasiado importante en realidad sí lo es. Después de todo, cuando la mayoría de la gente se jubila, lo hace con una renta fija. Por desgracia, si usted se jubila con una renta fija y la inflación continúa siendo de un cuatro por ciento anual, va a tener serios problemas. ¿Por qué? Porque, a ese ritmo, su poder adquisitivo se verá reducido a la mitad al cabo de quince años. En otras palabras, el dinero que tenga en su monedero hoy valdrá la mitad dentro de quince años, y así sucesivamente.

No hay nada de nuevo en este fenómeno. Cuando hablo sobre la inflación en mis seminarios, uno de los momentos más divertidos es cuando pregunto: «¿Cuántas de ustedes han venido aquí con un coche que les ha costado más que su primera casa?». Lo que es sorprendente es que cerca de un tercio de la gente levanta la mano. Este es el poder de la inflación. Aquí tiene otro ejemplo: El coche que conduzco hoy cuesta más del doble de lo que pagaron mis padres por su primera casa en Oakland, California, y eso que era una casa muy bonita de cinco habitaciones y tres cuartos de baño. Si cree que estoy exagerando eche un vistazo a este gráfico.

PRECIOS AL CONSUMO: RESULTADOS APLICADOS DESDE 1970

Precios típicos	1970	1980	Actualmente	Dentro de 20 años
Vivienda	$ 25.600	$ 64.000	$135.150 *	$463.508
Automóvil	3.400	6.910	22.321 ***	89.965
Gasolina (38 l.)	3,48	9,68	12,18 *	30,81
Sellos	0,06	0,15	0,32 **	1,11
Un día en el hospital	47	134	390 *	1.872

Fuentes:
* Asociación de Investigadores de la Cámara de Comercio Americana (ACCERA). Índice del coste de la vida. Segundo trimestre 1997.
** United States Post Office.
*** Asociación Nacional de concesionarios de automóviles. Octubre 1997.

No hay que olvidar la lección que estos números nos enseñan.

El futuro va a ser caro.

Es por esto que, a pesar de todo lo que se dice recientemente de que la inflación ya no va a ser un problema, yo sigo considerándola el enemigo público número uno. La buena noticia es que aprender a hacer que el nido de huevos crezca más rápidamente que la inflación no es tan difícil. Pero si usted no reconoce que la inflación es un problema serio, lo más probable es que no se preocupe por hacer nada por ella, y si no lo hace algún día se encontrará en un mundo de dolor. Así que lo mejor es que no crea el mito de que la inflación está controlada.

Muéstreme el dinero

Ahora que hemos expuesto estos mitos del dinero y hemos visto las realidades externas de qué podemos esperar en nuestros futuros financieros, pasemos a examinar los hechos. Empecemos por algo que está en nuestra propia casa, por la información sobre nuestra situación financiera personal. ¿Por qué por esto? Para explicárselo permítame que le cuente una historia personal.

En una ocasión, siendo yo más joven que ahora, le pregunté a mi padre por qué tantas mujeres acababan tan mal económicamente después de divorciarse o de que su marido muriera. «David —me dijo—, las mujeres no suelen estar implicadas en las finanzas familiares. Así que cuando llega el momento de repartir la tarta, no saben cuánta tarta hay por repartir, o a veces ni siquiera saben dónde está.»

¿Es por esto?, pensé. *¿Las mujeres no saben dónde está el dinero? ¿Es realmente por algo tan sencillo?* Lo dudé.

Lleno de curiosidad llevé a mi madre a comer fuera para ver si ella estaba de acuerdo con lo que opinaba mi padre. Lo que sigue es la escena que he descrito al principio de este capítulo. Como ya he mencionado, una buena amiga de mi madre acababa de sufrir un difícil y costoso divorcio. Comprensiblemente, mi madre estaba muy apenada por ello —no tanto por que su amiga tuviera ahora serios problemas económicos, sino porque se había visto obligada a coger un trabajo como secretaria y a trasladarse a un minúsculo apartamento.

«Pero, mamá —le dije–, estaban viviendo en una casa que valía muchos millones. ¿Dónde está todo ese dinero?»

«Resultó que su marido había utilizado todo el crédito que había pedido para su casa para construir su consulta médica —me explicó–. Y ahora su consulta no funciona del todo bien.»

Por mucho que me disgustara admitirlo, mi padre parecía tener razón. El terrible resultado fue la consecuencia de la falta de conocimiento por parte de la madre de las finanzas familiares. Había firmado papeles autorizando a su marido a solicitar una segunda hipoteca sin saber o sin preguntar siquiera qué estaba firmando. El resultado fue para ella un desastre económico.

Con esto presente, puse a mi madre a prueba y le pregunté: «¿Tú sabes dónde está el dinero de *nuestra* familia?».

Como ya he dicho, aunque imaginaba que ésta sería una pregunta fácil para ella, resultó que no tenía ni idea. Todo lo que me dijo sobre nuestro dinero era que mi padre se encargaba de ello. Y cuando insistí en su ignorancia, lo único que hizo fue sonreír.

No podía creerlo. Para una mujer que era presidenta de un grupo de teatro no lucrativo, pero muy exitoso, implicada en numerosos espectáculos de caridad, y que publicaba dos boletines profesionales, esto era algo totalmente increíble. Esta hermosa y brillante mujer era la misma persona que cuando salieron por primera vez al mercado los ordenadores personales, convenció a la familia de que necesitábamos uno, y después aprendió a dominar por sí misma las complejidades de estos aparatos de tal manera que fue capaz de informatizar el negocio entero de mi padre. Pero, aun y así, no tenía ni idea de dónde estaba invertido nuestro dinero.

Yo estaba horrorizado. Si una mujer tan inteligente y afortunada como era mi madre tenía tan poca idea de ello, ¿cuál sería la situación de los millones de mujeres que no estaban casadas con un hombre que gestionara el dinero?

En los años siguientes, por supuesto, he podido comprobar de primera mano lo extendida que está esta ignorancia y el daño que puede llegar a ocasionar. Le hago ahora a usted la misma pregunta que le formulé a mi madre...

¿Sabe qué está ocurriendo con su dinero
y con el dinero de su familia?

Para ayudarle a responder a esta importante pregunta, he preparado un pequeño cuestionario. Piense bien las afirmaciones y conteste verdadero o falso en cada una de ellas. El resultado debería darle una buena idea de lo mucho que conoce (o de lo poco que conoce) sus finanzas personales.

CUESTIONARIO DE CONOCIMIENTO FINANCIERO

Verdadero o Falso

V[ ] F[X] Sé cual es el valor real de mi casa.

V[ ] F[X] Sé cuánto pagamos al mes de hipoteca y cuánto más tendríamos que pagar cada mes si quisiéramos reducir el tiempo de pago a la mitad. También sé cuál es el interés al que estamos pagando nuestra hipoteca y si éste es competitivo en el mercado actual.

V[ ] F[X] Sé qué seguro de vida tenemos yo y mi pareja (si procede). Sé cuál es el valor en efectivo del seguro de vida.

V[ ] F[X] Conozco los detalles (incluyendo la cantidad de cobertura, el coste, el pago mensual o anual, etcétera) de todas las otras pólizas de seguro que tengo (y mi pareja si procede). Entre ellos están los seguros de vida, de enfermedad, etcétera.

V[ ] F[X] He revisado mi póliza de seguro de vida entre los últimos 12 y 24 meses para ver si el precio que estoy pagando por ella sigue siendo competitivo en el mercado actual.

V[ ] F[X] Si tengo casa de propiedad, sé qué me cubre el seguro sobre riesgos domésticos. Si alquilo, sé que cantidad del seguro del inquilino tengo. En cualquier caso, en caso de incendio o de otra pérdida por catástrofe, sé si mi seguro me reembolsará el valor en efectivo real de mi propiedad o el coste de reemplazarla a los valores actuales.

V[ ] F[X] He procurado proteger el nido de mi familia de las demandas judiciales con un seguro de protección que incluye las responsabilidades.

V[ ] F[X] He preparado mi propia declaración sobre la renta este año o he revisado mi situación con la persona que prepara mi declaración.

V[ ] F[X] Sé dónde están y el importe de todas las inversiones mías y de mi familia, incluyendo:

– dinero en cuentas de ahorros o del mercado monetario;

– fondos de inversión;

– acciones y bonos, e

– inversiones inmobiliarias.

V[ ] F[X]. Sé cuál es el rendimiento anual de estas inversiones.

V[ ] F[X] Si yo o mi familia tiene un negocio, sé cuánto vale actualmente la empresa, incluyendo la deuda que tiene y el valor de sus activos líquidos.

V[ ] F[X] Sé cuál es el valor, la localización y el rendimiento de todas mis cuentas de jubilación (y de las de mi pareja, si procede).

V[ ] F[X] Sé qué porcentaje de mi renta estoy separando para mi jubilación y qué porcentaje estoy invirtiendo (y, si procede lo mismo para mi pareja).

V[ ] F[X] Sé si estoy (y mi pareja si procede) haciendo la aportación máxima permitida a mi plan de jubilación en el trabajo, si mi empleador está haciendo contribuciones semejantes, y cuál es el programa de beneficios.

V[x] F[ ] Sé cuánto dinero (y mi pareja si procede) obtendré de la Seguridad Social y cuáles serán mis beneficios (y los de mi pareja si procede).

V[ ] F[x] Sé que mi renta está protegida en caso de que me quedara inválida (o mi pareja si procede) porque tengo un seguro de invalidez. Además sé exactamente cuál es la cobertura, cuando empezarían los beneficios, y si estarían sujetos a tributación o no.

V[ ] F[x] Yo (o mi familia) tenemos una caja fuerte, sabemos cómo acceder a ella, y hemos revisado su contenido en los últimos doce meses. Yo tengo la única llave que hay pero los demás miembros de mi familia saben dónde encontrarla si algo me ocurriera.

Resultados

Puntúe 1 cada vez que haya contestado «verdadero» y 0 cada vez que haya sido «falso».

De 14 a 17 puntos: ¡Excelente! Sabe perfectamente dónde está su dinero.

De 9 a 13: No está del todo mal, pero hay algunas áreas en las que sus conocimientos son menos que adecuados.

Menos de 9 puntos: Tiene enormes posibilidades de sufrir económicamente por culpa de su falta de conocimiento. Tiene que aprender a protegerse a sí misma del desastre económico futuro.

Si ha obtenido una buena puntuación en este cuestionario, ¡felicidades! Pero todavía no vaya a celebrarlo. Incluso entre los que más saben sobre gestión del dinero, es raro encontrar a alguien, hombre o mujer, que tenga un total dominio de *todos* los aspectos de sus propias finanzas y de lo que podrían y deberían hacer para asegurarse un futuro seguro. Así que aunque haya obtenido una puntuación de 14 o más, le garantizo que en las próximas páginas descubrirá muchos secretos e ideas que le serán enormemente útiles.

¿Y SI NO HE SACADO UNA BUENA PUNTUACIÓN?

No se preocupe por ello, cuando haya acabado este libro sabrá *exactamente* qué necesita para tomar inmediatamente las riendas de su salud económica e invertir sabiamente para asegurar el futuro de su familia.

Si usted es como la mayoría de la gente, probablemente sabrá algunas de las respuestas, pero no todas, y algunas de las preguntas quizá le hayan parecido sumamente complicadas. Confíe en mí, ninguna de ellas es difícil. Muy pronto se quedará sorprendida al ver lo fácil que es entender sus finanzas. Incluso llegará a preguntarse cómo podía pensar que fuera algo difícil. Mientras tanto, no se preocupe por haber descubierto que hay un montón de cosas que desconoce. Pronto nos encargaremos de ellas.

Por ahora, lo que importa es que se dé cuenta de que hay muchas cosas que desconoce –e, incluso más importante, muchas cosas que ahora *quiere* conocer–. Si así es como se siente, anímese, acaba de finalizar el primer paso. Ya está motivada para educarse a sí misma sobre cómo tomar el control de su futuro financiero –que a fin de cuentas es lo que pretende el libro.

YA BASTA DE MALAS NOTICIAS... ¡PASEMOS A LO BUENO!

Puede ser que le haya sorprendido el carácter exageradamente negativo que hemos dado a algunos de los mitos sobre el dinero que hemos presentado en este primer paso. Si es así, le pido disculpas. Por norma, intento evitar a la gente negativa, a aquellos ladrones de sueños, como yo les llamo, que parecen divertirse a costa de llover sobre los desfiles de los demás. Pero yo he empezado nuestro viaje así por una razón: porque sé que usted ha comprado este libro con el propósito firme de hacer un cambio en su vida, y a veces el cambio puede ser difícil. De hecho, mucha gente vive su vida sin hacer nada y sin moverse, y no precisamente porque esté bien donde está sino porque le da miedo el cambio. Para superar este miedo hay que tener una auténtica motivación. Se necesita mucho valor para decir, «¡Basta ya! Quiero que mi vida sea diferente».

Es por ello que le he presentado una serie de historias y estadísticas deprimentes. Simplemente quiero que se esfuerce al máximo por su futuro financiero porque de lo contrario nadie —ni el gobierno, ni su empleador, ni su pareja— va a hacerlo por usted.

Pero no deje que lo negativo le deprima. Recuerde: esos terribles datos y cifras ¡no tienen por qué ser su realidad!

Yo siempre repito a mis clientes lo que mi abuela Bach solía decirme: «Sabes David —decía—, cuando estaba creciendo, cuando iba al trabajo, cuando empezaba mi carrera, mucha gente me preguntaba por qué me preocupaba por los planes de jubilación. "Tienes la Seguridad Social", solían decirme. "Tienes una pensión de tu empresa." Pero ya desde muy pequeña nunca había creído que fuera una buena idea depender de alguien que me cuidara —ni de mi empleador, ni del gobierno, ni siquiera de mi abuelo».

Y es por esto que mi abuela, a diferencia de muchas de sus amigas, siempre se acordaba de apartar algo de su sueldo y de comprar alguna acción o bono. Es también por eso que a diferencia de muchas de sus amigas, cuando llegó a la edad de la jubilación, pudo disfrutar sin tener que preocuparse del dinero.

Espero que ahora que ya ha finalizado el primer paso, esté ya motivada para tomar las riendas de su futuro financiero.

Ha llegado el momento de empezar el segundo paso; en él veremos qué hay de importante en el dinero.

Segundo paso

Ponga su dinero
donde estén sus valores

Como asesor financiero me he especializado en hacer lo que nosotros llamamos planificación financiera basada en los valores. Lo que esto quiere decir es que ayudo a mis clientes a descubrir (generalmente por primera vez) cuáles son realmente sus verdaderos valores sobre el dinero.

Al principio, a la gente le sorprende tener que hablar sobre sus valores personales. No es esa clase de cosas que muchos de nosotros esperamos hablar con un profesional financiero. La mayoría de la gente asume que cuando se encuentra con un asesor financiero, la conversación se centrará en las inversiones, en los activos y el patrimonio, en los impuestos y en cuánto tiempo le queda para la jubilación. Si bien es cierto que hay que hablar de todos estos temas, no creo que éstos deban ser el principio de la conversación. Lo primero de lo que hay que hablar es qué es lo importante del dinero para cada uno de nosotros.

Piense en ello. Sus actitudes sobre el dinero son las que definen todo lo que le importa de su situación financiera personal: cuánto dinero necesita, cuánto está dispuesto a trabajar para obtenerlo, cómo se sentirá cuando por fin lo consiga. Es por esto que me atrevo a decir con total confianza que una vez sepa qué es lo que realmente le importa del dinero no habrá quien le detenga. El proceso que voy a compartir con usted es probablemente la herramienta más eficaz que conozco para ayudar a la gente a crear un plan de vida que le conducirá sin duda a la seguridad financiera que tanto anhela.

«¡Las mujeres inteligentes acaban ricas!»
El seminario en acción

Recientemente organicé un seminario en mi ciudad natal, San Francisco, pero podría haber sido en cualquier sitio. Como siempre, la sala estaba llena de mujeres, de todas las edades y clases: mayores, jóvenes, ricas, pobres, solteras, casadas... También como siempre, empecé presentándome y haciendo una pregunta. «Me llamo David Bach –dije–, y estoy aquí para enseñar a las Mujeres Inteligentes cómo hacerse ricas. ¿Le interesa esto a alguna de ustedes?»

Casi al unísono, todas las mujeres de la sala respondieron, «¡Sí!».

Generalmente siempre obtengo la misma respuesta. Sonreí a la audiencia y continué. «Bien pues. Aquí tienen mi siguiente pregunta, y es la más importante de las que les voy a hacer esta noche. Pero no se preocupen, también es la más fácil de responder. Cuando se detienen y piensan en ello, ¿qué es lo que realmente les importa del dinero?»

La sala se quedó completamente en silencio. «Vamos –dije–. Piensen un poco. Es sencillo». Pero, nadie contestó.

«La razón por la que he venido aquí esta tarde es porque ustedes reconocen que el dinero es importante. Pero ¿qué es lo realmente importante del dinero? Y más importante aún, ¿qué es lo que realmente les importa del dinero a cada una de *ustedes*?

Finalmente, alguien rompió el silencio. «¡No más créditos de estudiantes!», gritó una mujer joven.

Me volví hacia la pizarra que había colgada detrás de mí y escribí en ella lo que la mujer había dicho. «De acuerdo –repetí–, lo que es importante para usted del dinero es no tener que pedir más créditos de estudiantes. ¿Qué más? ¿Alguien más quiere decirme qué es lo que le importa del dinero?»

Una mujer de unos 60 años, sentada unas filas más atrás de la anterior, fue la siguiente en responder. «Seguridad –dijo–. Quiero saber que aunque le pasara algo a mi marido, no voy a tener que preocuparme.»

Escribí «seguridad» en la pizarra.

Después otra mujer habló. «Libertad, lo que más me importa del dinero es la libertad.»

Me volví a mirar a esa mujer. «Es fantástico. Pero la libertad tiene diferentes significados para diferentes personas. ¿Qué hay de importante para usted en tener libertad?»

La mujer se levantó y miró alrededor de la sala. «Simplemente quiero saber que puedo hacer lo que quiera y cuando quiera.»

Antes de que continuara, otra mujer se levantó. «Para mí significa saber que mi marido no puede controlar lo que yo hago. Lo que me importa a mí es saber que tengo elección.»

Otra mujer dijo que lo que le importaba a ella del dinero era «sentir que podía hacer lo que Dios quería de ella en la vida: ayudar a los demás».

Al cabo de diez minutos, había llenado la pizarra con diferentes razones de por qué el dinero era importante para cada una de mis estudiantes. Fue increíble. ¡El dinero significaba cosas tan diferentes para cada una de ellas!

Después empecé a subrayar algunas de las palabras y frases que había escrito. Primero marqué, «seguridad», después «libertad», después «posibilidad de tener opciones», «felicidad», «vivir una vida con sentido», «ayudar a los demás», «sentirme satisfecha» y «sentirme feliz». Cuando terminé, cerca del ochenta por ciento de las respuestas estaba subrayado. La primera respuesta que dieron —«liquidar los créditos de estudiante»— no estaba entre las subrayadas. Tampoco estaba «saldar mi deuda de la tarjeta de crédito», «liquidar la hipoteca» o «viajar a Hawai».

Antes de dejar la sala, volví a mirar un momento a la pizarra y pensé: «Otra vez, un grupo de mujeres me ha demostrado que ellas están mucho más en contacto consigo mismas que los hombres». Me detuve un instante y les pregunté. «¿Se han dado cuenta de algo que han hecho casi todas ustedes? Fíjense bien. Todas las respuestas que he subrayado tienen una cosa en común.»

La gente me miraba con cara extrañada.

«Fíjense bien. Casi todas las razones que ustedes han citado son *valores*. Observen que sólo unas pocas de las razones que he escrito son objetivos, como "liquidar los créditos de estudiante", o "liquidar la hipoteca". Casi todo son ideas como la seguridad, la libertad y la felicidad. Estas ideas son valores –*sus* valores–, las cosas más importantes de sus vidas. Por ellos harían casi cualquier cosa en la vida, porque al fin y al cabo ¡éstos son lo que ustedes son!»

«¿Saben qué? –continué diciendo–, lo que acaban de hacer es la parte más importante para tomar el control de su futuro financiero, y lo han hecho prácticamente sin esfuerzo. Esto demuestra que las mujeres tienen una enorme ventaja sobre los hombres: las mujeres están en contacto con sus sentimientos y valores. Con la mayoría de los hombres no ocurre lo mismo. A ellos les cuesta más entenderlo. Imaginen por un momento que son hombres. ¿Qué dirían si les preguntara qué es lo más importante del dinero?»

Las respuestas fueron claras: «coches» gritó una. «Una casa enorme» alguien dijo. «Un barco», «el fútbol», «la cerveza», «las mujeres»... Las respuestas se sucedían una tras otra. Yo me divertí mucho.

Reí con ellas. «¡Exacto! Son todo objetivos y no valores.»

Volví a ponerme serio. «Sin valores, los objetivos raramente se pueden conseguir. Muéstrenme a alguien que no esté consiguiendo su pleno potencial y yo les mostraré a alguien que ha olvidado lo importante que es diseñar su vida alrededor de sus valores. Los valores son la clave. Son los que le llevarán hacia sus sueños, lo cual es mucho mejor que tener que llevarse por sí solo.»

¿Qué es lo que a usted le importa del dinero?

Lo que acabo de describir es mi manera habitual de empezar mis seminarios «Las mujeres inteligentes acaban ricas». En las páginas siguientes voy a emprender el mismo tipo de viaje personal que este grupo de mujeres –y otras miles como ellas– ha tomado en mis clases y en mi despacho. Es decir, vamos a descubrir qué es importante del dinero para usted y al mismo tiempo descubrir cuáles son sus valores.

El proceso de reconocer «qué le importa a usted del dinero» es absolutamente esencial. Formulándose a sí misma esta cuestión, estará obligándose a evaluar qué es lo que está buscando en la vida. Y saber qué es lo que está buscando en la vida es la base sobre la cual están basadas todas las planificaciones financieras inteligentes.

Piense en ello. ¿Cómo va a elaborar un plan financiero eficaz si no sabe qué es lo que realmente le preocupa? Digamos por ejemplo que a usted lo que le importa del dinero es la seguridad que éste da, pero que su situación financiera actual no le permite más que vivir al día. Bien, entonces, algo está equivocado, ¿no? Está claro que su comportamiento financiero está fastidiando sus valores más profundos. Similarmente, digamos que lo que es importante para usted es la libertad que éste le da, pero en realidad está atada a un trabajo de sesenta horas semanales para poder pagar su hipoteca –deseando al mismo tiempo poder viajar más–. En este caso también, su vida financiera está en conflicto con sus valores.

El dinero no es un fin en sí mismo. Es simplemente una herramienta que nos ayuda a conseguir algún objetivo determinado. Si la manera de tratar nuestro dinero está reñida con nuestros valores personales, no vamos a conseguir vivir una vida feliz y plena.

Así pues, ¿cómo saber qué es lo que uno busca en la vida y cómo utilizar el dinero como herramienta para conseguirlo? Bien, por suerte, usted no va a tener que ir al Tíbet para encontrar a un gurú en lo alto de una montaña. Todo lo que tiene que hacer es tener bien claro cuáles son sus valores. Una vez lo haya hecho, le será fácil desarrollar sus objetivos financieros (cosa que haremos en la tercera etapa).

Lo bueno de este proceso es que es una de las piernas más poderosas de nuestro viaje hacia la seguridad financiera y también la menos complicada. Lo que hace que sea tan simple es el hecho de que usted ya sabe cuáles son sus valores. No son cosas que tenga que estudiar para aprenderlas. El hecho es que muchos de nosotros tenemos un juicio bastante bueno de quiénes somos y de qué es lo que nos importa del dinero. Estas cosas pueden no ser vistas inmediatamente, pero con un poco de profundización irán apareciendo a la superficie.

Ejercicio de los valores de una mujer

Aquí tiene un ejemplo de una conversación que funciona realmente bien con mis clientes y les ayuda enormemente. Jessica, de 33 años, era vendedora de ordenadores. Vino a verme a mi despacho después de haber asistido a una de mis clases sobre inversiones. Estaba casada (con su amor de la universidad) y tenía una hija de 8 años y un perro llamado Teddy.

Jessica parecía muy directa el día que vino a verme y pasamos enseguida al tema en cuestión. Puesto que ya había asistido a mi seminario, sabía qué es lo que yo quería conseguir cuando le pregunté qué era para ella lo más importante del dinero.

«Bien, David, creo que lo más importante para mí es la seguridad.»

«Fantástico –repliqué–. Pero, la seguridad significa cosas diferentes para personas diferentes. ¿Qué hay para ti de importante en la seguridad?»

Jessica no dudó ni un instante cuando dijo, «Tener seguridad me permite sentirme libre para hacer lo que quiera cuando quiera».

«Y ¿qué quiere decir para ti esta sensación de poder hacer lo que quieras y cuando quieras?»

«Creo que significa tener una sensación de libertad. No sentirme cohibida por las obligaciones de la vida.»

«Ya veo. ¿Qué quiere decir para ti no tener esas cohibiciones en tu vida y tener libertad?»

Jessica reflexionó unos instantes. «Podría querer decir tener más tiempo para estar con mi hija, porque está creciendo tan rápidamente que antes de que me de cuenta ya habrá empezado la universidad. Y poder estar más tiempo con mis amigos y con mi marido, cosa que ahora apenas puedo hacer porque siempre estoy demasiado ocupada.»

«Supongamos por un momento que tienes seguridad, y que como resultado de ello tienes la libertad para estar más tiempo con tu hija, con tu marido y con tus amigos. ¿Qué ves de importante en esta situación?»

«Bueno, creo que me sentiría más tranquila y feliz. Seguro que me sentiría más feliz. Actualmente estoy demasiado ocupada. Me gustaría no estar tan cansada para poder cambiar.»

«Y por qué es importante esto para ti?»

Jessica sonrió. «Por ahora lo único que hago es correr de un lado a otro intentando hacerlo todo –trabajar, ser buena madre y esposa, mantener en orden las facturas y la casa– y por eso tengo la sensación de no estar viviendo la vida. Hay días que ni siquiera me acuerdo de cómo se siente cuando no se está agotado.»

«Así que te importa no correr de un lado a otro y sentir que vuelves a vivir la vida.»

Esta vez Jessica tampoco dudó. «Sí, por supuesto –dijo firmemente–. Quiero que me devuelvan mi vida.»

Cuando pregunté a Jessica qué haría si le devolvieran la vida, me contestó que empezaría a cuidarse más a sí misma, haría ejercicio y comería mejor. Cuando le pregunté por qué quería hacer eso, me dijo que su intención era vivir más y dar mejor ejemplo a su hija.

«De acuerdo, ahora que vas a vivir más y a ser un ejemplo mejor para tu hija, ¿qué más harías con tu vida?»

Jessica frunció el ceño mientras reflexionaba unos minutos. «Esta es una pregunta difícil de contestar –dijo por fin–. No estoy segura.»

No estaba dispuesto a dejarle en la duda. «Sé que no estás segura, pero si *estuvieras* segura, qué crees que hubieras dicho?»

«Bien –dijo lentamente–, creo que si consiguiera recuperar mi vida como a mi me gustaría que fuera, intentaría implicarme más en obras benéficas.»

Jessica me explicó que para ella era muy importante «cambiar y ayudar a los demás».

«¿Hay para ti algo más importante que cambiar y ayudar a los demás?»

Jessica me miró a los ojos: «Yo sólo quiero saber que cuando muera habré vivido una vida plena, habré amado, habré sido un buen ejemplo para mi hija y mi familia. Eso es todo.»

Y por supuesto lo era. Era mucho —mucho en lo que pensar, y mucho que recordar cuando llegase el momento de construir un plan financiero—. Por suerte, mientras hablaba con Jessica iba apuntando los valores que eran importantes para ella, en el mismo orden que los había citado. En la página siguiente verá la escala de valores de Jessica. Como puede ver, en la base de la escalera está el primer valor de Jessica, la seguridad. Por encima de ella aparecen todos los demás valores que mencionó como importantes para ella.

Tómese un momento y vuelva a leer la conversación. Observe qué rápidos hemos sido Jessica y yo en construir su escala de valores.

¿Encaja su comportamiento financiero en sus valores?

Lo que Jessica y yo aprendimos de nuestra conversación sobre los valores es que no había nada más importante para ella como tener tiempo para dedicar a su familia y a la sociedad. En ese momento, la mayor parte de su tiempo (y energía) la estaba dedicando a su trabajo. A continuación y teniendo esto presente, lo que hicimos fue mirar la situación financiera de Jessica y sus hábitos para ver si estos encajaban en la escala de valores.

Como vendedora de ordenadores, Jessica ganaba cerca de 75.000 dólares anuales. Éste es un buen sueldo, pero por alguna razón seguía viviendo al día. De ahí que se sintiera obligada a dedicar tanto tiempo al trabajo.

¿Por qué vivía tan apretada económicamente? Miramos a sus hábitos de gasto y vimos que gastaba mucho dinero en cosas que no eran esenciales: más de 300 dólares al mes en ropa, 100 dólares en el teléfono del coche, 350 en restaurantes, 150 en tintorería, 525 en el *leasing* de un coche, etcétera. En conjunto, estaba gastando más de 2.000 dólares al mes —más de la mitad de su sueldo neto mensual— *en cosas que no tenían absolutamente nada que ver con lo que era importante para ella:* principalmente, tener más tiempo para estar con su familia y la comunidad.

La escala de valores de Jessica

Cambiar y ayudar a los demás

Vivir más y dar mejor ejemplo a su hija

No correr de un lado a otro/ Sentir que vive la vida

Sentirse más tranquila y más feliz

Tener más tiempo para su hija y su marido

Libertad / No estar cohibida por las obligaciones de la vida

Seguridad

Siempre empezar por:

¿Qué es para usted lo importante del dinero?

Cuando le hice esta anotación –que estaba gastando más de lo que ganaba en cuatro horas de trabajo diarias para pagar lujos que no tenían nada que ver con la vida que ella verdaderamente quería–, Jessica se quedó perpleja. Pero por suerte, le sirvió para decidir cambiar su vida. En cuanto se dio cuenta de la cantidad de tiempo y energía que estaba malgastando, trazó un plan para poder en primer lugar ahorrar dinero (y así dejar de vivir al día) y al mismo tiempo ir recortando poco a poco el número de horas que dedicaba a su trabajo (y así tener más tiempo para estar con su familia).

El gran descubrimiento

De nuestra conversación sobre los valores, Jessica sacó algo más que un simple plan financiero. Más tarde me dijo que también consiguió hacerse una idea más clara que nunca de cuál era el propósito de su vida. «Me ayudó a darme cuenta de que estaba dedicando mucho tiempo a cosas que no tenían nada o tenían poco que ver con mis propios valores sobre quién soy yo y quién quiero ser –dijo–. Y gracias a ello ahora siempre que estoy haciendo algo, soy más clara conmigo misma. Siempre me pregunto, ¿Está esto en línea con mis valores? Si no es así, intento dejar de hacerlo.» Por supuesto hay cosas que, como ella dijo, no puede dejar de hacer, pero por lo menos sabe dónde se supone que tiene que estar su atención.

Igual de importante, nuestra conversación también hizo que Jessica se diera cuenta de que en realidad no necesitaba tanto dinero como el que tenía para obtener lo que realmente quería en la vida. Tal y como me dijo: «Nuestra conversación me hizo darme cuenta de que estaba dedicando demasiado tiempo para conseguir que mis ingresos fueran mayores, estaba gastando dinero en cosas que no tenían nada que ver con los valores que realmente son importantes para mí. Me he dado cuenta de que por un vestido nuevo, un coche de moda, o un teléfono móvil, no vale la pena pasar todo un fin de semana trabajando en el despacho».

Una vez hubo comprendido esto, le fue mucho más fácil recortar gastos innecesarios. «Inmediatamente me sentí más tranquila sobre quién soy yo y hacia donde estaba yendo. Hacía mucho tiempo que no tenía esa sensación de paz interior. Cuesta creer que una pregunta tan sencilla como "¿Qué es lo importante del dinero para ti?" pueda llevar a unos descubrimientos tan importantes, pero el caso es que es así.»

Si no es una cuestión de ingresos, ¿qué es?

Los ejercicios relacionados con los valores no son sólo para mujeres jóvenes. Siempre es bueno –independientemente de la edad– hacer una mirada a nuestro interior, especialmente en esta era de *boom* económico y de precios de acciones record, en la que muchos de nosotros nos hemos obsesionado tanto con las cifras de crecimiento y los índices de rendimiento que a veces hemos olvidado el tema del ahorro y la inversión.

Pongamos el caso de Helen, una de mis clientas. Helen estaba verdaderamente enfadada cuando entró en mi despacho. A primera vista era difícil ver el motivo de su ira. Helen tenía 72 años y por tanto era «hija de la Gran Depresión», y por eso siempre había vigilado mucho su gasto y sus ahorros. Desde que su marido muriera, seis años atrás, había vivido siempre con una pensión de viudedad y con la Seguridad Social. Además, tenía cerca de 500.000 dólares en certificados de depósito que le habían estado pagando un ocho por ciento de interés anual (o 40.000 dólares al año). En resumen, Helen tenía más que suficiente para vivir.

¿Qué era lo que le preocupaba? Bien, resulta que su banco le había informado de que sus certificados de depósito estaban a punto de vencer y que si deseaba cambiar sus ahorros a unos certificados nuevos, el mejor tipo de interés que podía obtener era el cinco por ciento.

«¿Qué voy a hacer? –me preguntó–. Este interés es muy bajo, además yo no puedo permitirme asumir un riesgo con mi dinero.»

Cuando le pregunté en qué gastaba los 40.000 dólares al año que ganaba de sus certificados, me miró y dijo que ponía el dinero en una cuenta de ahorro en el banco. En otras palabras, no necesitaba ese dinero para vivir.

Le pregunté qué era tan importante de ese dinero que guardaba de lo que ganaba. Me dijo que le daba una sensación de seguridad. Al proseguir nuestra conversación, la cual pronto se convirtió en una conversación sobre valores, me explicó que siempre había querido saber que iba a poder ser independiente; para ella ser independiente significaba no tener que ser nunca una carga para su familia. Sus nietos, dijo, lo eran todo para ella. «Les quiero tanto, que quiero darles todo y no necesitar nada de ellos.»

«¿Y qué le gustaría darles? –le pregunté.

Helen me miró a los ojos: «Ya sabe, siempre había pensado en regalar a toda mi familia un crucero». Me habló de este sueño rebosante de alegría. Sin embargo, su sonrisa desapareció cuando le pregunté por qué no lo hacía ya.

«Oh, David –dijo–, cuesta por lo menos 10.000 dólares.»

«¿Y qué? Ha estado ganando más de cuatro veces esa cantidad cada año con sus certificados de depósito. Helen, usted tiene salud, tiene ese dinero, y tiene ese maravilloso sueño de llevar a su familia a un crucero y, ¿qué está haciendo? Sentarse en mi despacho preocupada por si sus certificados van a pagarle el ocho o el cinco por ciento de interés. ¿Qué importancia tiene el tipo de interés si no va a utilizar su dinero para hacer que su vida sea como a usted le gustaría que fuera?» Al final le pregunté a Helen la cuestión final sobre la escala de valores: «¿Para usted hay algo más importante que su familia?»

Resultó que no.

Al cabo de una semana de nuestra reunión, Helen visitó una agencia de viajes y reservó plazas para hacer el crucero. El viaje le costó cerca de 12.500 dólares. Era la máxima cantidad que jamás se había gastado en algo de lujo. Lo más importante, sin embargo, no era la cantidad de dinero que se había gastado sino lo que consiguió: la alegría de compartir una experiencia maravillosa con sus hijos y nietos.

Eche un vistazo a la escala de valores de Helen que figura a continuación, y observe cómo una pregunta tan sencilla le ayudó a edificar un futuro que era emocionante tanto para ella como para su familia.

Lo importante de esta historia es que, gracias a planificar sus finanzas orientándolas a los valores, Helen consiguió utilizar su dinero tal y como se supone que debe utilizarse: para hacer su vida mejor. Si su dinero no está ayudándole a mejorar su vida, es porque hay algo que no funciona. Es probable que no haya una conexión entre sus valores y el papel que el dinero juega en su vida. La importancia de hacer esta conexión es la clave de esta historia y de este capítulo.

La escala de valores de Helen

Disfrutar ahora de la vida con mi familia

Dar a mi familia y no tener que necesitar nada de ella

No ser una carga para mi familia

Ser independiente económicamente

Seguridad

Siempre empezar por:

¿Qué es para usted lo importante del dinero?

Cree su propia escala de valores

Imagínese que está llegando a mi despacho en Orinda, California. Va a encontrarse conmigo, cara a cara, para crear su propia escala de valores de su nueva persona –esa nueva mujer que controla totalmente su situación económica personal.

Entra en mi despacho. En medio de la mesa redonda en la que usted y yo nos sentamos hay una hoja de papel en la que hay dibujada una escalera para que usted escriba en ella sus valores.

1. Empiece relajándose. Reflexione unos minutos para organizar sus ideas. Nuestro objetivo es que sus respuestas reflejen realmente lo que siente, no lo que otros piensan que usted siente. Recuerde, sean cuáles sean sus valores, son los más correctos para usted.

2. ¿Preparada? Empecemos por la pregunta más importante. Pregúntese a sí misma: *¿qué me importa a mí del dinero?*

3. Escriba su respuesta en la parte inferior de la escalera. Recuerde que estamos buscando valores (aspiraciones básicas como la *libertad*, la *felicidad*, la *seguridad*...) y no objetivos (los cuales generalmente implican cantidades específicas de dinero o compras particulares). Si acaba de divorciarse y se encuentra sola con dos hijos, por ejemplo, su valor podría ser «la seguridad». O si es una empresaria soltera cuyo sueño es dar la vuelta al mundo, su valor inicial será «la libertad».

4. Ahora necesitamos un poco más de perspectiva sobre los valores que usted ha citado, porque cada uno de ellos representa cosas diferentes para gente diferente. Pregúntese: *¿para mí qué hay de importante en* (valor)*?* Escriba su respuesta en el siguiente peldaño de la escalera.

5. Supongamos que su segundo valor se ha hecho realidad. Pregúntese: *¿para mí qué hay de importante en* (su segundo valor)*?* Escriba la respuesta en el tercer peldaño.

6. Continúe subiendo la escalera, llenando los peldaños con sus respuestas. No se engañe. El peor error que podemos cometer en este tipo de conversación con nosotros mismos es no tomarse el proceso en serio.

Su escala de valores

Siempre empezar por:

¿Qué es para usted lo importante del dinero?

Es importante profundizar porque en muy pocas ocasiones los valores más importantes están entre los primeros que citamos. Siga preguntándose: *¿para mí qué es importante de* (el último valor que dijo)? Habrá acabado cuando no pueda pensar en nada más importante que el último valor que ha mencionado.

Profundice en sus valores

Para aquellas de ustedes que tengan problemas en diferenciar un valor de un objetivo –cosa que le ocurre a muchas– he escrito algunos ejemplos de ambos. Si estudia las listas podrá hacerse una idea mejor de la diferencia que hay entre ambos. No se engañe por eso y se limite a copiar algunos valores de mi lista simplemente porque suenen bien o porque no sepa qué poner en su escalera. Si los valores que usted escribe no reflejan claramente lo que siente en su corazón, no le servirán para motivarle.

ALGUNOS EJEMPLOS DE VALORES

Libertad	Conexión con los demás
Seguridad	Independencia
Felicidad	Satisfacción
Paz mental	Confianza
Poder	Ser lo mejor que pueda ser
Ayudar a los demás	Ser diferente
Ayudar a la familia	Diversión
Realización completa de	Desarrollo
mi potencialidad	Aventura
Mayor espiritualidad	

Lo que sigue son ejemplos de objetivos que la gente sugiere cuando realiza el ejercicio de la escala de valores. Recuerde que no estamos buscando objetivos. Estamos buscando valores (hablaremos de los objetivos en el tercer paso).

Saldar una deuda

Tener un millón de dólares

No quedarme sin dinero

Pagar la universidad

Comprar una casa

Viajar *(Viajar es un objetivo; lo que el viajar provoca en usted es un valor. Lo digo porque este tema suele salir en mis conversaciones sobre valores.)*

Comprar un coche nuevo

Redecorar la casa

Jubilarme rica

Hacer donativos

Dar dinero para fines benéficos *(igual que ocurre con viajar, la razón de por qué usted da dinero para fines benéficos es un valor; qué o cuánto da es el objetivo.)*

Poner dinero en mi cuenta de jubilación

No trabajar

Empezar mi propio negocio

Llevar a mi hijo a la universidad

Divorciarme

Casarme

Seguir casada *(El dinero afecta a los matrimonios, no hay duda de ello. Pero contrariamente a lo que mucha gente cree, lo que importa no es cuánto dinero tienen. Es cómo se comunican y toman decisiones acerca de su dinero lo que determina si sus problemas económicos acabarán separándoles o manteniéndoles unidos como una familia.)*

¿Qué pasa si no se me ocurren suficientes valores?

Esto casi nunca ocurre. Todas las personas tenemos muchos valores —muchos más de los que se nos ocurren a primera vista—. Dedique cierto tiempo a pensar sobre ello. Pero no convierta el ejercicio en una maratón. Debería tardar unos 15 minutos como máximo en hacerlo. En mi despacho, las conversaciones suelen durar menos de 10 minutos.

Tenga en cuenta que no hay respuestas correctas o incorrectas. El único error que se puede cometer es no ser honesto. En mis clases, siempre digo a la audiencia: «No miren la hoja de su vecina. ¡Escriban sus propios valores!»

¡Termine todo el ejercicio!

El motivo de que nuestra escala de valores haya sido diseñada para obtener por lo menos seis valores personales es que lo que pretendo es que mire profundamente a su interior –tan profundamente que acabará conociendo de verdad qué es lo más importante para usted–. Y gracias a ello dejará de malgastar su tiempo, su energía y su dinero en cosas que no le importan en absoluto, y concentrará más sus recursos en aquello que sí le importa.

A estas alturas debería tener claro que aunque estemos concentrándonos en la cuestión del dinero, lo que realmente queremos obtener de nuestra conversación sobre valores es la esencia de lo que es importante para usted en la vida en general. Esto es lo que hace que la técnica sea tan poderosa. Le permitirá no sólo definir sus valores sino también definir quién es y qué dirección le gustaría tomar en la vida.

No piense que puede saltarse este paso

No sea como algunas de los estudiantes que asisten a mis clases e intentan saltarse este paso creyendo equivocadamente que este método basado en los valores no es más que un «invento de la era moderna para sentirse bien». No es algo de la era moderna el estar en contacto con nuestros valores. El filósofo griego Sócrates ya hablaba de algo parecido en el año 400 antes de Cristo. Pensaba que la clave para el avance humano podía resumirse en cuatro palabras: «conocerse a sí mismo». Así que no se deje engañar.

Al continuar nuestro viaje se dará cuenta de que el método de los siete pasos es algo progresivo. Si no termina este paso, encontrará el siguiente mucho más duro de lo que es.

¡Felicidades! Ha terminado el segundo paso

Lo que tiene que recordar de este segundo paso es que es importante que estudie sus valores por una razón muy práctica: porque sabiendo lo que es importante del dinero para usted no sólo podrá plantificar su futuro inteligentemente, sino que además se aferrará más fácilmente a su plan. Si conoce sus valores, se esforzará más por protegerlos. Los valores no son tareas o resoluciones, como «comer menos», «ahorrar más» o «tener limpia la casa». Los valores no son cosas de las que nos podamos aburrir. Los valores son aquellas cosas en las que creemos, son aquellas cosas que nos motivan y mantienen en forma.

Ahora que ya ha construido su escala de valores, téngala a mano. Vamos a tener que usarla en el tercer paso cuando empecemos a definir sus objetivos económicos específicos. Pero antes de empezar a diseñar el mapa de carreteras de su futuro financiero, debería hacer otra cosa: *tratar de averiguar cuál es su situación económica actual.*

Tercer paso

Trate de averiguar su situación financiera actual... y a dónde quiere llegar

Imagine que después de haber estado trabajando siete noches consecutivas, su jefe le dice que como recompensa por su esfuerzo extra ha decidido mandarla a París una semana con todos los gastos pagados. La única condición es que esté ahí mañana por la noche y que se lo organice todo usted.

No hay problema, dirá usted, e inmediatamente telefoneará a su agencia de viajes. Como es tarde, ya no hay nadie, así que le contestará el contestador automático. «Necesito un vuelo para París —le dice a la máquina— que no llegue más tarde de las 8 de la noche de mañana.» Después deja grabado su nombre y número de teléfono y cuelga.

Al día siguiente recibe una llamada de su agencia de viajes. «No hemos podido reservar su vuelo —le dice la chica.

«¡Oh, no! —se lamenta usted—. ¡Ahora, no voy a poder ir!» Empieza a gritar a la chica de la agencia, criticando su incompetencia, pero ella enseguida le corta.

«No es culpa mía no haber podido reservarle su vuelo, es culpa suya.»

«¿Culpa mía? —dice indignada—. ¿Por qué es culpa mía?»

«Usted nos dijo a dónde quería ir, pero no nos dijo dónde estaba. ¿Cómo vamos a reservarle un vuelo si no sabemos de dónde va a salir?»

Cuando se trata de planificar un viaje, lo más seguro es que nunca cometa un error tan elemental como éste. Pero se sorprendería al ver la cantidad de gente que comete errores similares a la hora de planificar sus finanzas. Describen con todo lujo de detalles qué quieren conseguir, qué valores deberían comprar, dónde quieren llegar, pero olvidan lo más importante: ver dónde están.

¿Sabe dónde está su dinero?

Si le preguntara sobre su situación económica actual, ¿podría enumerar ahora mismo en una hoja de papel en blanco todos sus activos y pasivos, incluyendo sus inversiones, sus cuentas bancarias, sus hipotecas, y sus deudas de tarjetas de crédito? ¿Tiene un sistema de archivo organizado en el cual todos sus documentos financieros puedan ser encontrados fácilmente? ¿O ha dejado todos sus papeles para que los arregle su marido o su contable? Si está trabajando, ¿sabe dónde está invertido el dinero de su pensión?

Quizá le convenga retroceder al paso primero y mirar cómo respondió a ese cuestionario sobre el dinero de su familia. Si usted es como la mayoría de la gente, seguramente habrá puntuado peor de lo que le hubiera gustado. No pasa nada. Aquí es donde vamos a arreglar esos problemas que encontró en ese cuestionario.

Saber dónde está su dinero suena a algo obvio, pero créame, mucha gente no tiene ni idea de ello

Después de haber hecho de asesor financiero de cientos de personas, puedo decirle por experiencia que mucha gente no tiene ni idea de en qué gasta su dinero ni dónde lo tiene invertido. Han venido a verme al despacho clientes con bolsas llenas de papeles de bancos, de seguros, de balances...

Pongamos el caso de Karen y Tom, una pareja con éxito de mediana edad. Llegaron un día de repente a mi despacho y, después de vaciar una bolsa de supermercado llena de papeles, anunciaron: «David, nosotros somos el tipo de gente del que tú hablas en tus seminarios». Empezamos a estudiar con más detalle esa cantidad de papeles y ¿sabe qué?

Aunque Karen y Tom se habían preocupado por guardar lo que el banco les había enviado, muchos sobres estaban todavía cerrados. Hacía meses que no habían mirado el estado de sus cuentas.

Estoy seguro de que *usted* no es así, pero también estoy seguro de que tiene muchos amigos que sí lo son.

Seis cuentas de jubilación individual, cinco cuentas bancarias, cuatro planes de seguros...

Después de dos horas de estudiar los papeles de Karen y Tom, conseguimos averiguar dónde estaba su dinero: estaba escondido en 12 fondos de pensiones independientes, 6 cuentas de jubilación individual, 5 cuentas bancarias, 4 fondos de inversión, y 4 pólizas de seguro individuales.

Increíble, ¿verdad? Pues no. Karen y Tom son el típico caso de mucha gente con éxito. Como explicó Karen: «Tom pone toda la responsabilidad de la administración del dinero en mis manos, pero entre la carrera y los tres niños no tengo tiempo de encargarme de ella. Realmente no sé cómo la gente tiene tiempo para ello».

«Tienes razón, Karen –le dije–. Nadie tiene tiempo para controlar todo lo que tiene a no ser que sea un profesional en la gestión del dinero. Incluso conozco profesionales que no se preocupan de su propio dinero porque están demasiado ocupados gestionando el dinero de otras personas.»

¡Póngase como prioridad ordenar sus finanzas ahora mismo!

Joven o vieja, rica o pobre, casada o soltera, no importa, una de las primeras cosas que hacemos después de discutir los valores de nuestros clientes es averiguar cuál es su situación financiera en ese momento.

Para ello, hacemos que los clientes rellenen lo que denominamos «Hoja de trabajo de Inventario Financiero». Encontrará una copia en el Apéndice 2.

NOTA: *No realice el inventario hasta que no haya terminado de leer el libro. ¿Por qué? Triste pero cierto, hay mucha gente que no pasa de los primeros capítulos de los libros de este estilo si tiene que dejar de leer para rellenar un formulario.*

Si usted es como la mayoría de la gente, probablemente ya tenga toda su información financiera totalmente organizada. De hecho, estoy seguro de que todos sus documentos financieros están ya descansando en un sistema de archivo de fácil manejo con colores fluorescentes y etiquetas perfectamente escritas. Y puesto que todos sus documentos están tan bien organizados y son de fácil acceso, completar la hoja de trabajo que figura al final del libro no le llevará más de 30 minutos.

Obviamente, estoy hablando un poco en broma. Normalmente, en mis clases, a la tarea de realizar este inventario la denomino «deberes para casa». Y cuando digo a mis alumnas que imagino que tienen toda su información financiera bien archivada y clasificada, todas empiezan a reír. Entonces es cuando yo digo: «Las que utilicéis una bolsa de plástico como sistema de archivo, seguramente tardaréis un poco más de media hora».

Para ser sincero, tengo que decirle que he tenido clientes que me han dicho que han tardado 15 minutos en hacer estos «deberes» (normalmente porque tenían toda la información en un programa de *software* de finanzas como el Quicken o el Microsoft Money). Pero la mayoría de la gente tarda por lo menos una o dos horas.

Y no se preocupe si tarda más de eso. Hay gente que dedica todo el fin de semana a esta tarea.

Organizarse es una de las claves para conseguir seguridad financiera

Es cierto que organizarse a veces puede ser una experiencia dolorosa. He tenido clientes que pensaban que eran seguros financieramente, y de repente, después de citar todos sus bienes y deudas, se han dado cuenta de que las cosas no les iban tan bien como imaginaban. También he tenido otros que, después de completar la hoja de trabajo, descubrieron que estaban mucho más cerca de la independencia financiera de lo que pensaban. En cualquier caso, todos resultaron estar más cómodos conociendo su situación financiera.

Pongamos el caso de Betsy y Víctor, dos clientes míos a los que les fue de gran ayuda todo el proceso. Su historia es bastante típica, y espero que le inspire a usted a seguir su ejemplo.

LA HISTORIA DE BETSY:
CONOCIÓ CUÁL ERA SU SITUACIÓN ECONÓMICA

«Cuando asistí por primera vez a una de las clases de David sobre inversiones, me quedé entusiasmada con la idea de implicarme en las finanzas de la familia. Tengo que admitir, sin embargo, que los deberes de "organizar mis finanzas domésticas" me parecieron un tanto amedrentadores.»

»Lo que más me gustó de la Hoja de Trabajo de Inventario Financiero es que produce resultados inmediatos. Sabía que los documentos financieros de mi familia estaban totalmente desorganizados. También sabía que mi marido, Víctor, probablemente no sabía dónde estaba nuestro dinero.

»Otra cosa que realmente me gustó de esta tarea es que me iba a permitir convencerle fácilmente de que él también se implicara en nuestras finanzas. Cuando llegué a casa de clase, le dije: "Víctor, tengo unos deberes por hacer bastante difíciles y creo que voy a necesitar tu ayuda. ¿Podrás ayudarme este fin de semana?"

»Este sistema realmente funcionó con Víctor, puesto que daba la impresión de que no le estaba acusando de nada ni intentaba tomar el control de las finanzas. Y cuando le enseñé la Hoja de Trabajo, admitió que era algo que hacía años que tenía que haber hecho. Dijo que siempre había querido organizar nuestros documentos, pero era algo así como limpiar el garaje, fácil de posponer.

»Al final, resultó que estuvimos casi todo el día para hacerlo –bastante más de los 30 minutos que nos había prometido David–. Pero como dijo David, el hecho de que tardáramos tanto se debía a que realmente teníamos que hacerlo.

»Cuando por fin acabamos, me di cuenta por primera vez de dónde estaba nuestra familia económicamente. Que estábamos ahorrando bastante. Que nuestras deudas eran muy pequeñas y que las cuentas de jubilación habían acumulado ya bastante dinero. El hecho de ver todo esto sobre el papel, me animó a empezar a pensar cómo mejorar aún más nuestra situación económica.»

LA HISTORIA DE VÍCTOR: SE QUITÓ UN PESO DE ENCIMA

«Cuando Betsy llegó a casa con sus deberes de poner en orden la economía doméstica, me sentí un tanto avergonzado. Yo era el responsable de gestionar el dinero de la familia, y pensaba que había estado haciendo un buen trabajo, pero también sabía que había mucho todavía por organizar.

»Tengo que admitir que nos sentimos realmente bien cuando por fin terminamos esa Hoja de Trabajo. Por primera vez en muchos años Betsy y yo hablamos de cuál era nuestra situación económica. Tengo que admitir que al implicarse Betsy también en nuestras finanzas, yo me he sacado un peso de encima. Ahora ya no tengo que soportar toda la presión yo solo.»

DESDE MI PUNTO DE VISTA...

Cuando me encontré con Betsy y Víctor en mi despacho después de su fin de semana de «limpieza y orden doméstico» lo pasamos muy bien. Ellos habían disfrutado organizando sus finanzas y tenían muchas ganas de contármelo.

Puesto que habían realizado un trabajo magnífico rellenando la Hoja de Trabajo, mi trabajo fue relativamente sencillo. Una de las primeras cosas que observé es que ambos habían abierto cuentas de jubilación individuales en diferentes bancos cada año durante unos ocho años. Y esto lo habían hecho porque creían que así conseguían un mejor rendimiento de su capital —y también porque habían oído que «la diversificación» era importante, y creían que yendo a diferentes bancos ya estaban diversificando.

En realidad lo que estaban haciendo era dejar inactivo su dinero de la jubilación a una tasa anual miserable, la cual ni siquiera se correspondía con la inflación. Yo les ayudé a consolidar todas sus cuentas en una cuenta de jubilación y a reposicionar el dinero que habían invertido en inversiones de crecimiento más adecuado. Explicaré cómo lo hicimos –y cómo puede hacerlo usted– en el quinto paso, cuando hablemos de su «cesta para la jubilación». Por ahora, lo que importa saber es que, gracias a organizarse, Betsy y Víctor fueron capaces de ver dónde estaban y qué tenían que hacer para alcanzar sus objetivos.

HAGA SUS DEBERES

La manera de trabajar de nuestro despacho es simple. Enviamos a los posibles clientes la Hoja de Trabajo de Inventario financiero y les pedimos que la rellenen antes de venir a vernos. Siempre hay quien viene con la hoja vacía. Enseguida les pregunto si en el colegio eran los típicos que nunca hacían los deberes. Bromas aparte, hasta que no consiga organizar sus finanzas en casa, no podrá empezar a crear su seguridad financiera –y por tanto sus sueños financieros.

No hay excusas que valgan. En cuanto termine de leer el libro, deberá rellenar la Hoja de Trabajo del Apéndice 2. Es la mejor manera de empezar a organizarse e implicarse en sus finanzas, y sobre todo, de determinar su patrimonio neto. (Esto es un punto clave porque si no sabe cuánto tiene, no sabrá de dónde parte.) En cuanto lo haya hecho tendrá más idea de cuál es su situación económica. Sabrá cuál es su patrimonio neto y en qué gasta su dinero. Usted –y nadie más que usted– será la responsable de su destino financiero.

Su primer trabajo: encuentre los papeles

Completar la Hoja de Trabajo de Inventario Financiero es probablemente uno de los deberes más importantes que va a realizar en todo este proceso. Pero no lo haga todavía. Por ahora, lo único que tiene que hacer es empezar a buscar sus «papeles».

1. Busque su declaración sobre la renta del año pasado y archívela en una carpeta denominándola «Declaraciones sobre la renta». Si tiene las copias de las declaraciones anteriores inclúyalas también. Recuerde que lo mejor es que guarde las copias de los siete últimos años.

2. Reúna todos los extractos que tenga de sus cuentas de jubilación (incluyendo todas las cuentas de jubilación familiar relacionadas con el trabajo) y archívelas en una carpeta que ponga «Cuentas de Jubilación».

3. Agrupe los extractos de sus cuentas de ahorro y cuentas corrientes y archívelas en el dosier «Cuentas de Ahorro y Cuentas Corrientes».

4. Reúna todos los extractos de cualquier cuenta de inversión no cualificada que pudiera tener (básicamente esto quiere decir cualquier inversión que tenga fuera de sus cuentas de jubilación) y póngalos en un archivo denominado «Otras cuentas de inversión».

5. Agrupe todos los extractos de su tarjeta de crédito y archívelos en «Deuda de la tarjeta de crédito».

6. Haga lo mismo con los extractos de su hipoteca.

7. Reúna todos los documentos relacionados con sus otras deudas importantes (el coche, el barco, una segunda hipoteca...) y archívelos en «Deudas».

8. Haga lo mismo con los documentos relativos a los seguros (seguro de la casa, seguro de enfermedad, planes sanitarios...) y archívelos en «Seguros».

9. Si tiene hijos, consiga los extractos de cualquier cuenta de ahorro o inversión que haya abierto para ellos y archívelos en el dosier, «Cuentas de los niños».

10. Consiga toda la información posible sobre sus beneficios futuros de la Seguridad Social y archívelos en «Seguridad Social».

11. Guarde en el archivo denominado «Testamento o bienes familiares» su testamento y otros documentos relacionados con sus bienes familiares.

En cuanto empiece a hacer este orden, seguramente lo primero que verá es que no tiene todos estos documentos. En algunos casos los habrá perdido y en otros los habrá tirado. Puede ser también que nunca los hubiera tenido. Por ejemplo, lo más probable es que nunca se haya preocupado de pedir a la administración de la Seguridad Social el saldo estimado de sus ganancias y beneficios personales. O a lo mejor no tiene seguro de invalidez. Sea como sea, esto no importa en este momento. Lo único que quiero que haga ahora es crear los archivos que acabo de mencionar, tanto si tiene los documentos como si no. No debería ocuparle demasiado tiempo, después de todo sólo son once archivos.

Si forma parte de una pareja...

Si está casada (o tiene una relación similar), tendrá que intentar que su pareja se implique también en el proyecto. Sea diplomática. Después de todo su pareja no tiene ni la menor idea de que su intención es «limpiar la casa» financieramente. Un consejo: no critique a su pareja por ser desorganizado. Recuerde: él no ha leído este libro. (Por lo menos por ahora.)

Igual que les digo a las mujeres que asisten a mis seminarios, no es buena idea llegar a casa y decir: «Cariño, hay un consejero financiero que dice que lo más probable es que tú como hombre no tengas ni idea de controlar nuestras finanzas, así que a partir de ahora me voy a encargar yo de nuestro dinero. ¡Muéstrame dónde está!». Tampoco es conveniente empezar diciendo: «Cariño, he aprendido que lo más probable es que tú te mueras antes que yo, y que si no es así, a lo mejor conoces a alguna jovencita maravillosa y te divorcias de mí. Así que lo mejor es que me proteja a mí misma. Dime, ¿dónde está todo nuestro dinero?».

Evidentemente estoy exagerando un poco. Dudo que vaya a ser tan descarada. Pero también sé que es muy fácil animarse con una serie de ideas nuevas.

Y yo quiero que se anime. Éste es el propósito principal del libro, animarla a que haga cambios drásticos en su vida. De todas formas no quiero un montón de hombres enfadados conmigo. Tampoco quiero que usted se tenga que enfrentar a una actitud defensiva y a un *feedback* negativo.

Mi abuela me enseñó que uno puede conseguir lo que quiera en la vida si el enfoque es el adecuado. En este caso, el enfoque más adecuado implica reconocer que si usted forma parte de una pareja (y esto también va para las relaciones del mismo sexo), los asuntos del dinero deberían tratarse conjuntamente. Lo más probable, sin embargo, es que todavía sea uno de los dos el que se ocupe de estos asuntos.

Esta es una de las cosas buenas de este proceso de limpieza financiera. No sólo les enseñará cuál es su situación económica, sino también, como señaló Betsy, es un método muy proactivo para que las parejas empiecen a estudiar sus finanzas conjuntamente. Al rellenar la hoja de trabajo, nadie estará criticando o juzgando a nadie. Lo único que estarán haciendo es organizar sus asuntos. Si su marido o pareja dice: «Está todo controlado, cariño, no te preocupes por ello», usted limítese a responder: «Perfecto. Enséñame cómo está todo controlado y discutámoslo juntos». Si él sigue negándose, explíquele lo importante que es para usted involucrarse en las finanzas de la familia y que el conocer dónde está todo es una parte fundamental del proceso.

¿Qué ocurre si el hombre de su vida no está dispuesto a cooperar?

Lo más normal es que no tenga problemas para compartir con su pareja estos asuntos relacionados con las finanzas. Según mi experiencia, los hombres quieren que sus parejas participen en las finanzas de la familia. No sé cuántos hombres me han dicho, «Estoy encantado de que mi mujer se interese por este tema. Antes nunca se interesaba por él y me preocupaba pensar cómo se las arreglaría si me ocurriera algo. Saber que está implicada en estos temas es para mí un gran alivio».

El tema es que alguien que realmente la ame no debería nunca asustarse por que usted quiera saber dónde está el dinero de la familia. La clave está en cómo lo plantea. Algunos hombres tienen egos frágiles. ¿Qué puedo decir? Nos gusta saber que lo controlamos todo y sabemos lo que estamos haciendo, cuando la realidad es que no controlamos casi nada y ustedes las mujeres lo saben. Está bien, pero no nos dejen saber que lo saben.

En el caso de que su familia ya tenga a alguien que les ayude a administrar su dinero (un consejero financiero o un abogado o contable), le recomendaría que quedara con él. Lo más probable es que él sepa cuál es su situación, y completando la Hoja de Trabajo de Inventario Financiero ayudará a esa persona a ayudarle mejor a usted. La llamada telefónica podría ser algo así: «Estoy intentando implicarme en la toma de decisiones de los asuntos financieros de mi familia. Sé que usted ha estado trabajando con mi marido (o con quien sea) y me gustaría quedar con usted para hablar sobre nuestra situación financiera».

Cuando vaya a verle le recomendaría que fuera con su pareja también a esa reunión –y a todas las reuniones futuras–. Como ya le he dicho: la planificación financiera es cosa de ambos. Uno de los errores más grandes que cometen muchas parejas es tratar estos asuntos por separado. En nuestro despacho, si un hombre nos telefonea para quedar y nos dice que no es necesario que su mujer vaya con él porque «él es el encargado del dinero», no aceptamos esa reunión. Así es como demostramos lo importante que es para nosotros el que se haga la planificación financiera conjuntamente.

Dirigirse en la dirección correcta

Microsoft, la cual en mi opinión es una de las compañías más inteligentes del mundo actual, recientemente lanzó lo que pensé que era una de las campañas de publicidad más inteligentes del mundo. La campaña no era sobre el *software* sino sobre nuestras vidas y dónde teníamos que dirigirlas. Sus anuncios televisivos, lanzaban directamente las siguientes preguntas: «¿A dónde quiere ir hoy?» (dando a entender que Microsoft podía llevarle ahí).

Como Mujer Inteligente, el reto al que se enfrenta ahora es formularse esta pregunta a sí misma –coger todo el trabajo que hemos realizado hasta ahora (incluyendo el estudio de sus valores y la organización de sus finanzas domésticas) y utilizarlo para crear un futuro convincente que le inspire y le anime.

¿Por dónde empezar? Aquí tiene una pista...

El éxito deja pistas.

¿Se ha dado cuenta alguna vez de que hay gente que parece que lo tenga todo? Personas que parece que sus vidas vayan en la dirección que ellas quieren que vayan, que siempre se mueven hacia delante, que nunca retroceden por culpa de las exigencias y desafíos diarios. Que les ocurra lo que les ocurra, siempre salen victoriosas.

¿No odia a esta gente?

He lanzado esta pregunta sólo para ver si estaba prestando atención. Por supuesto, no la odia. Pero, ¿no le hace dudar? ¿Cómo es que hay gente que tiene tanto éxito, se divierte tanto y todo le es tan fácil?

La respuesta creo que reside en el hecho de que la mayoría de la gente con éxito tiene objetivos específicos. En el libro *The Eleven Commandments of Wildly Successful Women*, su autora, Pamela Gilberd, entrevista a 125 mujeres que han conseguido un éxito extraordinario tanto en sus trabajos como en sus vidas privadas. Lo que observó es que muchas de estas mujeres tenían una cosa en común: todas sabían dónde querían ir. Tenían objetivos. Crearon sus propios planes e intentaron a toda costa hacerlos realidad.

El experto motivador, Napoleon Hill ya lo dijo, aunque de diferente manera. Según Hill, para conseguir sus sueños uno tiene que concentrarse en cómo quiere que sea su vida. A esto Napoleón lo denomina, desarrollar «Claridad de propósito». Después de estudiar a la gente más exitosa de su tiempo, Hill concluye que para los individuos que tienen esta «claridad de propósito» es mucho más sencillo priorizar su tiempo, esfuerzo y dinero, y por consiguiente, alcanzar sus sueños.

Ahora «desarrollar claridad de propósito» no es más que una manera divertida de decir «determinar unos objetivos específicos». Y lo que Hill nos enseña es que la gente con éxito hace precisamente esto. Cuando se les pregunta, saben decirle perfectamente dónde quieren acabar sus vidas y qué hacer para asegurarse de que así sea.

Ir más allá del «debería, podría, haría»

Es bien sabido que para ser afortunado uno debería hacer lo que hace la gente afortunada. Yo apoyo al cien por cien esta idea. (Esto es a lo que me refería antes cuando apuntaba que el éxito deja pistas.) En otras palabras, si la gente afortunada determina objetivos específicos para ellos mismos, quizá esto sea algo que usted también debería hacer.

Para ello dediquemos unos minutos a hablar sobre qué es un objetivo... y qué no lo es. El diccionario define un objetivo como el fin hacia el cual va dirigido un esfuerzo. Es una definición que está bastante clara, pero es sólo parte de la historia. El hecho es que no sirve cualquier propósito. Para que podamos alcanzarlo, un objetivo debe ser específico. De lo contrario, no lo trataríamos más que como un deseo –lo que yo llamo, el fenómeno «debería, podría, haría».

Usted ya sabe a qué me estoy refiriendo. Probablemente usted ya haya sucumbido a este fenómeno más de una vez. Yo también. Como verá en el cuarto paso, yo solía ser un comprador empedernido. Volvía a casa después de todo un día comprando y pensaba «debería haber dejado las tarjetas de crédito en casa» o «tendría que haber comprado menos». El tema está en que en esa época en la que compraba tanto, el comprar menos era para mí un deseo, no un objetivo. El gastar menos no pasó a ser un objetivo real para mí hasta que cogí una hoja de papel y escribí: «No compraré nunca nada más con tarjeta de crédito. Utilizaré sólo dinero en efectivo».

Alcanzar los objetivos no es algo que se consiga de repente

Si los objetivos se alcanzaran fácilmente, el mundo entero sería afortunado. Usted no compró este libro porque esperaba que la vida fuera fácil. Sino que usted es una mujer que sabe que para que las cosan sucedan tiene que esforzarse por ellas. Pero, permítame que le haga una pregunta: ¿Ha escrito ya sus objetivos? ¿Tiene en su casa o en el despacho algún papel en el que haya escrito qué es lo que quiere conseguir en la vida?

Lo más probable es que su respuesta sea negativa. De hecho, los estudios demuestran que menos del uno por ciento de las personas escriben sus objetivos personales cada año. Y esto es una pena, porque escribir los objetivos es algo muy útil.

En un estudio realizado en la Universidad de Harvard hace más de cuarenta años, los investigadores interrogaron a los alumnos que se graduaron en 1953 para averiguar cuántos de ellos habían escrito sus objetivos específicos y un plan para conseguirlos. Tratándose de una clase de gente muy inteligente en una de las universidades de más nombre del mundo, uno podría pensar que la respuesta sería muy positiva, ¿verdad?

Pues no. Sólo el tres por ciento de los alumnos los había escrito.

Ahora viene la parte interesante. Veinte años más tarde, los investigadores cogieron a ese mismo grupo de graduados para ver cómo les estaba yendo en la vida. Resultó que ese tres por ciento que había escrito sus objetivos había acumulado más riqueza que el conjunto del noventa y siete por ciento restante. Los investigadores dijeron además que esas personas también parecían ser más felices y estar más sanos que el resto de sus compañeros.

Cuando oí por primera vez sobre este estudio yo estaba en la universidad, y entonces me pregunté si conseguir los objetivos podía ser algo tan sencillo como «escribir lo que uno quiere y concentrarse en ello diariamente». Bien, puede que no sea tan sencillo como esto, pero es algo que funciona.

¡Escribir un cheque millonario... para uno mismo!

Una de mis historias favoritas sobre el poder que tiene el escribir los objetivos hace referencia a alguien que ambos conocemos. De hecho, no es alguien que conozcamos personalmente aunque lo parezca porque hoy día parece estar en todas partes. Estoy hablando de Jim Carrey, la estrella de películas como *La Máscara* y *Batman*.

Hace unos años, a finales de los ochenta, la carrera de Carrey empezó a estancarse. Había conseguido algunos trabajillos en la televisión pero parecía que la cosa no iba más allá y que no iba a conseguir su sueño de convertirse en una estrella de cine. Fue en ese momento de su vida, cuando estaba luchando por abrirse camino, cuando fue a darse un paseo por Hollywood Hills para imaginarse cómo se sentiría siendo rico y famoso. Sin embargo, lo que hizo fue algo más que un sueño. Aparcó su coche, sacó su talonario de cheques y se escribió a sí mismo un talón por diez millones de dólares. La fecha que puso fue la del «Día de Acción de Gracias del año 1995».

Durante los siguientes siete años, Carrey conservó ese cheque en su cartera. Cuando se le complicaban las cosas, sacaba de la cartera su cheque y lo miraba, pensando en cómo iba a ser su vida algún día, cuando sus talentos y esfuerzos fueran por fin recompensados.

El resto, es historia. Carrey se hizo famoso con la serie de televisión norteamericana *In Living Color*, y sus dos primeras películas, *Ace Ventura* y *La Máscara*, fueron grandes éxitos. En noviembre de 1995, le ofrecieron diez millones de dólares por protagonizar *La Máscara 2*. Al año siguiente, su precio ascendió a veinte millones de dólares con *The Cable Guy*.

Ahora, usted podría ser escéptica como muchas otras personas y decir: «Oh, esto es pura suerte». O podría optar por decir que Jim Carrey tenía la «Claridad de propósito» de Napoleon Hill. No convirtió sus objetivos en sueños que se evaporan. Los escribió y al hacerlos específicos, fue capaz de hacerlos realidad.

Ver, oler, sentir y escuchar el camino hacia los sueños

En mis seminarios, cuando nos ponemos a hablar de crear objetivos, suelo contar una historia sobre dos mujeres. Una se llama Jill y la otra Jane. Jill y Jane quieren ambas tener un futuro financiero próspero, y ambas creen en la importancia de escribir la lista de sus objetivos financieros. Resulta que tienen más de un objetivo en común: ambas quieren tener una casa para las vacaciones. Pero mientras Jill escribe su objetivo como «Comprar una casa de vacaciones», Jane es mucho más específica, «El 1 de enero del año 2000 tendré una casa de vacaciones. Será una casa con tres habitaciones y dos baños y estará en el lado oeste del Lago Tahoe. La hipoteca estará entre 350.000 y 400.000 dólares. Tendré una hipoteca a treinta años pero intentaré pagarla en dieciocho. Ahorraré 65.000 dólares durante los próximos treinta y seis meses para poder pagar la entrada».

Ahora permítame que le pregunte ¿cuál de las dos mujeres cree que tiene más posibilidades de alcanzar su objetivo?

La respuesta obviamente es Jane. La razón: Jane ha sido increíblemente específica sobre qué es lo que quiere y cómo pretende conseguirlo. Ha sido tan específica que prácticamente puede ver, oler, sentir y escuchar esa casa al lado del lago. Y ésta es la clave. La especificación transforma un sueño vago en un objetivo concreto, alcanzable. Si uno puede prácticamente ver, oler, sentir y escuchar un objetivo, no sólo sabrá qué necesita para conseguirlo sino que lo *conseguirá*.

El reto está en crear objetivos que sean al mismo tiempo específicos y estimulantes.

El sistema del salto espectacular de «las mujeres inteligentes acaban ricas»

Imaginemos por un momento que usted está de acuerdo con lo que yo estoy diciendo. Imaginemos que usted acepta que debería tener objetivos y que debería escribirlos lo más específicamente posible. Ahora quiero mostrarle una manera de formular una serie de objetivos que le permitirá dar un salto espectacular hacia sus sueños en los próximos años. Le aseguro que si sigue las reglas que voy a exponer, su vida dentro de doce meses le sorprenderá y encantará.

> ## REGLA Nº1
> Hasta que no lo escriba, no será un objetivo, será un slogan.

Si no escribe aquello que quiere alcanzar, no pierda el tiempo en pensar en ello. Está engañándose a sí misma. Sus objetivos *tienen* que estar escritos. Piense en ello. ¿Cuántas veces ha tenido una «maravillosa idea» que podía hacerle rica y a la semana siguiente ya no se acordaba? ¿Por qué? Porque no la escribió.

Si sus objetivos son unos en los que valga la pena dedicar esfuerzo y tiempo, también valdrá la pena que los escriba –y si *usted* no lo hace, ¿quién lo va a hacer?

En resumidas cuentas, si escribe sus objetivos los estará haciendo reales y podrá concentrarse en ellos. Así que a partir de ahora, debería comprometerse a escribir todos sus objetivos. No hay excusas.

> ## REGLA Nº2
> Los objetivos deben ser específicos, deberían poder medirse y probarse.

Aunque estén escritos, si no ha definido específicamente qué es lo que quiere conseguir –o si escribe algo que no pueda ser medido o probado– lo que ha escrito no será un objetivo sino un deseo.

Por ejemplo, no tiene sentido escribir «Quiero ser rica en el año 2006». Es inútil. Lo que debería escribir es algo mucho más específico, algo como «Separaré el diez por ciento de mis ingresos brutos cada mes durante los treinta y seis meses siguientes, y así tendré un mínimo de 48.000 dólares en una cuenta de jubilación antes de impuestos». (Explicaré lo que es una cuenta de jubilación antes de impuestos en el quinto paso.) Tampoco debería escribir: «Saldaré todas mis deudas». En lugar de eso tendría que escribir algo como: «Liquidaré la factura de mi Visa durante los próximos doce meses. Pagaré en efectivo todas mis compras hasta que mi deuda de la tarjeta de crédito haya sido totalmente liquidada, y no gastaré nunca más de 100 dólares en un artículo sin antes dejar la tienda y reflexionar 48 horas sobre si realmente lo necesito».

El tema está en que un objetivo que no esté claramente especificado es muy difícil de alcanzar. Después de todo, si usted no es capaz de definir con precisión cuál es su objetivo, ¿cómo va a saber si lo ha alcanzado o no?

REGLA Nº3
Emprenda inmediatamente alguna acción en las próximas 48 horas para empezar a moverse hacia su objetivo.

Imaginemos que su objetivo es el mismo que el de Jill y Jane, comprar una casa de vacaciones en el Lago Tahoe. Ciertamente es un objetivo a largo plazo; no espera conseguirlo hasta por lo menos dentro de cinco años. Pero esto no quiere decir que no pueda empezar a hacer algo ahora mismo, en las próximas 48 horas. Por ejemplo, podría telefonear a la Cámara de Comercio de Tahoe y pedir un listado de los agentes inmobiliarios. Podría telefonear a algunos de estos agentes y pedirles información sobre casas en venta que se ajusten a su precio y condiciones. Podría suscribirse al periódico local de Tahoe para recibir información de lo que sucede en la zona.

Hay muchas cosas que puede hacer. La clave es *hacer algo*. Emprender una acción –cualquiera que sea– que haga que el objetivo que usted ha escrito parezca más real y específico.

REGLA Nº4
Una vez haya escrito sus objetivos,
ponga la lista en algún lugar que pueda verla cada día.

Yo tengo la mía en mi agenda. Conozco gente que la tiene enganchada en el espejo del cuarto de baño. El tema está en que hay que leerlos cada día. De esta manera se reafirma a sí misma qué es lo que quiere en la vida. Como resultado, se encontrará sin pensarlo buscando información y contactos que puedan ayudarle a conseguir esos objetivos. Además, revisar sus objetivos cada día le ayudará a tenerlos bien claros, y por tanto, que sean muy personales y reales para usted.

REGLA Nº5
Comparta sus objetivos con alguien que le quiera y en quien confíe.

He escuchado decir una y otra vez que es mejor mantener los sueños y objetivos para uno mismo porque de lo contrario «otras personas intentarán disuadirle o apartarle de ellos». ¡Esto es totalmente absurdo!

¡No puede ni imaginarse lo mal que me siento cada vez que pienso en los años que perdí guardando para mí mis objetivos y deseos por culpa de un mal consejo como este! El hecho es que la mejor manera de alcanzar los objetivos es pidiendo ayuda. Pero si no los comparte con nadie, ¿cómo van a ofrecerle sus amigos o compañeros su soporte y ayuda?

Aprendí por primera vez el poder de esta regla en uno de los seminarios de Tony Robbins sobre «Citas con el destino». Tony estaba hablando de establecer objetivos cuando dijo al grupo: «Si guardan sus objetivos en su interior, estarán perdiéndose toda la ayuda de la gente que quiere ayudarles». Bueno, yo no creía realmente que la gente quisiera ayudarme. Pero como lo había dicho Tony Robbins, uno de los mayores expertos en motivación que hay en el mundo, pensé: «¿qué hay de malo en intentarlo?».

En ese momento Tony nos separó en grupos y nos dijo que compartiéramos nuestro mayor objetivo o deseo del año. Cuando estuvo formado mi grupo, anuncié, dudando: «Quiero escribir un libro para mujeres sobre el tema de las inversiones llamado *Las mujeres inteligentes acaban ricas*». Todos asintieron y dijeron que la idea les parecía magnífica. Diez minutos más tarde, cuando el grupo se había dispersado, una mujer increíble llamada Vicki St.George me dijo: «He oído que quieres escribir un libro sobre inversiones para mujeres. He trabajado con Tony durante diez años y ahora estoy dirigiendo mi propia empresa llamada Just Write. Me encantaría trabajar contigo para ayudarte a que tu libro sea una realidad».

Tres meses más tarde estaba contratando a Vicki, y la propuesta que me ayudó a crear fue decisiva para convertirse en uno de los agentes literarios mejores del país.

Sólo usted sabe qué puede hacer

Si comparte su objetivo con alguien que ama y esa persona le dice: «¡Oh! No vas a poder hacerlo» o «No, no funcionará», recuerde: esa persona no sabe realmente qué puede o no puede hacer usted. Ella sólo sabe qué es capaz de hacer ella. Mucha gente bien intencionada le dirá que no puede hacer algo simplemente porque eso está más allá de sus propias capacidades. Continúe compartiendo sus objetivos hasta que encuentre a alguien que le apoye.

Si sus amigos no le apoyan, quizá necesite un nuevo grupo de amigos. Yo me considero muy afortunado porque estoy rodeado de amigos increíbles. Cuando les dije que quería escribir este libro, todos me apoyaron desde el primer momento. Y gracias a este apoyo he conseguido hacerlo realidad.

El punto clave está en que pocas cosas afectan tanto a su éxito personal como las personas que le rodean. Si convertirse en alguien independiente financieramente es realmente importante para usted en este momento pero cree que sus amigos no van a ayudarle, intente hacer nuevos amigos. Apúntese a algún club de inversiones de su zona, o a clases sobre planificación de la jubilación. Haga algo que le obligue a salir inmediatamente de su zona de confort y conozca gente nueva. Hay muchas organizaciones que podrían ayudarle y de las que podría aprender nuevas habilidades. Aprovéchelas.

En el segundo paso, hemos examinado un proceso diseñado específicamente para ayudarle a entrar en contacto con sus valores sobre el dinero. Utilice lo que ha descubierto sobre usted y sobre qué está buscando en la vida para crear unos objetivos que hagan realidad sus sueños.

Por ejemplo, si la primera frase de su escala de valores es «pasar más tiempo con mi familia», escríbalo en su lista de objetivos. Pero recuerde, que el objetivo tiene que ser medible y específico. Asegúrese de indicar *cómo* quiere pasar el tiempo con su familia, qué quiere hacer y cuándo. E implique a su familia; enumere sus ideas y opiniones. Dígales: «He decidido que uno de mis valores más importantes es pasar más tiempo de calidad con vosotros, y me gustaría planificar tiempo para estar juntos». Pídales sus sugerencias y después, todos juntos, escríbanlas en un papel.

Haciéndolo, no sólo sus objetivos serán específicos sino que toda su familia será su equipo de apoyo porque también la habrá implicado en su espíritu recién descubierto.

REGLA Nº7
Revise sus objetivos por lo menos cada 12 meses.

Como mínimo, debería revisar sus objetivos y rehacer este proceso una vez al año. Le recomendaría que hiciera esta revisión la última semana de diciembre para así poder empezar el nuevo año con pasión total y entusiasmo renovado. Yo también lo hago cada diciembre. Además, cada tres meses dedico un día entero a revisar cómo lo estoy haciendo y a dónde quiero ir. De esta manera me obligo a comprometerme de nuevo emocionalmente con mis objetivos escritos, lo cual a su vez me ayuda a redirigir mis esfuerzos para hacer que éstos se hagan realidad. Si veo que no puedo seguir comprometido con todos mis objetivos, entonces vuelvo a plantearme lo que hay escrito en mi lista.

Recuerde que ésta es su lista y su vida. Usted debería ser responsable de lo que es y no es importante para usted. Y no considere un cambio como un fallo suyo. Su lista de objetivos no es una lista de «cosas pendientes». Es mucho más importante que eso. Es el ¡proceso de planificación de su vida!

¡Empecemos ya!

Tanto en mi despacho como en mis clases, siempre formulo a mis clientes y estudiantes la misma pregunta:

En un mundo perfecto si usted y yo estuviéramos sentados juntos durante tres años a partir de hoy, ¿qué tendría que pasar para que usted sintiera que ha hecho un progreso financiero no solo bueno sino MAGNÍFICO con su vida?

El tema de la pregunta es bastante simple. Antes de emprender estrategias de inversión, lo que debería hacer para estar financieramente segura es tener bien claro qué es lo que quiere y cree necesitar.

Vuelva a pensar en el segundo paso, en el que analizó lo que era importante para usted acerca del dinero. La finalidad de escribir sus valores en ese momento era facilitarle ahora la tarea de definir una serie de objetivos que puedan ayudarle a poner sus valores en práctica.

Basándose en lo que dijo en el segundo paso, y en lo que siente ahora, ¿qué cosas para las que necesite dinero le gustaría que le ocurrieran en su vida durante los próximos tres años? ¿Le gustaría saldar sus deudas de las tarjetas de crédito? ¿Le gustaría comprarse una casa? ¿Es uno de sus objetivos poder jubilarse dentro de tres años? A lo mejor quiere trasladarse a vivir a París y estudiar arte. O empezar su propio negocio. O expandir el negocio que ya tiene. Sea lo que sea, utilice siempre los valores que descubrió en el segundo paso y escriba, en el gráfico siguiente, qué tendría que pasar para que dentro de tres años sintiera que ha hecho un progreso magnífico.

Hágalo ahora.

OBJETIVOS

¡Diseñar una vida proactiva!

Hay dos partes en este ejercicio:

- Diez espacios para que escriba sus objetivos para un período de tiempo de tres años.

- Un formulario en el que tiene que especificar sus cinco objetivos más importantes para los próximos tres años.

Pasos:

- En esta página, rellene los espacios en blanco con todos los objetivos que quiera lograr durante los próximos tres años (cuantos más mejor).

- En la siguiente página especifique:

    1. Los cinco objetivos más importantes.

    2. Objetivos que se puedan medir, probar y que sean específicos (por ejemplo: ¿cuánto costará?).

    3. Acción inmediata en las próximas 48 horas.

    4. Con quién compartirá sus objetivos.

    5. Qué valores le van a ayudar a lograrlos.

    6. Con qué retos se enfrentará.

    7. Estrategias para superar esos desafíos.

1.

2.

3.

4.

5.

6.

7.

8.

9.

10.

Los cinco objetivos más importantes	Objetivos que se puedan medir, probar y que sean específicos	Acción inmediata en las próximas 48 horas	Con quién compartirá sus objetivos	Qué valores le van a ayudar a lograrlos	Con qué retos se enfrentará	Estrategias para superar esos desafíos
1						
2						
3						
4						
5						

Deducir dónde quiere estar

Mucha gente denomina a esto que acabamos de hacer, «determinar objetivos». Yo lo denomino *¡Diseñar una vida proactiva!* Sea cual sea su etiqueta, una cosa es innegable: si no es capaz de imaginar dónde quiere estar dentro de tres años, ¿cómo va a ser capaz de planificar su vida para dentro de diez o veinte años? Igual de importante, ¿cómo va a saber cuánto dinero va a necesitar para alcanzar sus objetivos? La respuesta es no puede y no podrá.

¿Por qué tres años? Tres años es un período de tiempo muy razonable. En tres años uno puede conseguir una cantidad de cosas increíble. De hecho, hasta puede llegar a cambiar su vida.

Considere la historia de Lucy, una chica que utilizaba esta pregunta para hacer cambios radicales en su vida. Lucy asistió a mi seminario «¡Las chicas inteligentes acaban ricas!» hace unos años, pero a diferencia de muchos de mis estudiantes, no vino a mi despacho a revisar sus finanzas cuando el seminario hubo terminado. De hecho, no supe de ella hasta al cabo de un año.

Cuando por fin nos sentamos a hablar, mi primera pregunta para Lucy fue porqué había esperado tanto en venir a verme.

«Bien David —empezó—, cuando preguntaste en la clase dónde queríamos que estuvieran nuestras vidas al cabo de tres años, me di cuenta de que tenía serias decisiones que tomar.»

Resultó que mi pregunta hizo que Lucy transformara totalmente su vida.

LA HISTORIA DE LUCY:
DESCONECTAR EL PILOTO AUTOMÁTICO

«Lo que descubrí después de pensar sobre la pregunta de David fue que después de 32 años de matrimonio, no era feliz. Vivía una vida sin amor. También me di cuenta de que no era una cuestión de dinero; el tener más dinero no iba a mejorar mi matrimonio —ni entonces ni al cabo de tres años—. Para mí la pregunta fue: ¿Tengo suficiente dinero para divorciarme? Si no quiero seguir casada, ¿puedo permitirme estar soltera?

»Cuanto más pensaba en ello, más me daba cuenta de que no era simplemente un problema de dinero. Realmente no quería que mi vida siguiera como hasta entonces. Mis hijos ya eran mayores, yo estaba empezando la «fase divertida» de mi vida, tal como dijo David en la clase, y me di cuenta de que había llegado el momento de tomar una determinación. Y así lo hice.

»En la hoja de trabajo que me dieron en la clase escribí, "separarme e independizarme de Sam en los próximos tres años".

»Una vez lo hube escrito, empecé a pensar. ¿Por qué iba a necesitar tres años? No hacía falta tanto tiempo. También pensé que probablemente había perdido los últimos diez años de mi vida al lado de Sam porque nunca antes me había parado a pensar en serio dónde quería llevar mi vida. Mirando atrás, ahora me doy cuenta de que había puesto "el piloto automático" en mi vida. Por desgracia, y por culpa de haber tenido conectado el piloto automático, había llegado a un destino que no era el que yo quería.

»Ahora, sin embargo, gracias a la pregunta de los tres años y la técnica de escribir los objetivos, mi vida ha cambiado totalmente hacia mejor.»

DESDE MI PUNTO DE VISTA...

Creo que la historia de Lucy es tremendamente útil. En menos de tres años desde que considerara sus valores y objetivos, ya es una persona nueva. Lo primero y lo principal es que se ha divorciado. Y aunque yo no sea un defensor del divorcio, creo que en el caso de Lucy era necesario. ¿Fue duro para ella? Apuesto que sí. Pero, de hecho, sus dos hijos apoyaron su decisión. (Es más, querían saber por qué había esperado tanto.)

En segundo lugar, como resultado de su divorcio, Lucy ha sido capaz de liquidar completamente su hipoteca, y hemos invertido sus activos adicionales en una cuenta de jubilación. Con un plan bien definido, Lucy puede aspirar a jubilarse dentro de diez años sin tener que preocuparse del dinero.

En tercer lugar, ha mejorado su posición de la venta al por menor a funciones ejecutivas en una firma de abogados, y está mejorando su capacidad profesional día a día.

Por último, y más importante de todo, Lucy es más feliz ahora que nunca.

¿ESTÁ SU VIDA FUNCIONANDO CON EL PILOTO AUTOMÁTICO?

Dejar que nuestras vidas funcionen con el piloto automático es una receta casi segura para el desastre. De todas formas seguimos haciéndolo, aunque muchas veces sin darnos cuenta.

El mejor sistema y más rápido para protegerse a sí misma de este síndrome es detenerse, pensar y escribir qué es lo que quiere de la vida. Además de formular estos deseos como objetivos a tres años vista, le sugiero que también escriba objetivos intermedios y a largo plazo. Si todavía no lo ha hecho, acuérdese de utilizar la hoja «Diseñar una vida proactiva» que figura en las páginas anteriores.

Recuerde utilizar las siete reglas de la definición de objetivos enumeradas anteriormente. Recuerde que ésta es su oportunidad de crear el futuro que quiere. Diviértase al hacerlo. Si crea un futuro realmente convincente, se encontrará cada mañana saltando de la cama, sabiendo que no sólo se enfrenta a un nuevo día sino que se enfrenta a un día lleno de promesas que le acercan al futuro que desea.

¡No deje que los problemas le desanimen!

¿Sabe qué? Puede ocurrir que realice todo el ejercicio y todavía no esté en el camino para alcanzar sus objetivos deseados. ¿Por qué? Porque la vida está llena de «desafíos», tanto financieros como personales, y si no está preparada para ellos, podría caerse muerta en su camino.

Esto es lo que quiero que haga para evitar el desanimo. Después de escribir sus objetivos, quiero que enumere *detalladamente* todos los retos potenciales que podrían impedirle conseguir esos objetivos. Observe que no les llamo «problemas». Quiero que elimine esta palabra de su vocabulario. Aparte de la muerte (que es el único problema permanente que conozco) no hay problemas. Sólo *hay* desafíos.

Ahora, teniendo esto presente, me gustaría que escribiera en un papel todo lo que se le ocurra que podría impedirle alcanzar sus objetivos. Quizá piense que estoy siendo pesimista, pero confíe en mí, no estoy siendo pesimista, estoy siendo realista. Enumerando todos los desafíos potenciales en un papel, estará conociendo dos realidades muy importantes: una, que hay desafíos, y otra, que usted puede encontrar maneras de superarlos.

De hecho, éste es el siguiente paso. Una vez haya enumerado todos los retos que se le ocurran, quiero que escriba una «solución» específica para cada uno de ellos. Y no se desespere, todos los desafíos tienen solución.

A este proceso le denomino, elaborar su «Plan Personal para el Éxito». A continuación figura un ejemplo del Plan Personal para el Éxito que utilicé con un cliente cuando ideábamos su plan de jubilación. Mírelo bien y después elabore el suyo propio para su objetivo número uno.

UN PLAN PERSONAL PARA EL ÉXITO
Diseñar un Plan Específico para Superar los Desafíos

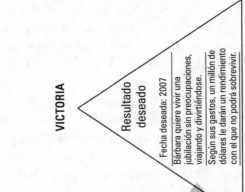

VICTORIA

Resultado deseado

Fecha deseada: 2007

Bárbara quiere vivir una jubilación sin preocupaciones, viajando y divirtiéndose.

Según sus gastos, un millón de dólares le darán un rendimiento con el que no podrá sobrevivir.

DESAFÍOS A LOS QUE SE PUEDE ENFRENTAR	ESTRATEGIAS ESPECÍFICAS PARA SUPERAR ESOS DESAFÍOS
No ahorrar suficiente dinero.	Maximizar las aportaciones empezando mañana un plan de ahorro esponsorizado por la empresa.
Gastar demasiado dinero.	Gastar sólo dinero en efectivo.
Gastar demasiado con la tarjeta de crédito.	Cortar las tarjetas de crédito: dejar de utilizarlas.
Tener una deuda demasiado grande en la tarjeta de crédito.	Plantearse liquidar las deudas de la tarjeta de crédito empezando por la deuda inferior.
No ganar lo suficiente.	Buscar maneras en el trabajo de «añadir más valor», reunirse con el jefe, hablar de una estrategia para conseguir un aumento.
La familia gasta demasiado dinero.	Tratar los objetivos financieros específicos y conseguir su apoyo en aquello que podemos trabajar en equipo.
El coste de las universidades.	Explicar los objetivos financieros y los desafíos a su hijo, Tom, y explicar la importancia de que consiga un trabajo para ayudar a pagar los costes universitarios.
No tener suficiente tiempo para hacerlo todo.	Levantarse cada día una hora antes para tener más tiempo.

LÍNEA DE SALIDA

Objetivo específico

Fecha: 2002

El objetivo principal de Bárbara es jubilarse a los 58 años con 1 millón de dólares.

Saldo actual de su cuenta de jubilación: 250.000 dólares.

UN PLAN PERSONAL PARA EL ÉXITO
Diseñar un Plan Específico para Superar los Desafíos

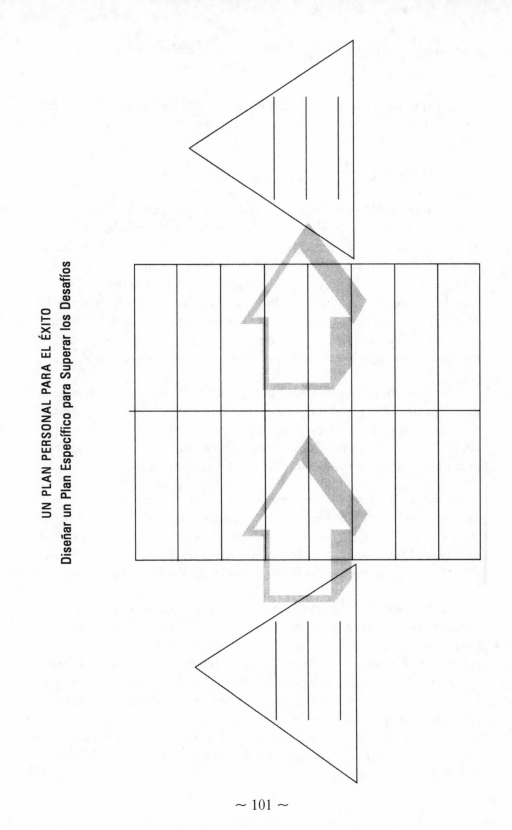

¡Los desafíos son los componentes básicos del futuro que usted quiere!

Ahora que ha terminado el tercer paso me gustaría preguntarle una cosa: ¿cuándo fue la última vez que hizo algo perfectamente a la primera?

Probablemente la respuesta sea nunca.

Imagínese que cuando era pequeña y gateaba por todas partes, sus padres le hubieran regañado por no haber nacido «sabiendo andar». Imagínese que en lugar de animarle a hacerlo, le hubieran criticado y chillado, diciendo cosas como: «No puedo entender que no sepas caminar, nunca aprenderás a hacerlo». Hubiera sido algo terriblemente cruel y brutal. El hecho es que los adultos sensibles hacemos exactamente lo contrario con nuestros hijos. No sólo les animamos a caminar cuando empiezan a intentarlo, sino que compramos todos los artilugios necesarios para inmortalizar el momento en que den su primer pasito.

¿Por qué entonces nos criticamos a nosotros mismos por no «caminar» la primera vez que intentamos dar un paso? Si ésta es la primera vez que se ha parado a escribir cómo quiere que sea su vida, y qué objetivos quiere para el futuro, debería felicitarse a sí misma ¡y no sentirse mal porque su primer intento no salga perfectamente!

Recuerde, su primer intento no tiene por qué ser perfecto. Verá como cada vez que haga este ejercicio le será más fácil y diseñará mejor su vida. Lo más excitante del tema es que debería darse cuenta de que haciendo el esfuerzo de escribir sus objetivos, está diciéndose a sí misma: «Soy responsable de mi futuro». Nada puede darle más ánimos.

Por sí mismo, el simple acto de escribir sus objetivos le hará sentirse especial. No me crea, pruébelo. Complete este tercer paso, escríbalo todo y después pregunte a su familia y amigos si tienen sus objetivos por escrito. Lo más probable es que descubra que usted no es la única que lo hace. De hecho, creo que cuando sus amigos y familia sepan que ha escrito sus objetivos, empezarán a valorarle más. Puede que también ellos decidan que deberían escribir sus objetivos. Comparta entonces este capítulo con ellos. Usted puede convertirse en la inspiración que sus amigos y familia necesitan para hacer que sus vidas sean incluso mejores.

¡Felicidades! Ha completado el tercer paso

Ahora cojamos los sueños y objetivos que ha escrito y vamos a aprender un sistema muy eficaz para conseguirlos sin tener que empezar de repente a ganar mucho dinero. Este sistema utiliza algo que yo denomino «El factor *Latté*» y es la manera más fácil y eficaz que conozco para hacer realidad los sueños y objetivos financieros de una mujer.

Cuarto paso

Utilice el poder del «factor *latté*»...

Cómo crear una riqueza enorme con sólo unos pocos dólares por semana

Ha oído alguna vez a alguien decir «si ganara más dinero ahorraría mucho o incluso empezaría a invertir». A lo mejor usted lo ha dicho en alguna ocasión.

Si es así, puede que esté equivocada. Ganar más dinero no le convertirá necesariamente en una mejor ahorradora o inversora. Mire en los periódicos, prácticamente cada día algún famoso, alguien a quien usted considera como una persona que gana mucho, declara estar arruinado. Pongamos el caso de M. C. Hammer, el cual casi de repente pasó de ser un jugador en el Oakland Athletics a ser un millonario. A principios de 1990, Hammer era uno de los músicos que más ganaba del mundo, cerca de treinta y cinco millones de dólares anuales. Entonces, yo pensaba que tenía que ser maravilloso tener tanto dinero de repente. De pronto, un día vi a Hammer en la televisión haciendo un reportaje sobre la extravagante casa que se había construido en Fremont, California. La casa era inmensa. Aunque estaba todavía a medio construir, se rumoreaba que ya había pagado más de diez millones de dólares por ella.

Cuando vi lo incontrolada que era su manera de gastar, dije a mis amigos que en menos de cinco años ese hombre se habría arruinado.

Me equivoqué. Fue sólo al cabo de tres años que declaró estar arruinado. Por desgracia, para M. C. Hammer, el ser rico y famoso no le ayudó a conseguir su seguridad económica. Pero M. C. Hammer no es el único...

¿Reconoce a alguna de estas personas?

Larry King, Francis Ford Coppola, Debbie Reynolds, Redd Fox, Dorothy Hamill, Wayne Newton, Susan Powter, Burt Reynolds. ¿Sabe qué tienen en común todos ellos? Aparte de ser famosos, todos han estado arruinados alguna vez. Lo mismo ocurrió con 1,4 millones de norteamericanos en 1997. Esto representa cerca del veinte por ciento de incremento de las quiebras anuales en sólo un año. ¿Quién es el culpable de esta epidemia de quiebras? Bien, entre otras cosas, los norteamericanos nos hemos convertido en adictos al gasto por culpa del dinero de «plástico». En 1997, la deuda del consumo alcanzó la cifra record de 1,25 billones de dólares. Lo cual me lleva a sugerir que...

Es hora de guardar más... y gastar menos.

Como ya he mencionado en el Segundo Paso, la razón de que muchos fracasen económicamente no es que sus ingresos sean demasiado bajos sino que sus hábitos de gasto son demasiado grandes. En otras palabras, gastan más de lo que ganan. Esto puede sonar a algo tremendamente básico, pero es cierto. Si usted gasta más de lo que gana, siempre estará endeudada, siempre estresada, raramente estará contenta, y al final acabará pobre o arruinada.

Controlar el gasto, sin embargo, no es todo lo que se necesita para ser una Mujer Inteligente y acabar rica. También tiene que ahorrar una parte de lo que gana. Por mucho que gane, si no ahorra, nunca vivirá una vida de abundancia económica. (Si no pregúnteselo a M. C. Hammer.)

Tanto si usted es médico o abogada con un buen sueldo y dos hipotecas en dos casas, como si es profesora con un sueldo modesto o si trabaja en un despacho y apenas llega al mínimo para hacer la declaración sobre la renta, la clave para la independencia financiera puede resumirse en...

Págese primero a sí misma.

¿Por qué tiene que trabajar 40 (o 50, o 60, ¡o más!) horas semanales, y después pagar primero a otro? Hay mucha gente que paga primero a todos los demás antes de pagarse a sí misma. Muchos de nosotros pagamos primero la cuenta de jubilación individual, después nuestra hipoteca o alquiler, después nuestros servicios, nuestro coche, nuestras facturas de la VISA o American Express, etcétera. Si de milagro, después de haber hecho todos los pagos, nos sobra algo –suponiendo que no nos ocurra ninguno de los típicos desastres como que se nos estropee el coche o la lavadora– entonces quizá (y digo quizá) podamos apartar algo de dinero para nuestro futuro.

A esto yo le denomino el sistema «paga primero a todos los demás y después a ti misma». Es algo así como tener la «dislexia del inversor»; es justamente lo contrario que tendría que ser. Entre otras cosas, es por esto que la media de las personas no tiene casi nada en los bancos y tiene mucho en las deudas de la tarjeta de crédito.

Haga lo que haga, ¡no pague primero a los demás!

Entre todas las locuras que la gente hace con su dinero, la que no puedo comprender es la de pagar sus impuestos antes de pagarse a sí misma. Ni siquiera el gobierno espera que haga eso. Si el gobierno esperara que lo hiciera, no hubiera promulgado leyes que nos permiten poner parte de nuestras rentas en planes de cuentas de jubilación antes de que la agencia tributaria tome su parte. A esto se le denomina invertir «antes de impuestos» y es la cosa más sencilla que uno puede hacer para empezar a generar riqueza.

Por desgracia millones de personas dejan de realizar esta inversión antes de impuestos. En vez de ello, dejan que el estado y las autoridades tributarias canalicen cerca del cuarenta por ciento de lo que gana antes incluso de que el trabajador pueda verlo. Esto es un craso error.

En el quinto paso va a aprenderlo todo sobre cuentas de jubilación antes de impuestos. Hasta entonces, limítese a recordar que el gobierno quiere que usted tenga seguridad económica –igual que está dispuesto a concederle un descanso en sus impuestos si utiliza parte de sus ganancias para provisionar una cuenta de jubilación–. Haga lo que haga, no deje pasar ese descanso. ¡Se lo ha ganado!

La solución del doce por ciento

¿Qué quiere decir pagarse a sí mismo primero? Quiere decir que siempre que gane dinero, sea la cantidad que sea, antes de gastarlo en *cualquier* otra cosa, debería separar una parte de esa cantidad para su futuro.

Y cuando digo cualquier otra cosa, me estoy refiriendo a *cualquier* otra cosa, incluido el alquiler o la hipoteca, las facturas de la tarjeta de crédito, o el impuesto sobre la nómina. Lo ideal sería que pusiera el doce por ciento de esa cantidad –es decir de la cantidad antes de impuestos– en algún tipo de plan de pensiones que no pudiera tocar hasta que se jubilara. Si la cantidad no es demasiado grande o el tipo de cuenta de jubilación no le permite ingresar una cantidad tan grande sin pagar impuestos, ponga el dinero en una cuenta después de impuestos.

¿Por qué le sugiero que aparte el doce por ciento de su renta bruta? Bien, durante años, los expertos financieros han estado sugiriendo que para prepararse para la jubilación, todos deberíamos ahorrar por lo menos el diez por ciento de lo que ganamos. Cuando dicen «todos» por supuesto están pensando en los hombres –y en este caso por lo menos, lo que es bueno para los hombres no es suficientemente bueno para las mujeres–. Después de todo, las mujeres viven más años que los hombres, y por tanto, tienen que separar más dinero para su jubilación. ¿Cuánto más? Bueno, si las jubilaciones de las mujeres tienden a durar un veinte por ciento más que las de los hombres –según las estadísticas–, entonces las cuentas de jubilación de las mujeres tendrían que ser un veinte por ciento mayores. En otras palabras, si los expertos dicen que los hombres deberían apartar el diez por ciento de su renta antes de impuestos, una mujer debería apartar el doce por ciento.

Imagino que puede parecerle mucho el doce por ciento pero créame, no es tan difícil como le parece. El truco está en no dejar que la cifra le asuste. Roma no fue construida en un día, y tampoco puede serlo su nuevo futuro financiero. Si en estos momentos no puede imaginarse ahorrando un doce por ciento de su renta, empiece entonces con el seis por ciento y propóngase como objetivo incrementar su índice de ahorro un uno por ciento mensual durante los próximos seis meses.

Si incluso un seis por ciento le parece demasiado, haga lo que suelo aconsejar a mis clientes que tienen problemas con el ahorro. Empiece apartando únicamente el uno por ciento de sus ingresos. Después vaya incrementando esta cantidad en un uno por ciento mensual durante un año. Al final del año, estará ahorrando el doce por ciento de su renta y probablemente no habrá notado la diferencia.

Es algo así como ponerse en forma para correr una maratón. La gente que entrena para una maratón no dice: «Hoy creo que correré una maratón» y se pone a correr 43 kilómetros. Empieza corriendo una manzana, después dos, después 2 kilómetros, después cuatro... hasta que un día corre 43 kilómetros (y disfruta haciéndolo). Piense en su objetivo de ahorrar el doce por ciento de su renta de la misma manera. Día tras día usted lucha por ser más fuerte económicamente. Antes de darse cuenta estará en una magnifica forma financiera.

¿Y qué pasa en el mundo real?

Pagarse a uno mismo primero es uno de esos conceptos que la gente ve magníficos en principio pero que tienen muy poca aplicación en el mundo real. No me extrañaría nada que usted estuviera pensando, *Ya, me encantaría pagarme primero a mí misma. Y ahora dígame dónde tengo que ir a conseguir ese dinero.*

Pues bien, le diré un secreto: usted ya tiene ese dinero.

Es verdad. Gane lo que gane usted ya tiene suficiente dinero para pagarse a sí misma. Su problema –y no sólo *suyo* sino de todo el mundo– no es que gana poco sino que gasta demasiado.

Aprenda a controlar sus gastos, y todo le será más fácil.

Gaste un dólar hoy y lo perderá para siempre

Cuando era estudiante en la Universidad de Southern, California, mi pasatiempo favorito era comprar. Había gente que era cinturón negro de kárate, yo era cinturón negro de comprar. Podía ir con mis amigos al centro comercial y gastarme miles de dólares en pocas horas. Cada semana volvía a casa con bolsas y bolsas de ropa. Como suelo decir a mis estudiantes de ahora, uno sabe que está comprando demasiado cuando va al armario y encuentra prendas que no recuerda haberlas comprado. A mí me ocurría esto. Mi armario era de morirse. Por desgracia, las facturas también. Tenía que cerrar los ojos al abrir la factura de mi VISA.

La verdad es que en esa época mi gasto era del todo incontrolado. Ganara lo que ganara siempre gastaba más. En cuanto acababa de pagar la factura de la tarjeta de crédito, empezaba a gastar de nuevo.

Mi vida cambió cuando un verano decidí empaquetar todo lo que tenía y ponerlo en una unidad de almacenaje. (En la Universidad de Southern, California, no podías dejar todas tus pertenencias en el apartamento durante el verano.) Cuando estaba llenando ese contenedor que me costaba 50 dólares mensuales y que iban a llevarse a Los Ángeles por autopista empecé a pensar, *¿Y sí hay un terremoto y la autopista se derrumba y destroza el almacén? ¡Mis prendas se echaran a perder!*

De repente me di cuenta de que estaba mirando a un contenedor lleno de «cosas» y me estaba preocupando. De entre todas las consecuencias devastadoras que puede tener un terremoto me preocupaba más un contenedor lleno de cosas que la gente. Y aún peor, estaba pagando *dinero* para almacenar cosas que todavía no había pagado porque debía la factura de la tarjeta de crédito.

Empecé a reírme tanto que hasta tuve que sentarme. Caí en la cuenta de que había toda una industria de unidades de almacenaje dispersas por todo el país llenas de «cosas» de la gente. ¡Piense en ello! ¡Qué absurdo es comprar cosas y que tengas que pagar a alguien para que te las guarde porque a ti ya no te caben! La moraleja está bien clara.

¡Compre menos y será rica!

Esta idea cambió mi vida. De repente me di cuenta de que en vez de gastar dinero que no tenía en cosas que no necesitaba, debería poner mis recursos en algo que realmente fuera importante. Y ¿qué me importaba más que mi futuro? Me olvidé de las cosas; lo que realmente me importaba era hacer todo lo que pudiera para asegurarme el tipo de vida que quería y me merecía. Y esto es justo lo que hice. A partir de ese día, dejé de gastar dinero en excursiones a los centros comerciales y empecé a invertir en mí mismo.

Confíe en mí, si un comprador de primera clase, cinturón negro como yo, pudo abandonar ese hábito, usted también puede hacerlo. No es fácil pero puede conseguirlo y cambiará su vida igual que me la cambió a mí.

El hecho de que no se compre ropa nueva cada semana como solía hacer yo, no quiere decir que no esté gastando dinero que debería ahorrar. Verá lo fácil que es malgastar el dinero sin darse cuenta. El hecho es que normalmente esas «pequeñas» compras de la vida –lo que yo denomino el Factor *Latté*– son las que marcan la diferencia entre ser millonario y estar arruinado.

Haga que el factor Latté *trabaje para usted*

En mis clases sobre inversión, suelo decir a mis estudiantes que cualquier mujer puede llegar a ser inversora –y ponerse en el camino de la seguridad financiera– simplemente apartando la módica cantidad de 50 dólares mensuales. Siempre hay alguien que levanta la mano y dice: «David, yo vivo al día. Tengo muchas deudas y no me sobra nada. No tengo esos 50 dólares de los que tú hablas».

Un día una joven llamada Devorah, de 23 años y que trabajaba en una agencia de publicidad, insistió en que ella no podía de ninguna manera poner 50 dólares mensuales en su plan de jubilación. Nos explicó, estaba «totalmente en la miseria». Le pedí entonces que me contara cómo era un día normal de su vida.

«Bien –empezó–, voy al trabajo y me paso todo el día trabajando»

«Empiezas el día con un café –le interrumpí.

Una amiga de Deborah que estaba sentada a su lado empezó a reír. «Deborah sin café por la mañana no es nada –dijo.

Le pregunté a Deborah si se tomaba el café en el despacho.

«De ninguna manera –replicó ella–. El café del despacho es el peor del mundo. Cada mañana voy al bar y me tomo un café con leche.»

Le pregunté, «¿Te lo tomas normal o con doble de leche?»

«Siempre me tomo un café descafeinado con doble de leche.»

«Bien, ¿Cuánto te cuesta este café cada mañana?»

«Unos dos dólares y medio.»

«¿Tomas sólo un café, o también alguna pasta?»

«Normalmente me tomo una pasta.»

«¿La toma sola o con mermelada?»

«Bueno, generalmente con mermelada o con chocolate.»

«¿Y cuánto te cuesta esa pasta?»

«Alrededor de un dólar y medio.»

«O sea, que el desayuno en el bar te cuesta cerca de cuatro dólares. Interesante.»

Dejé que continuara contándome su día. En el proceso, encontramos otros diez dólares en gastos varios: una chocolatina, un batido de proteínas por la noche...

Cuando hubo terminado le dije que con sólo dejar el gasto del café con leche, un par de refrescos y una chocolatina, Deborah podía ahorrar cerca de 5 dólares diarios –lo cual significa 150 dólares al mes, o casi 2.000 dólares al año. Estos 2.000 dólares podían ser invertidos en su plan de pensiones donde podía ir aumentando libre de impuestos hasta su jubilación. Si ponía 2.000 dólares cada año, e invertía este dinero en valores (los cuales han disfrutado de un índice de crecimiento medio del once por ciento anual durante los últimos cincuenta años), lo más probable es que cuando tuviera 65 años, tendría más de *dos millones* de dólares en su cuenta. En otras palabras, se jubilaría siendo multimillonaria.

Cuando terminé mi explicación, los ojos de Deborah estaban tan abiertos como platos, «Es impresionante. ¡Nunca me hubiera imaginado que mi café doble descafeinado me estaba costando 2 millones de dólares!»

Ahora pues, le pregunto a usted...

¿Está arruinando su café con leche su futuro financiero?

No quiero decir con ello que deje de tomar café. Yo también disfruto con el café cada mañana. Simplemente quería destacar que...

Todos ganamos suficiente dinero como para hacernos ricos.

Lo que nos hace vivir al día, sin ahorrar nada, es el hecho de que gastamos demasiado en cosas que no necesitamos. Coja los 16 dólares que pensaba gastarse los próximos días en comida basura (además estará más sana sin ella) y los 9 dólares que iba a malgastar en revistas del corazón (pídalas prestadas a alguna amiga) y tendrá 25 dólares semanales para empezar a ahorrar. Aumente esta cantidad poco a poco y pronto estará ahorrando ese doce por ciento del que hablábamos antes. Antes de darse cuenta, su vida habrá cambiado drásticamente a mejor. En cuanto vea que ese doce por ciento funciona, tendrá ganas de ahorrar cada vez más. El proceso crea un nuevo hábito –uno que le hará sentirse estupendamente.

Controle su gasto

La parte más dura de cualquier tarea –tanto si se trata de prepararse para una maratón como de controlar su gasto– es empezar. Teniendo esto presente, a continuación figuran seis ejercicios que le ayudarán a controlar su gasto... y por tanto a pagarse a usted misma primero.

Parece muy obvio, pero actualmente, muchos de nosotros no sabemos cuánto ganamos exactamente, ni antes ni después de impuestos. Vaya a buscar su última nómina. ¿Cuánto dice que es su renta bruta mensual? ¿Cuál es la neta? Escriba estos números.

Actualmente estoy ganando _____ al mes antes de impuestos y _____ al mes después de impuestos.

En el tercer paso, le pedí que averiguara dónde está su dinero. Ahora quiero que averigüe dónde *va* su dinero.

Mucha gente no tiene ni idea de cuánto gasta en realidad cada mes y en qué. Para estar sano financieramente, uno tiene que tener un control sólido de sus hábitos de gasto. Sólo después de haber visto sus números en blanco y negro podrá averiguar dónde reducir el gasto.

En el Apéndice 1, encontrará un formulario titulado, «¿Dónde va *realmente* su dinero?». Utilícelo para calcular cuánto dinero gasta cada mes, desde comida hasta entradas del cine, pasando por los pintalabios. Después añada el diez por ciento por eso que yo denomino los gastos de «La ley de Murphy» –esas facturas inesperadas por la reparación del coche o problemas de fontanería que siempre aparecen cuando menos te lo esperas–. Para asegurar que su cálculo esté bien aproximado, revise los importes de los tres últimos meses de cheques, recibos y facturas de tarjetas de crédito. Después escriba esa cantidad.

Actualmente gasto _____ cada mes.

Ahora reste su gasto total mensual de su renta mensual después de impuestos. ¿Es su *cash flow* (flujo de caja) positivo o negativo? Su objetivo, obviamente, es tener un *cash flow* positivo. Las cuatro reglas siguientes deberían ayudarle a que así sea.

Al mes después de impuestos gano _____

Al mes aproximadamente gasto _____

Cash flow mensual _____

Ejercicio Nº3
Investigue qué es lo que *realmente* gasta.

Durante los próximos siete días, me gustaría que escribiera cualquier gasto que haga. A esto yo le denomino «el desafío financiero de los siete días». Al final tendrá que hacerlo durante todo un mes, pero por ahora, para empezar, inténtelo con sólo siete días. Escriba en una libreta todo lo que compra o paga, aunque el importe no sea elevado. (Todo quiere decir todo: chocolatinas, revistas o un billete de autobús).

De hecho este desafío es divertido. El truco está en ser usted misma. Es decir, no cambie su comportamiento. Gaste dinero como siempre lo hace. Lo único que tiene que hacer diferente es escribir lo que gasta. Al final de la semana podrá ver en qué gasta su dinero y de esta manera decidir en dónde vale la pena recortar el gasto. (Una mujer que conocí descubrió que el mero hecho de escribir sus gastos le hacía ser tan consciente de lo innecesarios que eran algunos que los redujo drásticamente. «Odiaba la idea de tener que escribir que me había gastado 80 dólares en un jersey que no necesitaba –dijo–. Para no tener que escribirlo, no me lo compraba.»

Ejercicio Nº4
Empiece a pagar en efectivo.

Después de saber cuáles son sus gastos típicos semanales y una vez esté dispuesta a empezar a cambiar sus costumbres, la manera más fácil de reducir sus gastos automáticamente es pagándolo todo en efectivo. Sí, sí, ¡en efectivo!. ¿Recuerda esos papelitos con la cara de algún famoso? Pues ya es hora de que vuelva a utilizarlos.

Cuando compra cosas con tarjeta de crédito o con cheque, uno no siente la importancia de ese gasto. Guarde 500 dólares en su monedero e intente gastarlos frívolamente cuando sienta el impulso de comprar algo como un jersey o un par de zapatos. Ya verá como no lo hace. Esto es porque el dinero en efectivo le hace pensar más exactamente sobre cuánto está gastando y en qué.

Se sorprenderá al ver el efecto positivo que tiene este ejercicio. Muchos de mis estudiantes me cuentan que cuando pasaron a este sistema de pago en efectivo, sus gastos se redujeron un veinte por ciento en un solo mes.

EJERCICIO Nº5
Recorte su tarjeta de crédito.

Seguramente esta idea se le ocurre a usted cada vez que le llega la factura de su tarjeta de crédito: coja unas tijeras y corte una de sus tarjetas de crédito. Sólo una. Cuando acabe de leer este capítulo vaya a buscar las facturas de sus tarjetas, coja la de mayor importe y corte la tarjeta en diez pedazos.

La sensación de poder que sentirá con este pequeño gesto puede ser tremenda. Inténtelo. Si cree que puede hacerlo, corte más de una. Recuerde que si lo malo se convierte en peor, siempre puede llamar al banco y solicitar una nueva.

EJERCICIO Nº6
Nunca gaste más de 100 dólares en algo sin antes pensarlo 48 horas.

La idea es simple. Mucha gente gasta gran cantidad de dinero en compras impulsivas que en realidad no necesita hacer. Puede ser un par de zapatos, un vídeo nuevo o una cena de lujo. El tema es que las tiendas están diseñadas para incitarle a comprar y antes de que se de cuenta ya habrá comprado algo.

Yo he sugerido el importe de 100 dólares pero cada uno puede elegir el que crea más conveniente. Eso sí, cuando haya decidido la cantidad, no compre nada por ese importe u otro superior sin antes pensarlo durante cuarenta y ocho horas. Gracias a este período de «enfriamiento» podrá decidir racionalmente si la compra es realmente necesaria. Si dos días más tarde sigue pensando en ello, ¡adelante! Probablemente el artículo continúe estando en la tienda, y a lo mejor hasta esté rebajado.

Sé por experiencia propia lo efectivo que resulta este ejercicio. Como ya he mencionado anteriormente, yo solía ser un comprador de primera. Pero en cuanto me puse el límite de 100 dólares, descubrí que el «comprar de manera despreocupada» ya no era tan divertido. Artículos que pensaba que «tenía que tener», resultaban no ser importantes después de haber estado reflexionando unas horas. Conforme reducía mis compras, empezaba a pensar que el ir de compras era una pérdida de tiempo. Cada vez salía menos de compras. Ahora sólo voy a comprar una o dos veces al año, y sólo sabiendo qué es lo que tengo que comprar. ¡Le digo que estos ejercicios funcionan!

El aspecto básico de controlar el gasto es por supuesto facilitarle el ahorro. Su objetivo final tendría que ser mantener su índice de ahorro en un veinte por ciento. Por ahora propóngase ahorrar por lo menos el seis por ciento de su renta neta y comprométase a elevar ese porcentaje al doce por ciento en los próximos doce meses.

La magia del interés compuesto

Quizá se esté preguntando qué hay de bueno en ahorrar un seis por ciento escaso de sus ingresos si éstos son mínimos. Recuerde que aunque esté ganando un salario modesto, la cantidad de dinero que pasará por sus manos durante toda su vida es verdaderamente asombrosa. Revise el gráfico que figura en el primer paso y verá lo asombrosa que es.

Aquí tiene buenas noticias...

Cuanto antes empiece a ahorrar, menos tendrá que ahorrar.

Eche un vistazo al gráfico siguiente. Muestra cómo la magia del interés compuesto puede ayudarle a acumular una cantidad importante de dinero. Para mí, «importante» significa por los menos un millón de dólares. Algunos escépticos opinan que con un millón no vas demasiado lejos, pero independientemente de cuánto puedas comprar con él hoy en día, ¿verdad que preferiría tenerlo que no tenerlo? En cualquier caso, dado que la media de las personas de mediana edad tiene menos de 10.000 dólares ahorrados, sigamos con la idea de que ganar su «primer» millón es un buen objetivo para empezar.

Lo que ilustra el gráfico es que simplemente apartando un par de dólares diarios y dándole a su dinero la posibilidad de que trabaje por usted, puede convertirse en millonaria. Aunque sea fácil pensar que «un dólar de aquí y otro de allí» no es demasiada cosa, la verdad es que sí lo es. En cuanto antes decida hacer de su futuro financiero una prioridad, puede tratarse de un *asunto millonario*.

Deje de leer unos segundos y piense en el día de hoy. ¿Cuál es su Factor *Latté* personal? ¿Ha comprado algo que no necesitaba y así se hubiera podido ahorrar ese dinero? Piense en tres cosas que podría ahorrarse cada día. ¿Cuáles son? ¿Cuánto dinero se ahorrará al día? ¿Cuánto dinero al mes? Puede que 100 dólares mensuales no sea una gran cantidad, pero mire las figuras de las páginas siguientes. Si ahorra esta cantidad al mes, conseguirá ahorrar una gran cantidad de dinero.

Ahora, ¿cómo asegurarse de que este dinero que deja de gastar en cosas innecesarias no va a desaparecer por algún otro lado? Es muy sencillo. El truco para asegurarse de que su dinero va donde tiene que ir —es decir, que sus gastos están a la altura de sus valores— es organizar las cosas de tal manera que no tenga ninguna otra elección. Que no haya otras posibilidades. Nos gusta pensar que somos autodisciplinados y conscientes, y muchos lo somos. Pero, sólo hay una manera de asegurarnos de que primero siempre nos pagaremos a nosotros mismos, y es poniéndonos en un sistema automático. En otras palabras...

¡Las Mujeres Inteligentes automáticamente se pagan primero a ellas mismas!

Esto quiere decir que si usted trabaja para una empresa que ofrece algún tipo de programa de ahorro no dude en apuntarse a él. (Trataremos este tema en el quinto paso.)

CREAR UN NIDO DE UN MILLÓN DE DÓLARES

... dólares

... un millón de dólares
...iento establecido

...al ...s ...les		Ahorros anuales
	$	730
	$	1.304
	$	2.317
	$	4.144
	$	4.660
	$	5.244
	$	5.904
	$	6.652
	$	7.500
	$	8.463
	$	9.560
	$	10.811
	$	12.240
	$	13.879
	$	15.763
	$	17.937
	$	20.457
	$	23.390
	$	26.824
	$	30.971
	$	35.677
	$	41.437
	$	48.415
	$	56.984

...o que usted debería ahorrar
...e) al índice de rendimiento
establecido para que cuando tenga 65 años haya acumulado la cantidad de 1.000.000 de dólares. Estas cifras NO tienen en cuenta los impuestos que tendrá que pagar. Las cantidades mensuales y anuales han sido redondeadas.

Fuente: «The Wise Investor: Ten Concepts You Need To Know to Achieve Financial Success» por Neil Elmouch (Dunhill & West Publishing)

En muchos de estos planes una vez haya firmado no tendrá que hacer prácticamente nada más. Cada período de pago, su empleador cogerá una parte de su remuneración bruta (por ejemplo, antes de impuestos) y la pondrá en una cuenta de jubilación para usted. No tendrá ninguna oportunidad de sucumbir a la tentación.

Si no tiene acceso a este tipo de programas de la empresa, entonces debería abrir usted mismo una cuenta de jubilación. (También le daremos los detalles en el quinto paso.) Podría también organizar su propio sistema automático de deducción en nómina. Podría hacerlo a través del departamento de nóminas de su empresa. Si no, lo podría hacer usted mismo diciéndole al banco que quiere que transfieran automáticamente una cantidad determinada de su cuenta corriente a su cuenta de jubilación el mismo día en que usted deposite su nómina.

La clave está en asegurarse de que la transferencia se haga automáticamente. Si no a lo mejor no siempre la hará. De la misma manera que hay mucha gente que no puede ceñirse a un presupuesto, hay gente que promete «pagarse primero a sí misma» pero no lo hace... a no ser que el dinero sea transferido automáticamente de su paga a una cuenta de jubilación sin que tenga la posibilidad de hacer nada con él. Si está casada y su marido trabaja, asegúrese de que él también lo haga.

Nunca es tarde

Es indudable que cuanto antes empiece a pagarse primero a usted misma, más rica será. El siguiente gráfico lo demuestra.

PARA CREAR RIQUEZA... PÁGUESE PRIMERO A USTED MISMA Y HÁGALO MENSUALMENTE

Su inversión mensual	Su edad	Cantidad total de los ingresos mensuales a los 65 años	A una tasa de rentabilidad del 4%	A una tasa de rentabilidad del 7%	A una tasa de rentabilidad del 9%	A una tasa de rentabilidad del 12%
$ 100	25	48.000	118.590	264.012	471.643	1.188.242
	30	42.000	91.678	181.156	296.385	649.527
	40	30.000	51.584	81.480	112.953	189.764
	50	18.000	24.691	31.881	38.124	50.458
$ 200	25	96.000	237.180	528.025	943.286	2.376.484
	30	84.000	183.355	362.312	592.770	1.299.054
	40	60.000	103.169	162.959	225.906	379.527
	50	36.000	49.382	63.762	76.249	100.915

Increíble ¿no? Pero espere. Si estudia detenidamente este gráfico, llegará a la conclusión de que la clave del éxito está en empezar joven. ¿Qué pasa si usted ya es mayor? ¿Si no tuvo la suerte de poder empezar a ahorrar a los 20 o 30 años? No se preocupe. El milagro del interés compuesto no depende de la edad. Lo único que importa es cuánto tiempo ha estado invertido su dinero y a qué tasa de rentabilidad está creciendo.

Cuando mis estudiantes de 40 o 50 años insisten en que para ellos es demasiado tarde para empezar a ahorrar, les digo que simplemente invirtiendo 7 dólares diarios en un fondo de pensiones que les devuelva el quince por ciento cada año, en un período de veinticinco años habrán acumulado la cantidad de un millón de dólares.

Recuerde: el poder combinado del Factor *Latté* y el milagro del interés combinado es realmente sorprendente. Lo único que puede arruinarlo es la tendencia humana a la dilación. Mucha gente deja para más adelante cosas que sabe que tiene que hacer, y por consiguiente, estas dos herramientas tan poderosas nunca tendrán la oportunidad de trabajar para ellos. No cometa usted este error.

No sea dejado

Aunque todo lo que acabo de contarle le parezca muy inteligente, puede ocurrir que usted no pueda pagarse primero a sí misma. Hay quien dice «ya sé que debería hacerlo pero soy un dejado». Bien, nunca he conocido a nadie que sea realmente dejado. Siempre que alguien se autodenomina así le pregunto: «¿Has comido esta semana?». «Por supuesto», me responde. El hecho es que nadie se anda con dilaciones siempre. Lo que pasa es que somos selectivos, lo cual quiere decir que si algo nos importa suficientemente (por ejemplo comer), hacemos lo que sea por ocuparnos de ello.

¿Por qué la gente suele andarse con dilaciones cuando se trata de ahorrar? Muchos de nosotros lo hacemos por una razón: el miedo al cambio. ¿Por qué tememos al cambio? Porque lo asociamos con el sufrimiento. Ahorrar quiere decir reducir el gasto. Reducir el gasto quiere decir cambiar (aunque sea un poco) nuestra manera de vivir. Y cambiar (aunque sea poco) nuestra manera de vivir significa... ¿quién sabe? *¡Probablemente algo horrible!*

Suelo tratar este tema cuando me dirijo a grupos de empleados. Muchos me dicen que comprenden mi «idea» de aportar una parte de la remuneración bruta a un plan de jubilación, pero que no ven cómo van a arreglárselas si de repente reducen un diez por ciento el dinero que llevan a casa. Recuerdo un caso particular. Estaba en una gran empresa hablando de un seminario para el plan de jubilación de la firma cuando un caballero llamado Dan se levantó desafiando mi afirmación de que era posible «recortar el dinero que uno lleva a casa». «David —dijo muy nervioso—, creo que no estás demasiado en contacto con la realidad. Muchos de los que estamos aquí rondamos los 45 años. Tenemos unos gastos fijos de vivienda, de coches, de colegios. Prácticamente todos vivimos al día, y por tanto no podemos reducir un diez por ciento de nuestro dinero. Es totalmente imposible.»

Un murmullo de gente dándole la razón corrió por la sala. Muchos de los compañeros de Dan compartían sus mismas preocupaciones. Justificadas o no, esas preocupaciones merecían ser tratadas.

«¿Qué haría si su jefe fuera mañana a su despacho y le dijera que por culpa de una reestructuración corporativa tiene que elegir entre perder su puesto o aceptar una reducción del diez por ciento? —pregunté a Dan.

Dan me miró asombrado, después mirando hacia abajo contestó, «Aceptaría el diez por ciento de reducción».

«¿Y cómo le afectaría? ¿Le deprimiría tanto que no podría ni levantarse de la cama por las mañanas?»

Dan me miró todavía más asombrado. «Por supuesto que no, estaría aún más arruinado, pero podría levantarme por las mañanas.»

«Bien. Ahora ya sabemos que una reducción del diez por ciento no le va a incapacitar ni a dejarle en la calle. ¿Y su mujer? ¿Le abandonaría si su sueldo fuera un diez por ciento inferior?»

«No, por supuesto que no —contestó.

«Ya me lo imaginaba. Continué explicando a Dan que la razón de mis preguntas no era reírme de sus preocupaciones. Lo que estaba intentando hacer era demostrarle a él y a todos los que estaban en la sala que en la vida hay realmente dos opciones: ser reactivo o ser proactivo a las circunstancias. Y es mucho más divertido y menos doloroso ser proactivo –tomar las decisiones sobre su vida antes de que sean los eventos los que la controlen.

¡Ha llegado el momento de concederse esa reducción!

Si por alguna razón (una reestructuración de la empresa, una guerra, una muerte, un divorcio...) de repente se viera obligada a una reducción, seguro que se las arreglaría ¿no? Y entonces, ¿por qué esperar a que ocurra algo y después reaccionar a ello? ¿Por qué no tomar el control de su propio destino y crear ahora su propio futuro?

Por último, recuerde que la clave del Factor *Latté* es reconocer que las pequeñas cosas (como un café de dos dólares) pueden hacer una gran diferencia. Un dólar de aquí y otro de ahí, si son invertidos regularmente en un sistema automático para pagarse primero a sí misma, pueden darle la seguridad financiera para toda la vida. Y francamente, usted se la merece.

Felicidades, ha terminado el cuarto paso

Se ha aprovechado del Factor *Latté* para reducir su gasto, se ha comprometido a pagarse a usted misma primero, y se ha organizado para separar automáticamente una parte de su remuneración bruta (idealmente el doce por ciento) cada mes. Ahora ya está preparada para pasar al quinto paso, en el cual veremos exactamente qué hacer con todo ese dinero que está pagándose.

Quinto paso

Practique el método de mi abuela de las tres cestas para conseguir seguridad financiera

Antes de iniciar este capítulo, conviene aclarar que muchas partes del mismo se basan en el sistema legal y fiscal de USA. Por tanto, si usted es ciudadano de otro país, le recomiendo que consulte con su asesor legal.

Como ya he dicho en la introducción, fue mi abuela Bach la que me animó a hacer mi primera inversión –en tres acciones de McDonald's–. Tenía entonces siete años, y la idea de convertirme en accionista era tan excitante para mí que pronto me las arreglé para ahorrar más dinero. Compré otra acción. Y después otra. Y otra.

Al final mi abuela me dijo un día, «David, McDonald's es una buena compañía, pero no es la única del mercado».

«Pero a mí me gusta McDonald's», protesté yo.

«Ya lo sé –me dijo–. Pero lo más inteligente es repartir el dinero. ¿No has oído nunca la expresión, "Nunca pongas todos los huevos en la misma cesta"?»

No la había oído hasta ese momento. Desde que mi abuela me explicó el significado, se ha convertido en uno de los principios fundamentales de mi método para la planificación financiera.

Mucha gente asume que la planificación financiera es difícil, complicada y agotadora. No es verdad. El hecho es que si se hace correctamente, es muy fácil. Una de las claves es acordarse del consejo de mi abuela: no pongas nunca todos los huevos en la misma cesta.

Hay tres cestas en las que poner los huevos. Yo las denomino: **la cesta de la seguridad, la cesta de la jubilación** y **la cesta de los sueños**. La de la seguridad le protege a usted y a su familia de lo inesperado (como una urgencia médica, la muerte de un ser querido o la pérdida del empleo), la cesta de la jubilación salvaguarda su futuro, y la de los sueños le permite realizar todos esos deseos que hace que la vida valga la pena. Este enfoque de las tres cestas puede parecer simple, pero no se deje engañar. Si las llena correctamente, podrá crearse una vida financiera llena de abundancia, y lo que es más importante, de seguridad.

Los «huevos» de los que estamos hablando son, por supuesto, ese dinero extra que usted ha aprendido a apartar en el cuarto paso. Va a utilizarlo para llenar las tres cestas —en algunos casos invirtiendo directamente el dinero en cuentas del mercado monetario o en planes de jubilación, en otros comprando cosas como pólizas de seguro.

Vamos a hablar primero de la cesta de la seguridad —sobre todo porque ésta implica una serie de cosas de las que va a tener que ocuparse *inmediatamente*—. En la práctica, sin embargo, estará llenando su cesta de la seguridad y la de la jubilación al mismo tiempo. En cuanto se haya ocupado de estas dos cestas podrá empezar a llenar la cesta de los sueños.

Primera cesta: La cesta de la seguridad

La cesta de la seguridad es la que tiene que protegerle a usted y a su familia en el caso de que algo inesperado suceda, como puede ser quedarse sin trabajo o sin alguna otra fuente importante de ingresos. También, puede ayudarle a hacer frente a las pequeñas sorpresas de la vida, como que se estropee el coche o la nevera. La cesta de la seguridad le ofrece un cojín financiero —un *air bag* que suaviza el golpe en caso de accidente—. Este cojín no sólo contribuye a su paz mental, sino que cuando surge un problema, puede (bastante literalmente) comprar el tiempo que necesitará para recuperar su ritmo.

Tendrá que hacer siete cosas para conseguir esta protección

Para estar adecuadamente protegida, usted debería asegurarse de que su cesta contenga la mayoría —sino todos— los siete elementos siguientes:

PROTECCIÓN Nº 1

Tiene que tener ahorrada una cantidad similar a los gastos de mantenimiento de entre 3 y 12 meses por si surge alguna emergencia.

El objetivo aquí es ahorrar «dinero para los tiempos de escasez» para cubrir los gastos en caso de que pierda sus ingresos. La cantidad exacta de dinero que tiene que apartar dependerá de cuál sea su gasto mensual. (Puede calcularlo con ayuda del formulario *¿Dónde va realmente su dinero?* que figura en el Apéndice 1.) Yo suelo recomendar a mis estudiantes y clientes que ahorren los gastos de entre tres y veinticuatro meses. Según esto, una Mujer Inteligente cuyos gastos básicos sean de aproximadamente dos mil dólares mensuales debería aspirar a tener por lo menos seis mil dólares en su cesta de seguridad.

Este intervalo de tres a veinticuatro meses es muy amplio. Cada uno tiene que elegir lo que más le conviene en función de su maquillaje emocional particular. Algunos de mis clientes no se sienten seguros si no tienen dinero para más de dos años en una cuenta corriente bien remunerada. Para mí esta cantidad es un poco excesiva, pero si con esto se sienten cómodos mejor para ellos.

En general, el tamaño de su cojín depende de lo fácil que le sería reemplazar sus ingresos actuales. Pongamos que gana 75.000 dólares anuales. Si de repente perdiera su trabajo, ¿cuánto tiempo tardaría en encontrar otro que le pagara esa cantidad o superior? Si cree que no le costaría emplearse de nuevo y con un sueldo similar al actual, probablemente no necesite tener más que el importe de tres meses de gastos en su cesta de seguridad. Si, por el contrario, cree que tardaría entre seis meses y un año en encontrar otro trabajo donde le pagaran lo mismo, tendrá que tener más dinero en su cesta de la seguridad —por lo menos la cantidad de los gastos de seis meses.

¡No deje que los bancos le roben!

Es importante la cantidad de dinero que ahorra en su cesta de la seguridad. Pero igual de importante es *dónde* ahorra ese dinero. Para mí sólo hay un lugar razonable donde guardar los ahorros de la seguridad. En una cuenta corriente que le pague una tasa de rentabilidad justa.

Muchas mujeres actualmente guardan su dinero en una cuenta de ahorros de un banco o en una cuenta corriente con escasos beneficios. Por favor, no cometa este error. El hecho de que los bancos puedan timarle de esta manera es algo que me enfurece enormemente. De verdad, creo que el gobierno debería hacer algo por impedir que las instituciones financieras paguen a sus clientes una tasa de rentabilidad que no sea competitiva. Pero, como todavía no lo ha hecho, usted como clienta debería protegerse a sí misma buscando la mejor tasa de rentabilidad. Es sumamente importante que lo haga. Si la única acción que realiza como resultado de haber leído este libro es trasladar sus ahorros de una cuenta de bajo interés a otra en la que se beneficie de unas tasas del mercado monetario competitivas, ya le habrá salido a cuenta el comprarlo.

Muchas empresas de intermediación y de fondos de inversión actualmente ofrecen unas cuentas corrientes que no sólo son seguras y pagan unas tasas de interés competitivas sino que también vienen con tarjetas para los cajeros automáticos y con una emisión ilimitada de cheques. En estos momentos, estos tipos de cuentas están pagando alrededor del 4,5 por ciento anual. Esto es más de tres veces la tasa media de las cuentas corrientes de los bancos que es de algo más que el 0,5 por ciento.

Si usted tiene 10.000 dólares en una cuenta corriente o en una de ahorros ganando sólo un 0,5 por ciento anual cuando podría estar ganando el 4,5 por ciento, estará timándose a usted misma unos 400 dólares anuales en intereses. Con este dinero podría pagar un billete de avión a Hawai o tener más dinero en su plan de pensiones. En otras palabras, eso que se denomina cuenta corriente gratuita en realidad no lo es. Más bien lo contrario, le está costando una fortuna.

UN CONSEJO DE CINCO ESTRELLAS: *Cuando dude de cuánto dinero ahorrar en su cesta de la seguridad, peque siempre por exceso. A nadie le quita el sueño el tener demasiado dinero para emergencias. Tampoco hace falta que ahorre más que el dinero de los gastos de dos años; 24 meses es más que suficiente.*

PROTECCIÓN Nº2
Es absolutamente necesario que tenga un testamento actualizado.

Dos de cada tres personas mueren sin haber hecho testamento. Es algo totalmente legal morir sin haber escrito testamento que explique cómo tienen que ser repartidos los bienes después de la muerte. Pero es totalmente irresponsable no hacer nada por planificar lo que ocurrirá después de su muerte. En efecto, lo que usted estará diciendo a sus seres queridos es:

A mis seres más queridos:

Aunque reconozco que tengo todo el derecho a determinar quién heredará mis bienes después de que muera, he decidido dejar que sean los tribunales los que lo decidan por mí, aunque esto pueda suponer que gente que nunca he conocido o incluso que nunca me ha gustado, pueda acabar siendo mi heredera.

También reconozco que hay maneras perfectamente legítimas de minimizar los impuestos estatales que mi seres queridos van a tener que pagar. Sin embargo, dada la generosidad que el gobierno ha tenido conmigo durante toda mi vida, he decidido que sea él el que se lleve la mayor parte que pueda.

Además, en lugar de decidir quién debería cuidar a mis hijos, he decidido que mejor sea mi familia la que se pelee por ello y al final sean los tribunales los que señalen a la persona que crean más conveniente.

Por último, sé que como resultado de no dejar un testamento, una parte importante de mis bienes irá destinada a pagar los honorarios de los abogados y que todos los detalles privados de mis asuntos financieros se harán públicos.

Aunque esto no es lo que nos gustaría que ocurriera, todavía hay mucha gente sin testamento.

Por favor, no cometa usted este error. Sé que hacer un testamento puede ser difícil; tendrá que considerar toda una serie de posibilidades en las que probablemente no haya pensado nunca. Pero recuerde: si muere sin haberlo hecho, será el gobierno el que decida qué hacer con los frutos de su vida de trabajo. ¿De verdad quiere que sea el gobierno el que decida cómo repartir su herencia? Y lo que es peor, si muere intestado, posibilitará que los estafadores presenten demandas a su patrimonio, y estará prácticamente garantizando que su vida privada se haga pública.

La excusa más común para no tener un testamento es la pereza. Bien pues, ¡las Mujeres Inteligentes, no son perezosas! Cuando acabe de leer este capítulo, llame a su abogado y quede con él un día para empezar a elaborar su testamento. Su abogado le aconsejará lo mejor que puede hacer en su situación. Yo generalmente recomiendo a mis clientes el fideicomiso activo.

¿Qué es un fideicomiso activo?

Antes de continuar, mejor será que le explique un poco en qué consisten los fideicomisos activos. Básicamente se trata de un documento legal que hace dos cosas. En primer lugar, le permite transferir en vida la propiedad de cualquiera de sus pertenencias (su casa, su coche, su cuenta de inversión...) a un fiduciario. En segundo lugar, designa a quién deberían ser entregados esos bienes después de su muerte. Nombrando usted misma al administrador fiduciario continuará controlando sus bienes —lo cual quiere decir que, mientras viva, la transferencia de propiedad no tendrá ningún efecto práctico sobre su capacidad de disfrutar y controlar sus propiedades.

La principal ventaja que tiene un fideicomiso frente a un simple testamento es que si usted lo crea y lo provisiona adecuadamente, sus bienes no tendrán que ser verificados, es decir, los tribunales no revisarán sus instrucciones referentes a la distribución de sus bienes. Esto es muy, muy importante. Al evitar la verificación oficial, usted podrá ahorrarse miles de dólares en honorarios de abogados. Además, podrá mantener su privacidad. (Si una herencia tiene que ser verificada oficialmente, todos los detalles tendrán que hacerse públicos.)

Si su herencia tiene posibilidades de ser superior a un millón de dólares –y recuerde que aunque sus ingresos sean modestos, puede conseguir fácilmente esa cantidad con un buen plan de jubilación– un buen abogado le recomendará establecer lo que se conoce como *venta simulada*. Creando este tipo de fideicomiso, podrá proteger más sus propiedades de los impuestos estatales, los cuales actualmente en Estados Unidos ascienden al cincuenta y cinco por ciento aproximadamente.

El coste de establecer un fideicomiso activo suele oscilar entre los mil y los dos mil quinientos dólares dependiendo de la complejidad de la herencia. Pero no basta con establecerlo. El truco para que funcione está en provisionarlo adecuadamente. Mucha gente bien intencionada crea un fideicomiso pero después nunca llegan a poner su casa o sus inversiones bursátiles en él. Imaginemos por ejemplo que yo creo el fideicomiso de la familia David Bach. Si me olvido de cambiar mi cuenta de corretaje de mi propio nombre al nombre del fideicomiso, esa cuenta acabará teniendo que ser verificada cuando yo muera –y todo porque olvidé cambiar el nombre–. El proceso de cambiar el nombre de una cuenta no es nada complicado, además su abogado o asesor financiero estará encantando de ayudarle a hacerlo.

¿Qué hacer si ya tiene testamento?

Si ya lo tiene, magnífico. De todas formas, si lo escribió hace más de cinco años, no presuma de que sigue siendo correcto. Lo más probable es que las cosas hayan cambiado, y su testamento tenga que ser actualizado. Con algún cliente me ha ocurrido que al revisar el testamento nos hemos dado cuenta de que estaba del todo desfasado. A lo mejor ponía quién debería cuidar de sus hijos, cuando en realidad los hijos ya tenían más de 50 años. (La gente suele reír cuando cuento estas historias, pero la situación es mucho más común de lo que se imagina.)

En cuanto haya escrito o actualizado su testamento, asegúrese de que sus seres queridos sepan dónde lo ha guardado. Y *no* lo guarde en una caja fuerte. Si sus herederos no tienen la llave de la caja, tendrán que conseguir una orden del tribunal para abrirla –y esto puede tardar semanas (a veces incluso meses). Si guarda documentos importantes en una caja fuerte en su casa o en el despacho, asegúrese de que alguien (como su abogado o sus hijos) sepa dónde está y cómo encontrar la combinación. A lo mejor está pensando que esto es algo evidente, pero incluso los profesionales a veces se olvidan de ello. No hace mucho tiempo, a mi propio padre, que había sido asesor financiero durante más de treinta años, se le ocurrió de repente un día decirme que él y mi madre tenían sus testamentos y otros documentos importantes en una «caja escondida» en su casa. Era la primera vez que oía hablar de ella.

El tema es que si usted está escondiendo cosas importantes, asegúrese de que sus herederos sepan dónde están escondidas. Si no lo hace, probablemente sigan escondidas después de su muerte.

Y no se haga la sabionda e intente escribir su testamento sin ayuda –tampoco con ayuda de uno de esos programas de *software* denominados «abogados de familia» que se han hecho tan populares–. El que una persona consigne el valor del trabajo de toda su vida a una pieza de *software* de 29 dólares es algo que no puedo entender. Un solo error en un testamento creado por uno mismo podrá invalidar todo el documento, en cuyo caso la herencia acabará en los tribunales, a un coste para su familia de miles de dólares e innumerables dolores de cabeza. Pague a un profesional para que elabore su testamento. Como ya he dicho, la factura será de entre mil y dos mil quinientos dólares, pero le prometo que vale la pena.

UN CONSEJO DE CINCO ESTRELLAS: *si sus padres son mayores y no sabe si han hecho testamento, debería hablar con ellos para organizar las cosas. Este tipo de conversaciones suelen ser incómodas pero en el futuro seguramente le ahorrarán a usted y a su familia muchos dolores de cabeza.*

PROTECCIÓN Nº3

Hágase el mejor seguro de enfermedad que pueda pagar.

Esto es innegociable. Tener un seguro de enfermedad para usted y su familia es una necesidad básica. El hecho de que millones de personas no tengan un seguro de enfermedad es algo realmente aterrador. Cuando se trata de la seguridad de su familia, usted no querrá encontrarse en la situación de «autoasegurada», es decir, que es usted quien paga todas las facturas médicas cuando alguien de su familia cae enfermo. Actualmente están disparándose los costes de la atención de la salud. Incluso una estancia breve en el hospital puede costar miles de dólares. Y Dios nos libre de necesitar un tratamiento prolongado, como puede ser quimioterapia o un transplante de médula ósea. Las facturas por este tipo de tratamientos pueden ser de muchos ceros. Así que en este tema no hay debates que valgan. Usted tiene que tener un seguro de enfermedad. Lo único que tiene que decidir es qué seguro le conviene más entre las diferentes opciones.

La mayoría de la gente entra dentro de una de estas dos categorías. O bien trabaja para una empresa que ofrece algún tipo de opciones de seguro médico, o bien no —en este caso puede ser que la empresa no ofrezca seguro médico o que trabaje como autónoma—. Si este último es su caso mejor será que se busque algún proveedor de atención médica. No es difícil hacerlo. Si la cobertura individual es demasiado cara, podría conseguir una tasa de grupo por medio de una organización o asociación profesional.

Al final, todos (incluso los que trabajan para empresas que ofrecen cobertura médica) vamos a tener que tomar algunas decisiones básicas. Por una cuestión de simplicidad, voy a concentrarme en los tres tipos de seguro médico más importantes que hay en Norteamérica (si usted trabaja en una empresa, sólo podrá decidir entre una de las dos primeras opciones).

Opción 1: HMO (organización para la preservación de la salud)

Son grandes grupos de proveedores de atención médica que se han unido para ofrecer una cobertura de atención médica más amplia para sus subscriptores. Suelen ser los sistemas más antiguos y aunque son muy extensos, tienden a ser los más restrictivos.

Cuando se inscriba a una HMO, le pedirán que seleccione un médico de cabecera de la extensa lista de facultativos de la organización. Cuando lo haya hecho, podrá visitarle todas las veces que desee sin tener que pagar más que una pequeña cuota adicional (normalmente alrededor de diez dólares). Generalmente, las recetas también están cubiertas sin coste adicional o con un pequeño pago adicional.

El rasgo distintivo de la cobertura de una HMO es que las posibilidades de ver a otros médicos que no sean su médico elegido son bastante limitadas. Por ejemplo, si quiere que su cobertura pague la visita, no podrá visitar a un especialista sin el consentimiento de su médico de cabecera. Y por norma general, éste le referirá a especialistas que también estén afiliados a su HMO particular. Lo más importante de este tipo de organizaciones es que usted tendrá que limitarse a una serie de médicos aunque la organización no tenga el especialista en particular que usted quiere o necesite visitar.

Recientemente, muchas HMOs han sido duramente criticadas porque se dice que toman decisiones médicas basándose en consideraciones económicas en lugar de en el mejor interés médico del cliente. Francamente, yo creo que éste es un argumento bastante persuasivo contra las HMOs. Mi preocupación es que si me hiciera miembro de una HMO pronto pasaría a ser un número para ellos. Estas organizaciones son tan enormes que si uno no tiene buena relación con su médico de cabecera, puede perderse en el sistema y no recibir la atención médica que necesita o se merece.

Yo personalmente tengo docenas de clientes que trabajan para HMOs como médicos, enfermeras, técnicos de hospitales, y constantemente me están diciendo que sus trabajos son cada vez más difíciles. Mientras que estas organizaciones luchan por mejorar su margen de beneficios, su personal médico se ve obligado a trabajar más horas por menos sueldo, cosa que provoca una sensación de malestar que inevitablemente afecta a la calidad del servicio. El que sale perdiendo en todo este asunto es, sin duda, el paciente.

Para ser sincero, le diré que hay mucha gente a la que le gusta el sistema de HMO. Es indudable el hecho de que este tipo de servicio es muy asequible. Es de largo el sistema más barato de las tres opciones principales de atención sanitaria –y es por esto que muchos empleadores lo promocionan con tanto entusiasmo–. Además para los consumidores es probablemente el sistema más fácil de utilizar. Apenas requiere papeleo, y tampoco hay que preocuparse de deducciones complicadas.

Opción 2: PPO (Organizaciones de proveedores preferentes)

Estas organizaciones consisten en un grupo de médicos, prácticas médicas y hospitales que se han agrupado para formar una «red». De alguna manera, este tipo de organizaciones están entre las HMOs y los planes tradicionales de «pago-por-servicio» (de los que hablaremos a continuación). Al igual que en las HMOs en estas organizaciones usted elige un médico de cabecera el cual le enviará a otros especialistas o prácticas médicas dentro de la red. La diferencia principal con la opción anterior es que si el paciente quiere –y está dispuesto a pagar un poco más– podrá ver a un médico o utilizar una instalación que no pertenezca al grupo. Esta flexibilidad permite más elección. A mí personalmente me gusta poder elegir.

El mayor problema con las PPOs es el tiempo que tardas y lo complicado que es que te envíen a un especialista. Según quien sea su médico de cabecera, el referirle a un especialista podrá requerir una simple llamada telefónica –o quizá tendrán que hacerle un examen médico–. Algunas PPOs no le cubrirán la visita a un médico externo si antes no ha pedido a su médico de cabecera la referencia específica. Aunque a mí personalmente no me gusta el sistema PPO, reconozco que es superior a las HMOs y que realmente vale la pena pagar un poco más.

Como ya he dicho en otras ocasiones a lo largo del libro, la clave para hacer que el sistema PPO funcione es ser proactivo. Esto quiere decir que usted también tiene que poner de su parte, y no dejar su cuidado médico en manos de nadie. Vea lo que me ocurrió hace unos años. Un día vi que tenía un lunar en la pierna. Preocupado por que fuera algo más grave, fui a mi médico de cabecera para que me recetara a un dermatólogo. No quiso hacerlo alegando que él podía quitarme el lunar.

«De ninguna manera –le dije–. Usted no es un especialista en la piel y quiero un especialista.» Pero el médico seguía negándose. No quería enviarme al especialista. Al final salí furioso de su consulta y me dirigí directamente a mi procesador de textos. Al cabo de dos horas había enviado cartas a todos sus superiores. También envié una copia a mi abogado. Por la tarde el mismo día recibí disculpas por fax, y una cita para el día siguiente con un dermatólogo que normalmente tenía una lista de espera de cuatro semanas. No hace falta decir que cambié inmediatamente de médico de cabecera.

La moraleja de esta historia es recordarle que cuando se trata de su salud *es usted quien tiene que estar al mando*. Tanto si trata con una PPO como con una HMO, no deje que le traten como un número.

Opción 3: Pago por servicio

Antes de que existieran las HMOs y las PPOs, todos nosotros teníamos lo que se conoce como seguro médico de pago por servicio. Hay quien lo denomina seguro médico tradicional. Francamente, este tipo de seguro médico era mucho más sencillo, y la gente estaba más contenta con él. Bajo esta modalidad, uno podía visitar al médico que quisiera (e ir prácticamente a cualquier hospital). Lo normal es que uno pagara las facturas hasta llegar a un nivel preseleccionado determinado (el «deducible»).

Cuando yo trabajaba como autónomo, elegí este tipo de cobertura. Aunque es más cara que las otras opciones y requiere más papeleo, también ofrece más opciones. (En cualquier caso, uno puede reducir el coste acordando un deducible superior.) La mayor ventaja de esta modalidad es que uno tiene el control total de sus decisiones médicas. Puede decidir a qué hospital quiere ir y qué médicos o especialistas quiere visitar.

El inconveniente de este pago por servicio (además de que el coste es elevado) es que su compañía de seguros puede obligarle a pedir una «segunda opinión» de un médico que la propia compañía haya elegido y si usted lo rechaza, o si el médico de la compañía no está de acuerdo con lo que ha dicho el suyo, pueden llegar a negarle la cobertura para algún tratamiento en particular. Además, algunos planes de pago por servicio exigen que usted asuma unos deducibles elevados antes de cubrir el coste de las recetas.

¿Qué plan debería escoger?

En mi opinión, si puede elegir entre las tres opciones y el coste no es un problema, debería considerar el plan de pago por servicio. Esta modalidad es la que ofrece más flexibilidad a los suscriptores y potencialmente mayor control. Si tiene que elegir entre una HMO y una PPO, por norma general yo le sugeriría que eligiera una PPO. Pero depende de donde viva. Como ya he dicho anteriormente hay gente que está encantada con su HMO. Por supuesto no todos los grupos médicos son iguales en todas partes. Tendrá que investigar qué tipo de seguro médico está disponible para usted y con cuál se sentirá más a gusto.

Si usted trabaja como autónomo o trabaja para una empresa que no ofrezca seguro médico, mire si forma parte de una organización que ofrezca a sus miembros cobertura de grupo. Si no es así, piense en unirse a alguna. Actualmente casi todas las organizaciones ofrecen a sus miembros algún tipo de seguro de grupo. Como Mujer Inteligente que es tiene que intentar ser proactiva en proteger a su familia, y esto incluye asegurarse de que tiene el mejor seguro médico que puede tener.

UN CONSEJO DE CINCO ESTRELLAS: *No espere hasta que surja un problema para estudiar si tiene el seguro médico más adecuado. ¡Compruébelo ahora mismo! Mire la letra pequeña. ¿Es transferible el plan? (es decir, ¿pierde la cobertura si deja a su empleador?). Mientras que hay muchos planes que le permiten continuar su cobertura si la continúa pagando usted misma cuando se jubile o deje su trabajo, hay otros que no —y hacerse un seguro por uno mismo puede ser prohibitivo—. Así que revise su situación ya.*

> ### PROTECCIÓN Nº 4
> Si tiene personas a su cargo, debería tener un seguro de vida.

Si tiene personas a su cargo —hijos u otros familiares que dependan de usted económicamente— debería protegerles haciéndose un seguro de vida. Mucha gente odia hablar de los seguros de vida pero si alguien depende de usted y de sus ingresos, tendrá que tener algún tipo de plan de protección por si algo le ocurriera. Y en esto consiste un seguro de vida, en un plan de protección.

Nos guste o no, todos moriremos

Uno de los aspectos más tristes de mi trabajo como asesor financiero es la cantidad de veces que he escuchado historias de mujeres que pensaban que sus maridos tenían un seguro de vida, y han descubierto, aunque demasiado tarde, que no era así. Recuerde, nadie sabe a ciencia cierta cuándo va a morir. Y es por esto que tenemos que tener un seguro... para protegernos contra lo inesperado.

Como ya he dicho en el primer paso, los hombres son los peores a la hora de enfrentarse a la realidad. Así que si usted está casada, deje un momento el libro y vaya a ver si su marido tiene un seguro de vida. Después busque la póliza del seguro y léala. (Por cierto, si las páginas de su seguro están totalmente amarillentas y pegadas al plástico que las cubren, definitivamente el seguro necesita una revisión.)

Si usted es madre soltera y mantiene sin ayuda a sus hijos, todavía es más importante que tenga un seguro de vida para protegerles su futuro. Como madre soltera, lo mejor que puede hacer por sus hijos es tener un seguro de vida adecuado.

Cuando empiece a leer su póliza, las primeras dos cosas que querrá conocer son quién está cubierto en la póliza y cuánto dinero recibirá cada persona cuando el asegurado muera.

Si está casada y tiene hijos, no asegure sólo a su marido

Muchos hombres de familia creen inocentemente que si su mujer se dedica únicamente a las tareas domésticas no necesita estar asegurada. Esto es un grave error. Después de todo, si usted es una madre dedicada a su familia y algo le ocurriera, ¿quién iba a cuidar de sus hijos? Su marido tendría que contratar a una persona para que cuidara de ellos, o quedarse en casa para cuidarlos él mismo (y por tanto, dejar de trabajar). En cualquier caso va a necesitar más dinero.

Si es madre soltera o separada, ¡mejor será que se sobreasegure!

Un seguro de vida no es la manera de atajar problemas. Deténgase un momento y piense en ello. Si usted muere, ¿quién va a cuidar de sus hijos? ¿Serán sus padres? ¿Algún pariente como una hermana o un hermano? ¿O su ex marido se cuidará de ellos? Sea cual sea el caso, usted querrá que estén seguros y a salvo económicamente, es decir, dejarles dinero suficiente para vivir cómodamente y con suficientes ahorros para pagar sus estudios.

Asegúrese por tanto de que su seguro de vida sea suficiente para pagar no sólo las necesidades de sus hijos en los próximos años sino para cubrir sus gastos durante un período de tiempo prolongado.

Esto le va a costar mucho dinero, ya lo sé, pero si no lo hace usted, ¿quién lo va a hacer? No cometa el terrible error que he visto cometer a muchas madres solteras o separadas que pensaban que sus padres iban a ser capaces de soportar la carga económica de cuidar a sus hijos. En los últimos años he tenido muchas reuniones con clientes que ahora están pasando grandes apuros por culpa de las obligaciones que heredaron cuando alguno de sus hijos murió dejándoles al cuidado de sus nietos huérfanos.

¿Cuánto es suficiente?

Para poder calcular una cifra, debería preguntarse a sí misma:

1. ¿Quién se vería económicamente herido si yo muriera? En otras palabras, ¿quién depende de mis ingresos? (Por cierto, si *usted* puede verse afectada económicamente por la muerte de algún familiar –por ejemplo, de su marido– asegúrese de protegerse a sí misma).

2. ¿Cuánto dinero necesitan las personas que dependen de mí para vivir al año? (Esta cifra debería incluirlo todo –hipoteca, impuestos, estudios...).

3. ¿Hay alguna deuda importante, como puede ser un préstamo hipotecario, que tenga que ser inmediatamente pagada en el caso de que yo muriera? (Se quedaría sorprendida de ver la cantidad

de veces que la gente se olvida de estas obligaciones. Si usted tiene un negocio, ¿en qué costes incurriría su familia o sus hijos si usted muriera? ¿Tiene una segunda residencia? Si es así, asegúrese de que los pagos de la hipoteca estén cubiertos. ¿Y los gastos del entierro y los impuestos? Estos últimos pueden ascender a miles de dólares.)

Mucha gente está asegurada por menos de lo que tendría que estarlo

Para determinar la cantidad mínima que necesita en el seguro de vida, coja sus ingresos brutos anuales (es decir, el total de lo que gana antes de impuestos) y multiplíquelo por seis. Digo «mínima» porque dependiendo de cual sea su nivel de deudas y gastos, tendrá que tener una indemnización por fallecimiento que sea por lo menos veinte veces el total de sus ingresos anuales.

El que usted se asegure en el extremo más bajo o más alto de este intervalo dependerá de su situación. Hay gente que prefiere tener suficiente seguro para cubrir los gastos importantes de las personas a su cargo durante unos pocos años. Otros quieren asegurarse de que si algo les ocurre, sus familiares dependientes van a estar arreglados indefinidamente. Igual que ocurre con la cantidad de sus ahorros en la cesta de la seguridad, ésta es una decisión que sólo usted puede tomar. Le recomiendo que cubra los gastos de vida de su familia por lo menos durante diez años –o más si resulta que las personas a su cargo son muy jóvenes.

No todo el mundo necesita un seguro de vida

El seguro de vida pretende proteger a las personas a su cargo que no van a poder arreglárselas por sí mismas en el caso de que usted falte. No quiere decir que tenga que dejarlas nadando en la abundancia. Por tanto, si no tiene hijos (ni ningún otro familiar que dependa de usted), no tiene por qué hacer sacrificios económicos para comprar un seguro de vida. Mejor será que aparte el dinero para su jubilación.

Sin embargo, si está soltera y no tiene hijos (ni ninguna persona a su cargo), la única razón por la que debería hacerse un seguro de vida es porque quiera dejar algo a alguna obra benéfica o porque lo esté utilizando como vehículo de la jubilación. La función básica de un seguro de vida es proteger a las personas a su cargo; si no tiene ninguna, no necesita ningún seguro de vida.

Entonces, ¿qué tipo de seguro de vida debería hacerme?

Si no sabe qué seguro de vida hacerse no se preocupe, no es la única. Actualmente existen más de quinientas pólizas diferentes. Con razón la gente está desorientada. Por el bien de su cesta de la seguridad, voy a intentar simplificarle el juego de los seguros.

En realidad, existen sólo dos tipos de seguro de vida: el seguro temporal y el seguro permanente.

EL SEGURO TEMPORAL

El seguro temporal es muy simple. Usted paga una prima a una compañía de seguros y la compañía a cambio le promete pagar a su beneficiario una indemnización en caso de que usted muriera. Es decir, el seguro temporal le ofrece una cantidad determinada de protección durante un período de tiempo determinado.

Las ventajas de este tipo de seguro es que es muy barato y generalmente fácil de conseguir. La desventaja es que no le permite crear ningún «valor en efectivo». Esto quiere decir que usted no va acumulando en la póliza por mucho que esté pagando las primas durante mucho tiempo. Lo único que ofrece el seguro temporal es una indemnización por fallecimiento. Usted puede estar pagando primas a la compañía de seguros durante treinta años, pero si de repente decide que no quiere seguir pagando, tendrá que marcharse sin nada.

El seguro temporal viene en dos «sabores» básicos: seguro temporal renovable anualmente y seguro temporal plano.

- **Seguro temporal renovable anualmente.** Con esta modalidad de seguro temporal, su indemnización por fallecimiento será siempre la misma aunque sus primas asciendan cada año. Lo más probable es que éste sea el tipo de póliza que tenga si trabaja para una empresa y ha firmado un seguro de vida a través del departamento de personal. La mayor ventaja de esta póliza es que es la manera más barata de hacerse un seguro cuando se es joven. El problema es que conforme uno se va haciendo mayor (y la posibilidad de morir incrementa), las primas son cada vez más caras.

- **Seguro temporal plano.** En este tipo de pólizas, ni la indemnización por fallecimiento ni la prima variarán durante el período de tiempo que usted elija cuando lo contrate. El período puede ser desde cinco hasta veinte años. Aunque este tipo de seguro es inicialmente más caro que el anterior, a largo plazo resulta ser más barato. Si usted elige este tipo de seguro temporal, le recomendaría que eligiera como mínimo un período de quince o veinte años. Si tiene treinta años o menos, una póliza de veinte años protegerá a su familia en los años en los que probablemente más vaya a necesitar sus ingresos.

¿Quién debería hacerse un seguro temporal?

A no ser que se utilice el seguro como inversión, yo recomendaría que se lo hiciera todo aquél que tenga personas que proteger –y mejor si es una póliza temporal plana–. Dependiendo de cada situación particular, lo mejor sería contratar una póliza para un período de tiempo lo más largo posible, por lo menos veinte años. Si mejorasen las tasas, podría cambiar a una nueva póliza. (Si lo hace, asegúrese de no cancelar su antigua póliza hasta que haya sido aprobada la nueva.)

Lo bueno de estos seguros temporales es que ahora son muy asequibles. De hecho, si hace más de cinco años que tiene una póliza de seguro de vida mejor será que la actualice. Lo más normal es que pueda comprar una nueva póliza que le dé dos o tres veces la indemnización por fallecimiento por el mismo precio que está pagando ahora, o el mismo tamaño de la indemnización pagando sólo la mitad o un tercio de su prima actual.

¿Por qué su compañía de seguros no le ha informado de ello? ¡Vamos hombre! ¿De verdad cree que su compañía va a telefonearle para decirle, ¿Oiga sabe qué? Hemos rebajado nuestros precios un cincuenta por ciento, y nos gustaría devolverle parte de su dinero. Por supuesto que no lo hará, es usted quien debería estar constantemente revisando su situación financiera.

UN CONSEJO DE CINCO ESTRELLAS: *Por muy atractivo que parezca, no haga su seguro de vida temporal a través de su empleador a no ser que la póliza que le ofrezca la empresa sea renovable y transferible. Esto quiere decir que si usted deja su empleo, podrá llevarse la póliza con usted. Si su póliza no es transferible, podría encontrarse sin empleo y sin seguro —una pésima combinación.*

EL SEGURO PERMANENTE

El seguro permanente es conocido con el nombre de seguro con «valor en efectivo». Básicamente este seguro combina el seguro temporal con un plan de ahorros y gracias a ello se puede crear una buena hucha. El inconveniente de este seguro permanente es que cuesta ocho veces más que el temporal.

Existen tres tipos principales de seguro permanente: el seguro de vida entera, el seguro de vida universal y el seguro de vida universal variable.

- **El seguro de vida entera:** con este tipo de seguros, las primas se mantienen siempre en el mismo nivel independientemente de la edad, pero una parte de lo que se paga se va canalizando dentro de una «cesta» de ahorros de impuestos diferidos, donde pueden ir acumulándose y ganando dividendos. Al principio, esta parte es relativamente pequeña, pero conforme pasa el tiempo, cada vez es mayor. Cuando este valor en efectivo haya crecido, usted podrá pedirle prestado o retirarlo cancelando su cobertura. El problema con este tipo de seguros es que los dividendos que ganarán sus ahorros no suelen ser muy generosos; en algunos casos ni siquiera mantienen el mismo nivel que la inflación. Los beneficios del seguro de vida entera pueden ser comparables a los que obtendría si depositara su dinero en una cuenta corriente, es decir, entre el tres y el cinco por ciento anual. Precisamente por esto suelen tardarse décadas en crear un valor en efectivo importante en una póliza de seguro de vida entera. En mi opinión, este seguro es una manera bastante pobre de crear unos ahorros para la jubilación.

- **El seguro de vida universal:** es muy similar al anterior, sólo que éste ofrece mejores beneficios y es más flexible. Uno puede cambiar el tamaño de la indemnización por fallecimiento –y por tanto la cuota de la prima– siempre que quiera. Esta es una característica importante si sus ingresos tienden a oscilar de muchos a pocos; cuando no esté ganando mucho dinero, podrá reducir su prima reduciendo el tamaño de su indemnización.

  El lado negativo de este seguro universal es que la tasa de rendimiento prevista que cotiza la compañía aseguradora cuando intenta venderle la póliza no es más que eso, una previsión. No hay nada garantizado. El seguro universal funciona bien cuando la compañía aseguradora invierte bien, pero cuando no, puede llegar a ser un desastre. Mucha gente que compró pólizas de vida universal cuando las tasas estaban por las nubes, ahora se ha quedado sorprendida al ver que el rendimiento anual es muy reducido –y todavía tiene que pagar las primas.

- **El seguro de vida universal variable:** si está buscando un seguro de vida que a la vez sea un excelente vehículo para la jubilación, le recomiendo el seguro de vida universal variable. Con este seguro tendrá una póliza de valor en efectivo que le permitirá controlar cómo se invierten los dólares de su prima. Una buena póliza de vida variable puede ofrecerle más de una docena de fondos de pensiones de primera calidad entre los que elegir. Entre ellos pueden haber fondos de inversión (tanto domésticos como globales), fondos de bonos, del mercado monetario y algunas veces incluso títulos de tipo fijo. Las ventajas sobre el seguro de vida entera o el universal son evidentes. Con este seguro, si usted toma buenas decisiones sobre sus inversiones, a la larga ganará mucho más dinero que con las otras pólizas.

¿Por qué mi agente de seguros no me ha hablado del seguro de vida variable?

Si su agente de seguros nunca le ha hablado de los seguros de vida variables lo más probable es que sea porque no tiene la licencia necesaria para vender pólizas en las que intervengan valores u otros títulos. Este no es el tipo de agente de seguros o asesor financiero que una Mujer Inteligente tiene que tener. En el siglo veintiuno, usted tiene que tener a alguien que pueda ofrecerle cualquier tipo de póliza que haya y que esté al día de las nuevas pólizas disponibles.

UN CONSEJO DE CINCO ESTRELLAS: *Si compra una póliza variable, deberá prepararse para aceptar una cierta cantidad de riesgo y volatilidad. Como está invirtiendo en títulos que tanto pueden bajar como subir, existe la posibilidad de que pierda una parte de su valor en efectivo y se vea obligada a hacer pagos de primas adicionales. Si usted es extremadamente conservadora y le gusta tener «garantías», no considere este tipo de póliza variable porque es muy volátil.*

Si invierte en una póliza variable, no cometa el error de invertir demasiado prudentemente, de lo contrario acabará con una póliza variable que parecerá y actuará como una póliza universal. Recientemente me han venido a visitar una mujer y su marido después de que ambos hubieran comprado pólizas variables. La mujer estaba invirtiendo en una cuenta corriente, mientras que el marido lo hacía en un fondo S&P 500 (*índice bursátil de Standard and Poor*). En el mercado alcista de 1995-1997, la póliza de su marido generó unos beneficios de algo más del setenta y dos por ciento, mientras que su mujer ganó solamente el once por ciento. (En términos absolutos, a pesar de que ambos pagaron la misma cantidad en primas, el marido ganó 15.000 dólares más que su mujer en sólo tres años.) Cuando le pregunté a la mujer por qué había invertido en un vehículo de un interés tan bajo, me contestó: «Le dije a mi agente de seguros que no quería demasiado riesgo, y eso fue lo que me aconsejó». ¡Mal consejo!

¿Por dónde empezar?

El seguro de vida es algo tan complicado que probablemente vaya a tener que consultar a un profesional de seguros o a un asesor financiero antes de tomar una decisión final. De todas formas podría también hacer algunas investigaciones por su cuenta en las diferentes compañías de seguros que existen a su alrededor.

> ### PROTECCIÓN Nº5
> Usted tiene que proteger sus ingresos con un seguro de invalidez.

Yo solía pensar que un seguro de invalidez era una manera de tirar el dinero. Estaba equivocado. A pesar de que hay mucha más gente con seguros de vida que con seguros de invalidez, las posibilidades de enfermar o herirse son mucho mayores que las de morir prematuramente. Sin un seguro de invalidez estará jugando a la Ruleta Rusa con sus ingresos.

Considere las siguientes estadísticas. En un año...

- una de cada 106 personas morirá.
- una de cada 88 casas se incendiará.
- uno de cada 70 coches tendrá un grave accidente.

Pero...

Lo que esto quiere decir es que la mayor amenaza a nuestras posibilidades de acabar ricos es el riesgo de padecer una enfermedad o minusvalía importante. Y cuando más joven se es más grande es el riesgo. Se dice que entre los 35 y los 65 años, las posibilidades de sufrir una minusvalía suficientemente importante como para impedirnos seguir trabajando es de 1 entre 2. Esto supone el doble de las posibilidades de morir a esta edad.

Además de su salud, sus ingresos son probablemente sus bienes más importantes. Si deja de ganar dinero estará perdiendo sus principales medios de seguridad financiera. Es por esto que todos necesitamos un seguro de invalidez.

¿Qué seguro de invalidez necesito?

El seguro de invalidez no ha sido diseñado para que uno se haga rico. Sino que es un plan de protección para su actual capacidad de obtención de ingresos. Por tanto, una póliza de invalidez adecuada sería una que pudiera pagarle una cantidad de dinero equivalente a la que ahora lleva a casa.

Muchos planes de invalidez ofrecen un beneficio prácticamente igual al sesenta por ciento de sus ingresos brutos (o antes de impuestos). Puede que no le parezca mucho, pero si es usted quien paga la póliza, cualquier ingreso que reciba de ella será libre de impuestos, así que el sesenta por ciento del total bruto probablemente sea suficiente para mantener su nivel de vida. (Después de todo, el sesenta por ciento del bruto es casi la misma cantidad que nos queda después de pagar impuestos.)

Si es su empleador quien paga su seguro de invalidez, cualquier beneficio que usted reciba de él tendrá que pagar impuestos. Esto quiere decir que si la póliza le paga sólo el sesenta por ciento de su ingreso bruto, acabará con menos. Una vez haya pagado los impuestos sobre su indemnización de invalidez, lo más seguro es que se encuentre con sólo una parte de lo que normalmente se lleva a casa. Para evitar que esto le ocurra, debería considerar comprar lo que se conoce como «póliza diferencial» para recuperar esa diferencia.

No presuponga que tiene un seguro de invalidez

Mucha gente presupone equivocadamente que cuando consigue un trabajo su empleador automáticamente le hace un seguro de invalidez. No presuponga nada. Si trabaja para una empresa, lo primero que tiene que hacer mañana mismo es comprobar si tiene un seguro de invalidez. Si no, averigüe si puede conseguir uno a través del trabajo y empiece el proceso de solicitud inmediatamente. Si usted no trabaja pero su marido sí, compruebe si él está cubierto. Si es autónoma y actualmente no tiene un seguro de invalidez, póngase como una prioridad hacerse uno.

Debería hacerlo ahora que está sana. Por alguna razón, la gente lo va posponiendo hasta que algo le empieza a fallar y entonces es cuando pretende obtener cobertura. Demasiado tarde. Y no crea que va a poder engañar a las compañías aseguradoras. Decir que está sana cuando no lo está, o que no fuma cuando de hecho fuma como una carretera, no sólo es inmoral sino que no tiene sentido. Las compañías aseguradoras harán lo que sea por evitar pagar indemnizaciones –incluido contratar a un detective para que investigue a fondo su historial médico pasado.

Cuestiones a formular antes de contratar un seguro

1. **¿Es transferible y renovable el plan de invalidez?** Si compra su póliza a través de su empleador, tiene que asegurarse de que pueda llevársela cuando deje la empresa. También le interesa que la póliza sea renovable; no hay mayor timo que una compañía aseguradora que tenga que «recalificarle» año tras año. Este es el tipo de compañía que intentará no pagarle cuando usted haga una reclamación.

2. **¿Bajo qué circunstancias pagará la póliza?** En especial a usted le interesa saber si la póliza le cubrirá en el caso de que no pueda seguir trabajando en lo que actualmente trabaja, o si le pagará sólo si se queda imposibilitado para realizar cualquier tipo de trabajo. En la industria de las aseguradoras, esto se conoce con el nombre de cobertura de la «ocupación por el propietario» y «cualquier ocupación». Asegúrese de que compra una póliza de «ocupación por el propietario». ¿Por qué? Pongamos mi caso como ejemplo. Resulta que yo me gano la vida hablando por teléfono

con mis clientes. Si pierdo la voz y no puedo hablar, me quedaré sin trabajo. A no ser que tenga una cobertura «ocupación por el propietario», la compañía aseguradora podría decirme, «¿Y qué importa que no pueda hablar por teléfono? Hay muchos otros trabajos que puede desempeñar, por ejemplo cavar zanjas. Así que no vamos a pagarle ningún beneficio de invalidez». Con la cobertura «ocupación por el propietario», no podrían hacérmelo. Este tipo de cobertura es más caro, pero es mucho más seguro.

3. **¿Cuánto tarda la cobertura en pagar?** Muchas pólizas de invalidez empiezan a pagar beneficios al cabo de entre tres y seis meses desde que se ha producido su minusvalía. La mejor manera de reducir el coste de una póliza de invalidez es alargando este período de espera. Cuanto más efectivo tenga en su cesta de seguridad, más tiempo podrá prolongarlo.

4. **¿Cuánto tiempo me cubrirá la póliza?** Lo ideal sería que le pagara beneficios hasta los 65 años por lo menos.

5. **¿Está limitada mi cobertura a la invalidez física, o también cubre las discapacidades mentales y emocionales?** Actualmente una causa importante de incapacidad laboral es el estrés. No todas las pólizas de invalidez cubren este tipo de discapacidad. Asegúrese de que la suya lo cubre.

UN CONSEJO DE CINCO ESTRELLAS: *Como ocurre con las cosas buenas e importantes, hay un inconveniente en el seguro de invalidez. Es caro (los planes suelen costar entre un uno y un tres por ciento de su renta anual), y por esto mucha gente no lo tiene. De hecho, menos del veinticinco por ciento de los norteamericanos tiene este tipo de seguro. Y es tan caro porque las compañías de seguros saben que hay bastantes posibilidades de que tengan que pagar. (Esto ya debería servirle para convencerse de que es importante tener un seguro de invalidez.) En cualquier caso, yo le recomendaría que contactara primero con el departamento de personal de su empresa y viera si puede conseguir uno a través de ellos. Las pólizas de grupo tienden a ser más baratas y más fáciles de conseguir. Si su empleador no quiere cubrirle —o si usted trabaja como autónoma— estudie las diferentes compañías que hay especializadas en este tipo de seguros.*

Al igual que ocurre con el seguro de vida, el seguro de invalidez es muy complicado, y por tanto mejor será que considere la posibilidad de contratar a un especialista para que le ayude.

PROTECCIÓN Nº6
Usted necesita un «protector frente a los abogados».

Una de las realidades de la vida más desafortunadas de la Norteamérica actual es que nace un abogado cada seis segundos. De acuerdo, estoy exagerando un poco, pero probablemente usted conozca más gente que ha sido demandada que gente que ha muerto o se ha quedado inválida.

Para protegerse a sí misma contra esta corriente de litigios frívolos que actualmente nos inunda, debería considerar comprar un seguro de pleitos, conocido también como seguro «paraguas» o seguro de responsabilidad. La idea es que si alguien le demanda alguna vez, el seguro de responsabilidad le ofrecerá a usted y a sus bienes una protección adicional además de la que su seguro sobre riesgos domésticos y su seguro del coche normalmente le ofrecerá. Si usted tiene más de 500.000 dólares en bienes, le recomiendo en serio que compre una póliza «paraguas» de un millón de dólares. Este tipo de pólizas no son nada caras; normalmente cuestan menos de 300 dólares anuales.

UN CONSEJO DE CINCO ESTRELLAS: *Lo único que me frena a veces a recomendar una póliza de este tipo es que el simple acto de tenerla puede motivar a un abogado a demandarle. Por ejemplo, si roza el coche de alguien aparcando y esa persona descubre que usted está cubierto por una póliza paraguas de un millón de dólares, podría de repente demandarle por haberle desnucado. Por desgracia, lo peor que le podría ocurrir es que alguien le demandara por algo así, y que usted no estuviera cubierto por una póliza de responsabilidad.*

PROTECCIÓN Nº7
Si usted tiene 50 años o más, es hora de que se haga un seguro médico a largo plazo.

Como siempre digo a mis estudiantes femeninas, una de las ventajas de ser mujer es que probablemente van a vivir más; lo malo es que van a tener que prepararse para la vejez de manera diferente a como lo hicieron nuestras madres y abuelas.

Tiempo atrás las familias eran las que proporcionaban sus propios sistemas de apoyo para cuidar a sus familiares enfermos y a los ancianos. Actualmente, las familias suelen estar repartidas por diferentes lugares. Y por esto, no hay sistema de apoyo. Con las expectativas de vida ascendiendo, cada vez más y más gente mayor se encuentra sin hogar o sin cuidados médicos. Los estudios indican que por lo menos uno de cada tres personas mayores de 65 años acabará necesitando este tipo de ayuda. En el caso de las mujeres, las estadísticas son aún más preocupantes. Según los expertos, hay un cincuenta por ciento de posibilidades de que usted tenga que entrar en un centro de asistencia para ancianos cuando haya cumplido los 65 años.

El coste de este tipo de asistencia puede ser sorprendente: entre 30.000 y 70.000 dólares anuales por una residencia en un centro de asistencia a largo plazo. Puede pensar que su seguro de enfermedad le va a pagar estas necesidades, pero, por desgracia, en muchos casos no es así.

Romper el mito del seguro de enfermedad

Según una encuesta realizada por la Asociación Americana de Personas Jubiladas, el setenta y nueve por ciento de la gente cree que el seguro de enfermedad le va a pagar sus necesidades asistenciales cuando sea mayor. Sin embargo, como ya he apuntado, esto no suele ser así. El hecho es que de los miles de millones de dólares de costes asistenciales en los que incurren los norteamericanos cada año, menos del diez por ciento están cubiertos por el seguro de enfermedad.

La razón es simple. Muchos de los cuidados que ofrecen los centros asistenciales a gente con enfermedades o minusvalías crónicas o permanentes, son *de vigilancia*, y el seguro de enfermedad no paga este tipo de asistencia de vigilancia. El seguro de enfermedad cubre sólo lo que se conoce como necesidades de cuidados intensivos. Para que el seguro de enfermedad cubra la estancia en un centro asistencial, la persona en cuestión debe estar 3 días enteros en un hospital de cuidados intensivos y requerir la asistencia de un especialista o una terapia de rehabilitación por lo menos cinco días por semana. E incluso así, el seguro cubrirá todos los gastos sólo durante los primeros veinte días, transcurrido este tiempo sólo pagará una parte durante los ochenta días siguientes siempre que la salud de la persona vaya mejorando.

Y aunque tenga la suerte de cumplir con todos los requisitos necesarios, no es cien por cien seguro que el seguro de enfermedad siga existiendo dentro de veinte años. Muchos expertos creen que el gobierno no va a poder seguir gestionando muchos años más el seguro de enfermedad de la misma manera que lo está haciendo ahora porque cada vez va a haber más gente mayor que lo necesite.

Las ventajas y desventajas de los seguros asistenciales a largo plazo

Para proteger su futuro, usted como Mujer Inteligente debería hacerse un seguro asistencial a largo plazo. Lo primero que tendrá que saber de este tipo de seguros es qué no le va a cubrir. Estos seguros no le van a pagar los cuidados intensivos que le presten en un hospital (por ejemplo en caso de infarto o de ruptura de cadera). Lo que si cubrirá es el tipo de asistencia que usted reciba en un asilo de ancianos, en una residencia, en una clínica de reposo, en una clínica para estancias prolongadas, en un hospital público o en un centro de asistencia para adultos, o en algunos casos en su propia casa.

Existen básicamente cuatro niveles de asistencia: asistencia especializada, cuidados intermedios, asistencia de vigilancia y atención domiciliaria.

- **Asistencia especializada:** éste es el tipo de asistencia más completo. Es el tipo de asistencia que le ofrecerán cuando necesite atención de profesionales las veinticuatro horas del día. Mientras que este tipo de cuidado es normalmente el que nos imaginamos cuando pensamos en un asilo de ancianos, el hecho es que sólo un pequeño porcentaje de pacientes requiere de verdad esta atención tan intensa.

- **Cuidados intermedios:** la gente que necesita cuidados intermedios puede precisar también la asistencia de profesionales, pero no las veinticuatro horas. Un ejemplo, serían los servicios prestados por un terapeuta físico o un logopeda.

- **Asistencia de vigilancia:** este tipo de asistencia no requiere de ningún profesional. Se trata de asistir a los pacientes con las tareas rutinarias como son el comer, caminar, bañarse y tomarse los medicamentos.

- **Atención domiciliaria:** este tipo de asistencia es cada vez más común porque cada vez más los pacientes prefieren recibir cuidados en su propias casas. Normalmente es una enfermera licenciada la que realiza visitas regulares para ofrecer los servicios médicos que antes sólo podían darse en los hospitales u otras instalaciones.

Nadie necesita un seguro de enfermedad más que una mujer

Como ya hemos visto en otros contextos, el hecho de que las mujeres vivan más que los hombres tiene sus ventajas y sus inconvenientes. En este caso, el lado negativo es que es mucho más probable que una mujer necesite un día este tipo de asistencia a ancianos que el hombre de su vida. Es verdad que si usted está casada y su marido cae enfermo, lo más probable es que sea usted quien le cuide. Pero ¿quién la cuidará a usted cuando él haya muerto? El hecho es que cerca del setenta y cinco por ciento de las personas que residen actualmente en centros para ancianos son mujeres. Yo no recuerdo haber visto jamás a un hombre en el asilo de ancianos donde estaba mi abuela. No dudo de que hubiera algunos, pero sin duda estaban en minoría.

Cuestiones a formular antes de hacerse un seguro de enfermedad

1. **¿Qué cubre exactamente la póliza?** Recuerde, hay muchos tipos diferentes de cobertura. Antes de firmar, entérese bien de qué tipo de cobertura van a darle.

2. **¿Cuándo pagará la póliza en beneficios diarios?** ¿Se modificarán en función de la inflación? ¿En qué momento me pagarán

los beneficios y durante cuánto tiempo? Recuerde que es mejor mantener bajas sus primas solicitando una deducción mayor, pero también que pague un poco más para poder conseguir una cobertura de por vida.

3. **¿Contiene la póliza una cláusula de renuncia de primas, o voy a tener que seguir pagando primas después de empezar a recibir los beneficios?** No querrá seguir pagando primas cuando esté en un centro asistencial.

4. **¿Hay un período de gracia en caso de que se produzca un retraso en el pago de alguna prima?** Asegúrese de que lo haya. No querrá encontrarse con el caso de que por olvidar pagar una prima ha perdido la cobertura.

5. **¿Hay alguna enfermedad o discapacidad que no cubra el seguro?** La respuesta debería ser negativa. No compre nunca una póliza que excluya el Alzheimer o las enfermedades mentales.

6. **¿Cuánto tiempo hace que está en el negocio de los seguros la compañía aseguradora?** El seguro asistencial a largo plazo es todavía un producto relativamente nuevo, y cada año docenas de compañías aseguradoras se introducen y abandonan el negocio. La verdad es que todavía no hemos sido capaces de estimar el impacto económico del rápido envejecimiento de la población. Si una compañía aseguradora ve que no puede ganar dinero con los seguros asistenciales a largo plazo, acabará abandonándolos. Y por ello, creo firmemente que usted *nunca* debería comprar una póliza de seguro asistencial a largo plazo con una compañía que llevara menos de diez años en el mercado de los seguros.

Ahora ya ha completado su cesta de la seguridad. En el proceso, ha conseguido una cantidad sorprendente –mucho más de lo que tiene el noventa y cinco por ciento de la población– para proteger su futuro y el de su familia.

Segunda cesta: La cesta de la jubilación

En el cuarto paso hablamos de la importancia de pagarse primero a sí misma: de apartar una cantidad de sus ingresos (lo ideal sería el doce por ciento de sus ingresos antes de impuestos), y de cómo debería transferir esa cantidad automáticamente incluso antes de verla. Bien, pues esta cantidad de dinero debería ir a su cesta de la jubilación.

Recuerde: aunque hayamos hablado primero de la cesta de la seguridad, esto no quiere decir que hasta que no esté llena no pueda empezar a llenar la de la jubilación. *¡Tiene que llenar las dos al mismo tiempo!*

Lo importante de pagarse a sí misma primero es apartar dinero ahora para poder tener más tarde una jubilación feliz. Como verá, conseguirlo no sólo es fácil, sino que también puede ser muy divertido.¿Por qué? Porque casi cada dólar que ponga en esta cesta está libre de impuestos. Además, como su dinero de la jubilación mientras esté en la cesta no paga impuestos, está obteniendo del gobierno «dinero gratis» para invertir. ¿Cuándo fue la última vez que le ocurrió algo similar?

Quizá se esté preguntando cómo funciona esto. Muy sencillo. Cuando pone dinero en su cesta de la jubilación, está poniendo dinero en lo que se conoce como cuenta de jubilación antes de impuestos (plan de pensiones).

¿Qué es exactamente una cuenta de jubilación antes de impuestos o plan de pensiones?

En España, es lo que se denomina plan de pensiones. Seguidamente se expone su funcionamiento de acuerdo con la legislación de Estados Unidos. En otros países su funcionamiento es similar pero, en cualquier caso, es mejor que lo consulte con su asesor financiero.

Es una cuenta de jubilación en la cual puede depositar una parte de sus ingresos *antes* de que el gobierno le quite su parte habitual. Lo mejor de todo esto es que en Estados Unidos el mordisco del gobierno suele ascender como mínimo al treinta y cuatro por ciento del total de los ingresos (un veintiocho por ciento más o menos de impuestos federales y un 7,65 por ciento para la Seguridad Social). De todas formas estas cantidades varían de un estado a otro.

Canalizando el dinero que ha ganado con el sudor de su frente hacia una cuenta de jubilación antes de impuestos impedirá que el dinero sufra una reducción de ese tipo. Cuando pone sus ganancias en una cuenta de jubilación antes de impuestos, el cien por cien del dinero que gana será para usted, y continuará siéndolo mientras lo mantenga en esa cuenta.

El maravilloso mundo de los planes de jubilación

Existen básicamente dos tipos de cuentas de jubilación antes de impuestos: el que la empresa para la que trabaja le ofrece (conocido como plan patrocinado por el empresario) y ese otro que se ofrece usted misma (conocido como plan individual).

En las próximas páginas voy a describir cómo funciona cada uno de ellos en Estados Unidos. En otros países funcionan de forma similar pero convendrá que lo consulte con su asesor legal o fiscal. Sea cual sea su situación –tanto si es autónoma como si está en la nómina de la empresa– le sugiero que lea ambos tipos de cuentas. Después de todo, la gente que trabaja por cuenta propia a veces acaba trabajando para empresas. Y en esta era de reestructuración empresarial, muchos de los que trabajan en empresas tienen que acabar trabajando por cuenta propia. Además, aunque tenga la suerte de tener un trabajo seguro en una empresa que le ofrece un buen plan de jubilación, abrir una cuenta de jubilación individual también puede serle conveniente. Así que no deje de leer ninguna parte porque piense que no es su situación actual.

Cómo funcionan los planes de jubilación patrocinados por el empresario

Las empresas suelen ofrecer planes de jubilación.

Sea cual sea el que su empleador le ofrezca, debería aceptarlo sin coste alguno. Si todavía no tiene ningún plan, diríjase mañana mismo al departamento de recursos humanos de su empresa y pregunte si están disponibles estos planes para los empleados, y en caso afirmativo diga que quiere firmar uno inmediatamente.

Si justo acaba de empezar a trabajar, mejor será que espere varios meses antes de unirse a un programa de jubilación.

Sea como sea, en cuanto llegue la fecha de inicio del programa, la persona encargada de los recursos humanos probablemente le dará lo que se conoce como «paquete de inscripción». Su trabajo consiste en rellenar esa inscripción cuanto antes.

La pieza de información más importante que tendrá que averiguar con la persona encargada es la cantidad máxima de dinero que puede poner en el plan cada año. Por lo general esta cantidad oscila alrededor del quince por ciento de la renta anual bruta.

LA IMPORTANCIA DE PONER EL MÁXIMO PERMITIDO EN EL PLAN DE JUBILACIÓN

Sea cual sea la cantidad máxima de contribución permitida, esa es la cantidad que debería poner. A esto se le llama contribuir con lo máximo al plan de jubilación, y es de lejos lo más importante que usted puede hacer para crear un futuro financiero seguro. Para mí no hay mejor manera de transformar a una persona normal en un millonario que el simple acto de poner cada mes lo máximo permitido en un plan de jubilación antes de impuestos.

Menos de la mitad de las personas que cumplen los requisitos para poder firmar un plan de jubilación en el trabajo, lo hace. Y muchos de los que lo hacen, no aportan esa cantidad máxima permitida. ¿Por qué? En una palabra: ignorancia. Estoy convencido de que si la gente supiera lo que se está perdiendo por no hacerlo —cómo se está engañando a sí misma acerca de cómo tener un futuro seguro y confortable— prácticamente todos querrían aprovecharse de las ventajas de firmar un plan de jubilación en el trabajo.

Aquí tiene un simple ejemplo que me impactó tremendamente.

Dos mujeres, el mismo plan, ¡pero una diferencia de 400.000 dólares!

Hace unos tres años, organicé un seminario para una empresa sobre lo que se conoce como «renovación de cuenta de jubilación individual».

Después de la clase, dos mujeres vinieron a verme a mi despacho. Una se llamaba Betty y la otra Lynn. Ambas llevaban trabajado para una empresa de servicios públicos más de treinta y cinco años. Eran sin duda muy buenas amigas y además habían empezado a trabajar en la misma empresa la misma semana.

Primero me reuní con Lynn y, después de revisar su plan, le dije que estaba en muy buena forma para jubilarse. El saldo de su cuenta ascendía a más de 750.000 dólares —suficientes para producir unos buenos ingresos para vivir cómodamente el resto de su vida—. Lynn, como es de suponer, dejó mi despacho con una gran sonrisa en su rostro.

Betty, por el contrario, tenía una expresión de preocupación cuando entró en mi despacho. «¿Sabes? —me dijo—, a pesar de que Lynn y yo empezamos a trabajar al mismo tiempo y hemos ganado en total la misma cantidad de dinero, yo no estoy ni mucho menos en tan buena forma como ella.»

«¿Ah, sí? —dije—. ¿Y por qué?»

Betty me mostró entonces su plan de jubilación. Su saldo era inferior a 300.000 dólares. No estaba mal, pero por supuesto no era tan bueno como el de su amiga. «David —me dijo—, me acuerdo como si fuera ayer. Lynn y yo nos sentamos a discutir qué cantidad de nuestro sueldo íbamos a aportar a nuestro plan. Lynn me dijo que ella iba a contribuir la cantidad máxima permitida que era el quince por ciento. Dijo que los primeros meses iban a ser duros, pero que después no lo notaría. Yo dije, "¿el quince por ciento? ¡Ni hablar! Es demasiado". Yo decidí empezar con el mínimo que era el cuatro por ciento y que cuando me subieran el sueldo ya incrementaría mi contribución.»

Betty, movió la cabeza tristemente. «¿Sabe qué? Me subieron el sueldo muchas veces, pero nunca llegué a incrementar mis aportaciones. Parecía que siempre tenía algún gasto nuevo —un coche nuevo, unas vacaciones especiales, los costes universitarios—. Ahora Lynn puede retirarse mientras que yo tengo que buscar otro trabajo. Probablemente tenga que trabajar quince años más. ¡Qué tontería!, ¿verdad?»

Me sabía muy mal por Betty, pero nada podía hacer. No cometa usted el mismo error que ella. Aporte el máximo permitido a su plan de jubilación desde ahora mismo.

¿ESTÁ USTED DONDE DEBERÍA ESTAR?

Si está ya inscrita en un plan de jubilación pero no sabe si está aportando el máximo, tendría que averiguarlo inmediatamente. Contacte con la persona que lleva este asunto o con su contable, y con su ayuda averigüe cuál es su aportación. Si resulta que está contribuyendo con menos del máximo permitido, póngase como prioridad incrementar sus aportaciones lo más rápidamente posible. Si usted no trabaja pero su marido sí, asegúrese de que esté inscrito en el plan de jubilación de su empresario y de que sus contribuciones sean las máximas.

UN CONSEJO DE CINCO ESTRELLAS: *Las normas del gobierno por lo que a contribuciones máximas permitidas se refiere son muy complicadas. Por ejemplo, la cantidad máxima permitida de contribución a una cuenta de jubilación está limitada no sólo por el tamaño de los propios ingresos sino también por la cantidad de dinero que los compañeros de trabajo decidan poner en sus cuentas. No suponga pues que puede decidir a solas su contribución máxima. Pida a la persona encargada de su plan que se lo calcule.*

¿CÓMO METER EL DINERO EN EL PLAN?

Una vez haya completado su paquete de inscripción y esté inscrita ya en el programa de jubilación de su compañía, su empresario deducirá automáticamente de su paga su contribución. Esta deducción automática del salario tiene dos ventajas enormes. Primero, porque es automática, no tendrá que preocuparse de ello (ni correr el riesgo de cambiar de opinión). En segundo lugar, el dinero que usted haya decidido apartar va directamente al plan, evitando ese cuarenta por ciento que se comen los impuestos.

Ah, y no se preocupe: su decisión a contribuir con la máxima cantidad permitida no será cincelada en la piedra. Si de repente decide que necesita reducir su aportación temporalmente, la compañía lo hará, siempre que avise con 90 días de antelación.

¿A DÓNDE VA REALMENTE MI DINERO DE LA JUBILACIÓN?

El formulario que tendrá que rellenar para inscribirse al plan le preguntará mucho más que la cantidad con la que desea contribuir. También le preguntará dónde quiere que sea invertido su dinero. Muchos planes ofrecen a los participantes como mínimo tres opciones: 1) su dinero puede ser invertido en los propios valores de la compañía (suponiendo que trabaje para una empresa que cotiza en bolsa); 2) puede ir a uno o más fondos de pensiones, o 3) puede ser invertido en algún vehículo que ofrezca un índice fijo garantizado. Es usted quien tiene que decidir qué combinación de las posibles opciones le conviene más qué cantidad de su contribución quiere poner en cada una de ellas.

Esta decisión es posiblemente una de las decisiones financieras más importantes que jamás tenga que tomar. Permítame que se lo repita:

Su decisión sobre cómo invertir el dinero en su plan de jubilación es una de las decisiones financieras más importantes que jamás tenga que tomar.

Tome pues esta decisión en serio. No se limite a preguntarle al vecino: «¿Qué has decidido tú?». Puede que no tenga ni idea.

Estudie detalladamente las posibles opciones y discútalas, tanto con su pareja (si es que la tiene) como con un asesor financiero. Al final de este capítulo, encontrará una lista de normas que pretenden ayudarle a tomar la decisión más inteligente posible. Sígalas y estará en muy buena forma.

¿CÓMO PUEDO SACAR DINERO DEL PLAN?

Mientras siga empleado en la empresa con la que abrió su plan de pensiones, sus fondos seguirán estando en el plan de la compañía. Siempre que lo necesite podrá sacar dinero del plan, pero si tiene menos de 59 años y medio, acabará pagando el impuesto sobre la renta ordinario sobre el dinero retirado, además de un diez por ciento de multa. (Hay varias maneras de evitar esta multa; hablaremos de ellas más adelante.) Si cambia de empleo o deja la empresa por cualquier otra razón antes de llegar a la edad de la jubilación, podrá «renovar» su plan de pensiones con un nuevo empleador o bien a una cuenta de jubilación individual nueva. Si lo hace bien, la Dirección General de Tributos no considerará esta transferencia de fondos una retirada, y por tanto estará exenta de impuestos o multas.

Cuando tenga 59 años y medio, podrá empezar a sacar dinero de su plan de jubilación. A partir de ese momento cualquier cantidad que retire de su cuenta será tratada por el gobierno como un ingreso ordinario, lo cual quiere decir que tendrá que pagar el impuesto sobre la renta.

SI SU EMPRESA NO TIENE UN PLAN DE JUBILACIÓN

En mi opinión, las empresas que no ofrecen planes de jubilación están perjudicando a sus empleados. Creo que los empresarios tienen la obligación moral de ofrecer programas que permitan a los empleados asegurar su propio futuro financiero contribuyendo a cuentas de inversión y ahorrándose los impuestos.

Algunos empleadores –especialmente los propietarios de pequeñas empresas– se quejan de que no pueden pagar este tipo de programas. Sin embargo, actualmente, el coste de establecer y administrar planes de jubilación ha descendido hasta tal punto que incluso las empresas más pequeñas pueden pagarlo. Si lo analizamos bien, a un pequeño empresario le sale más caro reemplazar a un empleado que se ha ido a la competencia porque allí se preocupan más por el futuro de sus empleados, que crear un plan de jubilación.

Como empleado, debería asegurarse de que su jefe sabe lo descontento que está por no tener un plan de jubilación. Podría además decirle que si espera que se comprometa a largo plazo con su empresa, debería hacer algo por establecer este tipo de beneficio.

Si ya lo ha dicho y todavía no le han ofrecido un plan de jubilación es imposible que llegue a gustarle su trabajo. Si este es su caso, no se preocupe, no hace falta que abandone. Hay algo más que podría intentar.

Es muy sencillo. Si su empleador no le ofrece un plan de jubilación, búsqueselo usted misma. En otras palabras...

Debería abrir una cuenta de jubilación individual.

Abrir una cuenta de jubilación individual es un proceso relativamente sencillo.

En Estados Unidos existen ahora dos tipos de cuentas de jubilación individual, la tradicional y la nueva cuenta de jubilación individual denominada Roth (por su patrocinador legislativo, el Senador William Roth de Delaware), en la cual uno puede depositar hasta un total de dos mil dólares por año. Con una cuenta tradicional, las aportaciones podrán ser deducibles, y podrán crecer libres de impuestos hasta que las retire. Con una cuenta Roth, pagará el impuesto sobre la renta del dinero antes de ingresarlo en la cuenta, pero si sigue las normas nunca pagará ni un centavo más en impuestos federales sobre sus ahorros, por mucho que crezcan con los años (siempre que no toque el dinero hasta que tenga 59 años y medio).

Analicemos los planes más importantes que existen en Estados Unidos:

La tradicional cuenta de jubilación individual (IRA)

Esta cuenta fue creada originariamente en 1974 principalmente para aquellos que trabajaban en empresas que no ofrecían planes de jubilación. Las normas que rigen este tipo de cuenta son relativamente sencillas:

1. **¿Quién tiene derecho a una cuenta de jubilación individual?** Cualquier persona de menos de 70 años y medio que tenga unos ingresos por trabajo (lo contrario de tener ingresos procedentes de inversiones) o esté casada con alguien que los tenga.

2. **¿Qué tengo que hacer si mi empresario me ofrece un plan de jubilación?** Aunque participe en un plan de jubilación en el trabajo, debería también contribuir a una cuenta de jubilación individual, aunque la cantidad deducible de su aportación dependerá del tamaño de sus ingresos. Igual que ocurre con otros asuntos fiscales, le recomendaría que antes lo consultara con un asesor fiscal.

3. **¿Cuánto dinero puedo poner en esta cuenta?** Puede invertir hasta un máximo de dos mil dólares anuales. La cantidad exacta dependerá del tamaño de sus ingresos. Bajo la nueva ley estadounidense, los cónyuges que no trabajan también pueden contribuir con la misma cantidad (un incremento significativo si tenemos en cuenta que antes el límite era de 250 dólares). Esto quiere decir que un matrimonio puede aportar a la cuenta hasta cuatro mil dólares anuales.

4. **¿Cuáles son las ventajas fiscales?** Dependiendo de la cantidad que gane (o, si está casada, de sus ingresos conjuntos), sus contribuciones a la cuenta de jubilación individual podrán ser totalmente deducibles. Siempre que permanezca en la cuenta, su dinero podrá crecer exento, lo cual significa que no tendrá que pagar impuestos ni intereses.

5. **¿Cuándo puedo retirar mi dinero?** En cuanto haya cumplido 59 años y medio (o en cualquier momento después de esta edad) podrá retirar la totalidad o parte de sus ahorros. El gobierno considerará cualquier retirada de dinero que haga como un ingreso ordinario y por tanto tendrá que pagar impuestos sobre él. (Hay una excepción a esta norma: si usted provisionó su cuenta de jubilación individual con dinero después de impuestos– es decir, no se dedujo los impuestos sobre el depósito original– entonces sólo tendrá que pagar impuestos sobre las ganancias y el incremento que su inversión haya generado a lo largo de los años, no sobre la propia inversión.)

6. **¿Tengo que empezar a retirar el dinero de mi cuenta de jubilación individual cuando tenga 59 años y medio?** No, pero no podrá dejarlo ahí para siempre. La regulación de este tipo de cuentas exige que se empiece a hacer lo que se denomina *distribución mínima obligatoria de la cuenta de jubilación individual* antes de cumplir los 60 años y medio. Para saber cuál es en su caso esa cantidad de distribución mínima obligatoria hable con su asesor fiscal o telefonee a la Dirección General de Tributos.

7. **¿Y si necesito los ahorros antes de llegar a la edad de la jubilación?** Si retira parte o la totalidad de sus ahorros en la cuenta de jubilación individual antes de llegar a los 59 años y medio (edad de la jubilación en Estados Unidos) además de tener que pagar el impuesto sobre ingresos ordinarios por el dinero que ha retirado, tendrá que pagar un diez por ciento de multa sobre las ganancias que su depósito inicial haya generado con los años. Esta multa no se aplica si retira el dinero para cualquiera de los tres «eventos de la vida»; para pagar los estudios suyos o de sus hijos o nietos; para ayudar a financiar la compra de su primera vivienda (hasta un máximo de 10.000 dólares), o para pagar las primas de un seguro médico, gastos médicos extraordinarios o los costes de una invalidez de larga duración.

La cuenta de jubilación individual ROTH

Desde que fuera introducida por primera vez en 1974 la tradicional cuenta de jubilación individual ninguna otra cuenta como la nueva Roth había llamado tanto la atención. La mayor diferencia entre la cuenta Roth y la tradicional es que con una cuenta Roth, no sólo sus ahorros crecen exentos de impuestos, sino que cuando por fin decide retirarlos, *¡no tiene que pagar ningún impuesto ni nada por el estilo!*

Parece un buen negocio ¿no? Lo es, pero como siempre, hay un inconveniente. En este caso, es que no hay deducción impositiva por el dinero que aporte a la cuenta Roth. Esta deducción es por supuesto la que hizo tan popular a la tradicional cuenta de jubilación individual. Pero, ¿qué le compensa más? ¿El dinero que se ahorrará ahora en impuestos gracias a poder deducir las contribuciones que haga este año a su cuenta de jubilación individual o el dinero que se ahorrará más adelante por no tener que pagar ningún impuesto sobre el dinero que retire de su cuenta de jubilación cuando se jubile? La regla empírica de esto es que si está a más de diez años de su jubilación, le convendrá más una cuenta de jubilación individual Roth.

COMPARACIÓN ENTRE LA IRA TRADICIONAL Y LA IRA ROTH

	IRA no deducible (saldo después de impuestos)	IRA Roth (saldo libre de impuestos)
Inversión anual	$ 2.000,00	$ 2.000,00
Rendimiento anual	10%	10%
Tipo impositivo	28%	28%
10 años	$ 30.844,88	$ 35.062,33
15 años	$ 58.727,61	$ 69.899,46
20 años	$ 101.923,60	$ 126.005,00
25 años	$ 169.781,74	$ 216.363,53
30 años	$ 277.358,53	$ 361.886,85
35 años	$ 448.902,60	$ 596.253,61
40 años	$723.466,61	$ 973.703,62

El primer caso muestra el rendimiento de una cuenta IRA no deducible versus una cuenta Roth en períodos de entre 10 y 40 años, suponiendo que el tipo impositivo sea el 28%, el rendimiento anual el 10%, y la contribución anual de 2.000 dólares, y un saldo inicial de cero dólares.

Fuente: revista *Research*, febrero 1998, página 48.

Las normas básicas que gobiernan las cuentas Roth son:

1. **¿Quién tiene derecho a una cuenta de jubilación individual?** Como ocurre con la tradicional cuenta de jubilación individual, tiene que tener ingresos para poder abrir una cuenta Roth. Pero estos ingresos no tienen que ser elevados. Para solteros el límite está en 110.000 dólares anuales; para matrimonios que abren una cuenta conjunta, el ingreso ha de ser de 160.000 dólares.

2. **¿Cuánto dinero puedo aportar a ellas?** Los solteros que ganan menos de 95.000 dólares pueden contribuir hasta un máximo de 2.000 dólares por año; los que ganan entre 95.000 y 110.000 dólares pueden hacer una contribución parcial. Los que están casados y sus ingresos anuales conjuntos ascienden a menos de 150.000 dólares pueden aportar hasta un máximo de 4.000 dólares anuales; la contribución máxima va disminuyendo hasta llegar a cero cuando el ingreso conjunto de una pareja es de 160.000 dólares.

3. **¿Cuáles son las ventajas fiscales?** A pesar de que las aportaciones a una cuenta Roth no son deducibles, el dinero va creciendo con el pago de impuestos aplazado –y si se mantiene en la cuenta por más de cinco años, podrá retirarlo totalmente libre de impuestos en cualquier momento después de que haber cumplido los 59 años y medio–. Esta posibilidad de retirar sus ahorros sin pagar ningún impuesto adicional es una ventaja enorme frente a la cuenta de jubilación individual tradicional.

4. **¿Cuándo podré retirar mi dinero?** Cuando haya cumplido los 59 años y medio (o en cualquier momento después de esta edad) podrá retirar todo o parte de sus ahorros sin multa alguna. A diferencia de lo que ocurre con las cuentas tradicionales, podrá dejar su dinero en una cuenta Roth todo el tiempo que quiera; no tendrá que empezar haciendo retiradas de dinero mínimas cuando llegue a los 70. Esta es también una ventaja importante frente a las cuentas tradicionales.

5. **¿Y si necesito mi dinero antes de los 59 años y medio?** En este punto las normas son exactamente las mismas que rigen las cuentas de jubilación individual tradicionales.

¿Qué plan de jubilación me conviene más?

La decisión sobre qué plan de jubilación le conviene más tendrá que tomarla en función de cuáles sean sus ingresos, su edad y sus objetivos. No obstante, los planes patrocinados por la empresa son casi siempre los más convenientes. Si quiere separar más dinero para su jubilación, siempre puede complementar su plan de la empresa con una IRA. A la hora de elegir entre una IRA tradicional y una Roth, le diré que si está a más de diez años de su jubilación le convendrá más una cuenta Roth; los beneficios de la distribución libre de impuestos en el futuro probablemente compensarán los beneficios de la deducción de impuestos de ahora. En cualquier otro caso, es más conveniente la cuenta de jubilación individual tradicional. De todas formas siempre que tenga dudas sobre cuál elegir consulte con un asesor financiero profesional.

¿Puedo convertir mi antigua cuenta de jubilación tradicional en una cuenta Roth nueva?

Aunque es verdad que las cuentas de jubilación Roth presentan algunas enormes ventajas, especialmente para los inversores más jóvenes, no quiere decir que todos los que tengan menos de 55 años deban convertir sus cuentas tradicionales en cuentas Roth. Y digo esto porque desde que se introdujeron por primera vez las cuentas de jubilación Roth, muchos bancos, *brokers*, y asesores financieros han estado presionando con entusiasmo a sus clientes para que lo hicieran. Yo le recomendaría que fuera prudente. Una conversión de una cuenta de jubilación individual es una decisión muy seria, y no hay una respuesta que pueda adaptarse a todos por igual. Normalmente el único que se beneficiará de una conversión a una cuenta Roth será el intermediario financiero que le incite a hacerlo –y que por tanto ganará una comisión extra.

De hecho, esto no es del todo cierto. Alguien más se beneficiará también: el gobierno, que es el que recogerá unos impuestos extra de las personas que, mal aconsejadas, realicen este cambio.

La razón de que este cambio no sea lo más recomendado es que para poder convertir su antigua cuenta de jubilación, tendrá que retirar sus ahorros. Aunque es verdad que no tendrá que pagar ninguna multa por ello, tendrá que declarar el dinero que haya acumulado en la cuenta como ingreso, lo cual quiere decir que tendrá que pagar impuestos sobre sus ahorros. Pongamos que usted está en el tramo impositivo del veintiocho por ciento y que convierte una cuenta de jubilación individual que asciende a 50.000 dólares. Unos 14.000 dólares se le irán en impuestos. (De hecho, su factura fiscal será mayor que eso porque al declarar 50.000 dólares como ingreso probablemente subirá a un tramo impositivo superior.) En cualquier caso, de repente perderá casi un cuarto del dinero que ha acumulado con mucho esfuerzo.

Habrá gente que le sugiera que si tiene «dinero extra», podría utilizarlo para pagar su factura fiscal. Pero ¿quién tiene dinero extra? En cualquier caso, si usted utiliza las herramientas que este libro le ofrece, su dinero no estará por ahí dando vueltas, sino que estará trabajando duramente por usted. Así que no olvide pedir consejo a un profesional antes de tomar ninguna decisión de convertir sus antiguas cuentas de jubilación.

¿Y si yo soy la dueña de mi propio negocio?

En primer lugar permítame que le felicite. Y lo digo primero porque admiro a los emprendedores y segundo porque, como dueña de su propio negocio, usted va a poder elegir entre las mejores cuentas de jubilación que existen actualmente. En segundo lugar déjeme que le prevenga de un error que muchos propietarios de negocios cometen: decidir que establecer un plan de jubilación es más que un engorro.

Recuerde que está intentando construir un futuro económicamente seguro para usted y para su familia, y ¿cómo va a hacerlo si primero no se paga a usted misma? Como dueña de un negocio, la mejor manera de pagarse primero a usted misma es estableciendo uno de los tipos de planes de jubilación que existen para los trabajadores. En Estados Unidos son tres:

- Plan de pensión simplificado para el empleado (conocido también como SEP-IRA).

- Plan de contribución definida.

- Plan de ahorro de incentivos (conocido como SIMPLE IRA).

Establecer uno de estos planes puede requerir un cierto esfuerzo por su parte, pero seguro que como empresaria que es ya está acostumbrada a hacer esfuerzos. En cualquier caso, el esfuerzo vale la pena. Mientras que las regulaciones que afectan a las distribuciones y las retiradas de dinero anticipadas son muy similares a las que rigen los planes de jubilación individual, las normas sobre las contribuciones a los planes de jubilación son mucho mejores para los dueños de empresas, permitiéndoles ahorrar hasta 30.000 dólares por año, con impuestos aplazados –posiblemente incluso más–. ¡Esto es fantástico! ¡Estamos hablando de mucho dinero!

PLANES DE PENSIONES SIMPLIFICADOS
PARA EMPLEADOS (SEPS)

Este tipo de planes son muy atractivos para los dueños de pequeñas empresas porque son fáciles de establecer y requieren muy poco papeleo. Si usted dirige una pequeña empresa, es la única propietaria o son muy pocos socios, éste es probablemente el tipo de cuenta de jubilación que necesita. Con un SEP-IRA podrá hacer aportaciones deducibles de hasta el quince por ciento de la compensación anual de sus empleados. (El porcentaje límite anual para los trabajadores autónomos es del 13,043 por ciento.) En 1997 la contribución legal máxima era de 24.000 dólares.

Hay algunas obligaciones que tendrá que cumplir al establecer un SEP-IRA. Si tiene empleados de más de 21 años y han estado en su nómina por lo menos tres de los últimos cinco años, deberá incluirlos también en su SEP-IRA, contribuyendo por ellos en el mismo porcentaje de su compensación anual que la suya propia. En otras palabras, si usted pone un 13,04 por ciento de su compensación, tendrá que contribuir con una cantidad igual al 13,04 por ciento de la de ellos. (Por la misma regla, si usted decide no poner dinero para usted durante un año, no tendrá que ponerlo tampoco para ellos.)

La única desventaja de este SEP-IRA es que las contribuciones que usted hace por sus empleados son adquiridas inmediatamente en su totalidad, lo cual quiere decir que el dinero que usted ponga por ellos será totalmente suyo, aunque dejen la compañía al día siguiente.

LOS PLANES DE CONTRIBUCIÓN DEFINIDA

Si dirige su propia empresa y puede permitirse el apartar más del quince por ciento de sus ganancias, un plan de contribución definida es lo que más le conviene. Con estos planes, podrá hacer contribuciones totalmente deducibles de hasta el veinticinco por ciento de sus ingresos, hasta un máximo de 30.000 dólares por año.

Los planes de contribución definida son especialmente útiles para aquellos propietarios de empresas que ganen significativamente más que sus empleados. Como resultado de un artículo denominado «integración de la Seguridad Social», a los empleados que tienen salarios muy altos (normalmente el dueño del negocio, o sea usted) se les permite contribuir con un porcentaje de su retribución mayor que el de otros trabajadores. Esto quiere decir que usted puede poner, digamos el veinticinco por ciento de su retribución sin tener que hacer una contribución igual de importante en nombre de sus empleados.

Existen tres tipos principales de planes de contribución definida: los planes de compra de dinero, los planes de participación en beneficios, y los planes de beneficios definidos.

Los planes de compra de dinero

Con un plan de compra de dinero, usted puede guardar hasta el veinticinco por ciento de su renta anual (para los que trabajan por cuenta propia el veinte por ciento de los ingresos ganados) hasta un máximo de 30.000 dólares por participante y por año. Como ocurre con el SEP-IRA, en estos planes también se le exige que el porcentaje de las contribuciones que haga para sus empleados sea igual al porcentaje suyo, pero en este caso puede crear un calendario de adquisición para estas contribuciones (lo cual quiere decir que los empleados deben seguir trabajando en su empresa durante el período de tiempo que haya determinado para poder pedir el dinero que usted ha ido poniendo en el plan en su nombre). El único inconveniente de este plan es que el tamaño de su contribución anual es fijo; en cuanto decida con qué porcentaje de sus ingresos quiere contribuir, no podrá variarlo. Si más tarde quiere cambiar el porcentaje (digamos por ejemplo porque ha tenido un año especialmente bueno y puede contribuir con un porcentaje mayor, o porque de repente se le han complicado las cosas y quiere contribuir con menos), tendrá que modificar el documento del plan.

Los planes de participación en beneficios

Estos planes son unos beneficios maravillosos para la jubilación que pueden ser buenos tanto para los propietarios como para los empleados. Como el propio nombre indica, un plan de participación en beneficios tiene la finalidad de animar a los propietarios de las empresas a compartir los beneficios del negocio con sus empleados. Bajo este tipo de plan, usted puede contribuir como máximo con el quince por ciento de sus ingresos (hasta un máximo de 30.000 dólares). Pero a diferencia del plan de compra de dinero, el cual requiere que el porcentaje de su contribución y la que hace en nombre de sus empleados sea el mismo, este tipo de planes es más flexible, permitiendo que los dueños de las empresas modifiquen el tamaño de su contribución anual según sean las condiciones.

Al igual que los planes de contribución definida, los planes de participación en beneficios también permiten la integración de la Seguridad Social, es decir, pueden ser estructurados para que el porcentaje con el que usted tiene que contribuir por sus empleados sea menor que el tendría que aportar en un SEP-IRA. Otra ventaja que tienen estos planes frente a los SEP-IRA es que permiten crear un calendario de adquisición para las contribuciones de sus empleados.

Los planes de beneficios definidos

Los dueños de empresas mayores de 50 años que no tienen empleados y disfrutan de un alto nivel de ingresos deberían considerar este tipo de plan. La razón: los planes de beneficios definidos permiten ahorrar más dinero que los otros. Si usted puede aportar al plan más de 30.000 dólares anuales y está seguro de que va a poder hacerlo cada año hasta que cumpla los 59 y medio, este es el plan que le conviene. No se trata sin embargo de un plan de jubilación que uno mismo puede hacerse, sino que necesitará la ayuda de un asesor financiero especializado en planes de beneficios definidos al igual que de un administrador que escriba el documento del plan. También le será útil trabajar de cerca con un asesor para asegurarse de que su plan se ajusta a las directrices de la Dirección General de Tributos y de que está cumplimentando correctamente todos los formularios que ésta exige. Pero no deje que este papeleo le asuste. Si sus ingresos son suficientemente elevados, en sólo diez años usted podrá poner suficiente dinero en su plan de beneficios definidos como para jubilarse cómodamente.

EL SIMPLE IRA

La mayor desventaja de los planes de contribución definida es que no permiten que sus empleados pongan su propio dinero en el plan. Esto no es un problema en el caso del SIMPLE IRA. Introducido en 1997, este plan fue ideado para aquellas pequeñas empresas (las que cuentan con menos de cien empleados) que estaban buscando un programa de jubilación fácil y asequible.

Bajo un SIMPLE IRA, usted y sus empleados podrán poner hasta 6.000 dólares anuales en el plan. Igual que con el SEP-IRA, el empleador también debe aportar al plan en nombre de sus empleados, y estas aportaciones son otorgadas inmediatamente. De todas formas son contribuciones relativamente pequeñas: están limitadas a entre el uno y el tres por ciento de la compensación total del empleado.

¿Qué tengo que hacer con mis aportaciones?

Bien, usted ha decidido qué tipo de cuenta de jubilación le conviene más, y ha determinado con cuánto va a contribuir a esa cuenta. Ahora ha llegado el momento de la decisión más importante.

Como ya he dicho anteriormente, decidir dónde y cómo invertir su dinero de la jubilación es probablemente una de las decisiones económicas más importantes de su vida. Seguramente esté pensando, «¿Pero cómo? ¿Acaso no acabo de tomar esta decisión? Estoy invirtiendo mi dinero en una cuenta de jubilación».

No, no ha acabado. Una cuenta de jubilación –tanto si se trata de una IRA, una SEP-IRA, un plan de contribución definida o un plan SIMPLE– no es una inversión. Sino que es simplemente un depósito en propiedad para su dinero de la jubilación.

La gente suele confundir este tema. Dice que ha ido al banco y «ha comprado una IRA». Lo siento, pero uno no puede «comprar» una IRA. Es como decir que ha comprado una cuenta corriente.

Lo que uno hace con una IRA –y lo mismo ocurre con las cuentas esponsorizadas por los empleadores– es esto: abre la cuenta, y después pone dinero en ella, y después informa al banco (o al administrador del plan) de *cómo quiere invertir sus fondos.*

Una vez expliqué esto en una de mis clases, y una estudiante llamada Brenda se levantó para decirme que no sabía de qué estaba hablando. «Yo he estado comprando IRAs en mi banco durante muchos años», insistió Brenda.

Cuando le pregunté cómo había invertido sus fondos de la cuenta, me dijo con tono enfurecido: «No está escuchando lo que le estoy diciendo, joven. Le he dicho que *compré* una cuenta de jubilación individual, y que no quiero correr ningún riesgo invirtiendo mi dinero en ninguna parte».

«Brenda —le dije—, le apuesto diez de los grandes a que el dinero de su IRA está invertido en un certificado de depósito que está pagándole menos del cinco por ciento anual».

Cuando vino a verme al despacho con sus informes de la cuenta de jubilación resultó que yo estaba equivocado. De hecho, ¡ni siquiera estaba invirtiendo en un certificado de depósito! No estaba invirtiéndolo en nada. Es cierto. Cuando telefoneé al banco de Brenda para saber qué habían estado haciendo los fondos de la cuenta de Brenda durante los últimos diez años, el empleado que contestó el teléfono me dijo que el dinero estaba depositado en una cuenta de ahorro.

«¡Fantástico! —dije yo—. ¿Y qué rentabilidad está pagándole a ella la cuenta de ahorro?»

El banquero tartamudeó, «Bien —dijo por fin—, de hecho no está pagándole nada. Es simplemente un lugar donde guardamos el dinero de los clientes hasta que ellos nos digan dónde quieren invertirlo».

¿Puede creerlo? Brenda tenía su dinero de la cuenta de jubilación guardado en una cuenta que durante diez años no le dio ni un duro. Si tenemos en cuenta la inflación, su dinero en lugar de crecer se había reducido.

Si usted piensa que esto es de locos, está en lo cierto. Lo peor es que hay literalmente miles de personas que todavía creen que «poseen» una IRA, cuando de hecho no tienen ni idea de cómo su dinero de la jubilación está invertido o cuánto están ganando.

Por favor, no sea usted uno de ellos. Revise inmediatamente todos los documentos que tenga de sus cuentas de jubilación.

Asegúrese de que el dinero de su jubilación está trabajando por usted tan duramente como usted lo hizo por él.

No deje que su dinero se quede en una cuenta bancaria que le pague simplemente el cinco por ciento anual –o aún peor, que no le pague nada.

Para ayudarle a sacar el máximo partido al dinero de su jubilación, aquí tiene una lista de normas que he ido elaborando con el paso de los años.

> ## REGLA Nº1
> ¡Invierta siempre sus fondos de jubilación para que crezcan!

Por muy obvia que pueda parecerle esta regla, creo que es conveniente hacer hincapié en ella. Muchas mujeres que vienen a verme me muestran que han invertido sus cuentas de jubilación en certificados de depósito u otros títulos de tipo fijo. Ahora, con las rentabilidades garantizadas, los certificados de depósito son perfectamente adecuados si su objetivo es lo que los profesionales denominan «preservación del capital a corto plazo», es decir, si tiene una cantidad de dinero que va a tener que necesitar pronto, y quiere asegurarse que nada le ocurra hasta que llegue ese momento.

A no ser que esté pensando en jubilarse el año próximo o el siguiente, su objetivo para su cuenta de jubilación no debería ser la preservación del capital a corto plazo sino un crecimiento a largo plazo. No cometa este error. Revise las diferentes opciones de su plan de jubilación detenidamente y asegúrese de que entre ellas haya algunas inversiones orientadas al crecimiento.

Si duda de cuáles son las opciones de inversión que más le convienen, consulte a un profesional. Hable con el director de personal de su empresa o con un asesor financiero y pídale revisar con él las diferentes opciones.

¿Por qué invertir para el crecimiento?

Mucha gente comete el craso error de pensar que cuando se trata de su dinero de la jubilación, lo mejor es jugar seguro. No puede estar más equivocada. ¿Recuerda el gráfico de la inflación del Primer Paso? El gráfico mostraba que durante las dos últimas décadas, el coste de la vida ha ido creciendo uniformemente a una media de más del cinco por ciento anual. Jugando seguro no podrá superar ese índice y si su cuenta de la jubilación no crece más rápidamente que la inflación, no va a tener mucho para vivir dentro de 20, 30 o 40 años.

Para asegurar su futuro, lo que tiene que hacer es que crezca su dinero de la jubilación. Sí, buscar el crecimiento requiere invertir en acciones, y éstas son generalmente más volátiles y arriesgadas a corto plazo que algunos otros tipos de inversión. Pero a largo plazo –y éste es el que nos tendría que preocupar ahora– pueden ser significativamente más gratificantes. Considere lo siguiente:

EL VALOR DE UNA INVERSIÓN HIPOTÉTICA
DE 100.000 DÓLARES DENTRO DE 25 AÑOS

Índice de rendimiento

MEDIA DEL TOTAL DE LAS RENTABILIDADES ANUALES: 1926-1996

Es increíble, ¿no?

La lección obvia es que deberíamos invertir una parte importante de nuestro dinero de la jubilación en acciones o en fondos de pensiones que invirtieran en acciones. ¿Qué cantidad? Depende de la edad, de los objetivos que tenga cada uno, y de la disposición de cada uno a aceptar cierta cantidad de volatilidad.

Distribución de bienes: crear el equilibrio perfecto

Calcular la mezcla perfecta de inversiones de crecimiento versus inversiones fijas es lo que se conoce en la industria de las inversiones como determinar la distribución de activos. La distribución de activos es una manera divertida de decir: «Usted tiene que poner sus huevos en diferentes cestas». Puede que no parezca gran cosa, pero lo es. De hecho es un trabajo enorme. *Los estudios indican que más del noventa y uno por ciento del rendimiento de las inversiones es atribuible a una distribución adecuada de los activos, y no a la selección inteligente de las acciones o a la buena marcha del mercado.*

El primer paso para determinar la distribución de los activos de su plan de jubilación consiste en decidir cuánto dinero quiere poner en vehículos de crecimientos (básicamente, acciones y fondos de pensiones basados en acciones) y cuánto quiere poner en títulos de ingresos fijos más seguros pero de crecimiento más lento (básicamente, bonos o fondos de bonos).

Yo utilizo la siguiente regla empírica para ayudar a determinar cuánto dinero una persona en particular debería invertir en acciones y cuánto en bonos:

Reste su edad a 110. El número que obtendrá es el porcentaje de los activos que debería poner en acciones o en fondos de pensiones basados en acciones. El resto de sus activos deberían ir a algo menos volátil, como bonos o títulos de tipo fijo.

Por ejemplo, pongamos que usted tiene 40 años. Siguiendo la regla resta este número de 110 y le quedan 70. Esto quiere decir que debería pensar en poner sobre un setenta por ciento de su plan de pensiones en inversiones relacionadas con la bolsa de valores y el treinta por ciento restante en bonos.

Obviamente, cuanto más mayor sea, más pequeña será su inversión en bolsa. (Según la regla, una persona de 50 años debería tener el sesenta por ciento de sus activos en valores, mientras que una de 30 debería tener el ochenta por ciento.) Esto tiene su lógica: cuanto más cerca está uno de la edad de la jubilación, menos riesgos quiere correr.

Aunque este proceso pueda parecer simplista, la verdad es que lo utiliza mucha gente y está basado en una teoría creada por un erudito, el doctor Harry Markowitz, al que le concedieron el Premio Nobel de economía por su trabajo sobre la teoría moderna de la cartera de valores.

Una vez haya determinado el porcentaje de acciones y de renta fija tendrá que calcular más específicamente qué tipos de inversiones debería hacer en cada una de las categorías. Para ello, debería hablar con algún experto. Para empezar, sin embargo, aquí tiene algunos ejemplos que puede utilizar como guía básica para crear su propio plan.

CREE EL MODELO DE CARTERA QUE MEJOR ENCAJE CON SUS OBJETIVOS Y VALORES

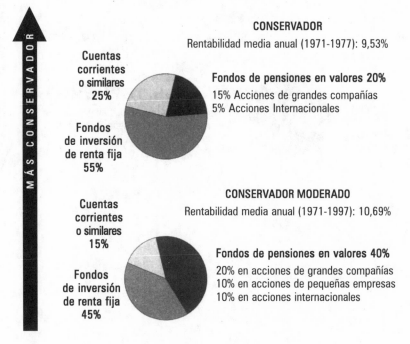

MÁS CONSERVADOR

CONSERVADOR
Rentabilidad media anual (1971-1977): 9,53%

Cuentas corrientes o similares 25%

Fondos de pensiones en valores 20%
15% Acciones de grandes compañías
5% Acciones Internacionales

Fondos de inversión de renta fija 55%

CONSERVADOR MODERADO
Rentabilidad media anual (1971-1997): 10,69%

Cuentas corrientes o similares 15%

Fondos de pensiones en valores 40%
20% en acciones de grandes compañías
10% en acciones de pequeñas empresas
10% en acciones internacionales

Fondos de inversión de renta fija 45%

MODERADO

Rentabilidad media anual (1971-1997): 11,55%

Cuentas corrientes
o similares
10%

Fondos
de inversión
de renta fija
30%

Fondos de pensiones en valores 60%

30% en acciones de grandes empresas
15% en acciones de pequeñas empresas
15% en acciones internacionales

AGRESIVO MODERADO

Rentabilidad media anual (1971-1998): 12,17%

Cuentas corrientes
o similares 5%

Fondos
de inversión
de renta fija
15%

Fondos de pensiones en valores 80%

35% en acciones de grandes empresas
20% en acciones de pequeñas empresas
25% en acciones internacionales

AGRESIVO

Rentabilidad media anual (1971-1997): 12,61%

Cuentas corrientes
o similares 5%

Fondos
de inversión
de renta fija
0%

Fondos de pensiones en valores 95%

40% en acciones de grandes empresas
25% en acciones de pequeñas empresas
30% en acciones internacionales

GRESIVO

¿Y si invierto en las acciones de mi propia empresa?

Si está inscrito a un plan de pensiones tradicional, su empleador le permitirá invertir todos o parte de sus fondos de jubilación en las acciones de su propia compañía. (En general, esta opción sólo será válida si trabaja para una empresa cotizada en bolsa.) De todas formas antes de hacerlo mejor será que haga alguna investigación. Igual que ocurre con cualquier compra de acciones, en primer lugar debería determinar si la empresa está funcionando bien y cuáles son sus perspectivas a largo plazo.

Encontrar las respuestas a estas cuestiones no tendría que ser demasiado difícil. En primer lugar, contacte con el departamento encargado de las relaciones con los inversores. Las empresas que cotizan en bolsa casi siempre contratan personal especializado para que responda a las cuestiones de los inversores. Podría también pedir que le enviaran los informes anuales.

Además de los informes la propia actitud de sus compañeros podría serle también muy útil. ¿Compran acciones de la empresa los empleados? ¿Y su jefe? Pregúnteselo. En las buenas empresas, la respuesta suele ser un sí rotundo. Por último pregúntese a sí mismo qué opinión tiene de la empresa. ¿Es honrada? ¿Están contentos con ella los clientes? ¿Tiene la dirección una estrategia coherente para el futuro?

Si de repente descubre que su empresa no funciona del todo bien y que nadie está comprando acciones porque es tirar el dinero, el tema de cambiar su estrategia de inversión pasará a ser lo que menos le preocupe. Empiece a reconsiderar por qué seguir trabajando en esa empresa. Quizá le convendría más recuperar su currículum y buscar un nuevo empleo antes de que algún tipo de reestructuración corporativa le anuncie que le van a despedir.

> UN CONSEJO DE CINCO ESTRELLAS: *Por mucha confianza que tenga en las expectativas a largo plazo de su empresa, mi consejo es que nunca debería poner más del cincuenta por ciento de sus fondos de jubilación en sus acciones. Después de todo, incluso las empresas más importantes se tambalean de vez en cuando. Una inversión del cincuenta por ciento en acciones es más que suficiente; le permitirá participar en el crecimiento de su empresa protegiéndose a la vez a sí misma por si de repente la empresa empezara a cojear.*

REGLA Nº2
Aprovéchese del dinero que su empresario pueda darle gratuitamente.

En mucho casos, los empresarios complementan sus aportaciones a los planes de jubilación con aportaciones propias. Estas contribuciones «de equilibrio» como ellos las llaman, normalmente representan el veinte por ciento de lo que usted aporta a la cuenta y a veces llegan hasta el cien por cien. Imaginemos por ejemplo que usted trabaja para una compañía que iguala el cincuenta por ciento de sus aportaciones. Si usted gana 50.000 dólares anuales y maximiza sus aportaciones a la cuenta de jubilación, estará apartando por lo menos 5.000 dólares anuales para su jubilación. Pero además de esto está el cincuenta por ciento de contribución que hace su empleador, es decir 2.500 dólares. Así que en sólo un año usted habrá aportado 7.500 dólares, y esto sin contar los incrementos de las inversiones que su fondo haya experimentado durante ese año.

Lo que es especialmente fantástico de todo esto es que ahora usted tiene 7.500 dólares que en realidad no le han costado ese dinero. Ni siquiera le han costado los 5.000 dólares con los que usted contribuyó a su plan de jubilación. ¿Por qué no? Porque si no hubiera puesto esos 5.000 dólares en su cuenta de jubilación antes de impuestos, hubiera tenido que entregar cerca de 1.500 dólares de esa cantidad al gobierno en forma de impuestos sobre la renta. Lo que esto quiere decir es que en realidad esa inversión que ha realizado de 7.500 dólares le ha costado sólo 3.500. Esto equivale al cien por cien de rendimiento sobre su inversión en sólo el primer año –y en este caso también sin contar ningún crecimiento de las inversiones–. Pongamos que usted disfruta de un rendimiento del quince por ciento en un año (no demasiado irreal si tenemos en cuenta la actuación del mercado de valores durante los pasados años). El quince por ciento de 7.500 dólares es 1.125, lo cual se añadiría a su saldo quedando éste en 8.625 dólares. Por tanto, con una inversión de simplemente 3.500 dólares ¡ha conseguido más de 5.000! Y esto sólo en un año. ¿Ve como puede ser divertido?

UN CONSEJO DE CINCO ESTRELLAS: *No cometa el tremendo error de aportar sólo el porcentaje de su sueldo que su empresa vaya a igualar. Mucha gente cree que al hacerlo está actuando muy inteligentemente. Pero no es verdad. La razón de maximizar las aportaciones a su cuenta de jubilación es construir un futuro financiero seguro y evitar los impuestos. Lo que su empresa quiera aportar es irrelevante. Si resulta que su empleador quiere añadir algún dinero a su aportación, esta será la guinda que corona la tarta. Pero usted es quien tiene que hornear la tarta, lo cual quiere decir ¡maximizar sus aportaciones!*

REGLA Nº3

No pida prestado a su plan de jubilación.

Muchos planes de jubilación permiten pedir dinero prestado de la cuenta –es decir, coger dinero sin tener que pagar impuestos o multas– siempre que lo devuelva con intereses. Esto aunque parezca un buen negocio, no lo es, así que no lo haga. El dinero que usted aparta para su jubilación no es más que eso, dinero para su jubilación.

La gente que pide prestado dinero de sus planes para pagar una casa o los gastos universitarios, o lo que es peor, para saldar la deuda de su tarjeta de crédito, está complicándose la vida. ¿Por qué? Porque en algún momento va a tener que devolver el dinero y cuando llegue ese momento, a lo mejor se encuentra con que no puede hacerlo. Y entonces se habrá metido en un gran lío.

Una vez tuve a una clienta llamada Sally que hacía poco que había dejado su trabajo porque su jefe la acosaba sexualmente. En cuando dejó la compañía, recibió una carta pidiéndole que retirara todos sus ahorros para la jubilación del plan de la compañía. (Como ya no era una empleada, la compañía tenía todo el derecho a hacerlo.) Para ello, Sally tenía que o bien transferir el dinero a una cuenta de jubilación individual (IRA) o retirarlo en efectivo (lo cual implicaba pagar impuestos e incurrir en el diez por ciento de penalización).

Normalmente no hubiera tenido que ser un problema, pero Sally estaba en apuros. Un año antes había pedido prestados 15.000 dólares al plan de pensiones para poder pagar la deuda de su tarjeta de crédito, y todavía no podía devolver el préstamo. Por desgracia, si no devolvía el dinero antes de dejar el plan, la Dirección General de Tributos podría considerar el préstamo una distribución prematura de la cuenta de jubilación individual y por tanto tendría que pagar impuestos y multas.

Desesperada, Sally intentó pedir prestado el dinero al banco, pero le dijeron que no. Recurrió a sus padres. Ellos tampoco podían ayudarla. Al final Sally tuvo que pagar impuestos sobre los 15.000 dólares que había pedido prestados, además de un diez por ciento de multa. La factura ascendió a más 7.000 dólares. Como era insolvente, Sally tuvo que negociar con la Dirección General de Tributos. Ésta acabó dejándole que pagara su deuda a plazos. Todo ello fue la consecuencia de haber pedido prestado dinero al plan.

El tema es que nadie sabe qué le va a deparar el futuro. El plan de pensiones debería ser el último lugar al que recurrir en caso de necesitar dinero. Si puede, no toque su dinero de la jubilación hasta que tenga que jubilarse.

REGLA Nº4
Consolide sus cuentas.

Mucha gente recuerda el consejo de no poner todos los huevos en el mismo cesto, pero muchas veces lo malinterpreta. No poner todos los huevos en una cesta significa diversificar el riesgo, poner su dinero en diferentes tipos de activos, como pueden ser los diferentes tipos de acciones, de bonos, de fondos de pensiones, y otros vehículos de inversión. No quiere decir que cada año tenga que abrir una cuenta de jubilación individual en un banco o en una empresa de intermediación diferente.

Cada día me encuentro con gente que tiene cuatro, cinco o seis –a veces incluso más de una docena– cuentas de jubilación diferentes. El récord es el de un cliente llamado Ben. Ben siempre había sido lo que llamamos un comprador de certificados de depósito. Cada año pasaba días y días yendo de banco en banco buscando el mejor tipo de interés sobre el depósito para su nueva cuenta de jubilación individual. El problema era que estaba tan obsesionado en «comprar» su siguiente cuenta de jubilación que nunca se paró a pensar en los intereses desastrosos que estaban ganando sus antiguas cuentas. (Aquellos tipos de interés «increíbles» sólo duraban un año; cuando sus certificados de depósito «con prima» maduraban, el banco los transfería a nuevos certificados que no le pagaban tanto.) Cuando hablé con él resultó que tenía más de 160.000 dólares en certificados de depósito en 18 bancos diferentes y ganaba un promedio de menos del cinco por ciento anual. Le expliqué que sería mucho mejor que consolidara todos sus certificados en una cuenta de jubilación individual y así administraría mejor su dinero.

El hecho es que es imposible gestionar bien las cuentas de jubilación si resulta que están en muchos bancos diferentes. Si este es su caso, considere la posibilidad de consolidarlas todas en una cuenta de custodia de jubilación individual. Con una única cuenta de jubilación no sólo podrá diversificar sus inversiones, sino que podrá seguirlas más de cerca.

Regla Nº5
Tenga cuidado a la hora de nombrar a los beneficiarios de su cuenta de jubilación.

Me horroriza ver la cantidad de gente bien intencionada que decide hacerse un seguro de vida para proteger sus propiedades y después malinterpreta el consejo de su abogado o se asesora mal.

Muchos abogados aconsejan a sus clientes que acaban de crear un fideicomiso que se aseguren de poner todos sus bienes en él. Como resultado, la gente registra a los beneficiarios de sus cuentas de jubilación a nombre de su fideicomiso. Craso error. Nunca, de ninguna manera, ponga su cuenta de jubilación individual a nombre de un fideicomiso ni ponga a un fideicomiso como beneficiario de su cuenta de jubilación. Si lo hace, su cónyuge perderá la posibilidad de hacer lo que se denomina una transferencia a la cuenta de jubilación individual a nombre del cónyuge gracias a la cual la viuda puede quedarse la cuenta de jubilación de su difunto marido y ponerla a su nombre, sin tener que pagar impuestos sobre ella hasta que empiece a retirar dinero (presumiblemente cuando llegue a la edad de la jubilación). Si el marido ha transferido la propiedad de su cuenta a un fideicomiso la mujer no podrá quedarse con ella en caso de que él muera; sino que la cuenta irá al fideicomiso y empezará a pagar impuestos. (Si usted es soltera y pone su cuenta de jubilación a nombre de un fideicomiso también está limitando la posibilidad de que sus hijos o hermanos disfruten de los beneficios libres de impuestos de sus ahorros de la jubilación.)

Por la misma razón, no debería poner a un fideicomiso como beneficiario de ninguna de sus cuentas de jubilación. Hacerlo podría ser una catástrofe. Recuerdo el caso de Diana, una mujer que acababa de quedarse viuda y que vino a verme al despacho horrorizada después de escuchar en una clase lo que acabo de contar. Diana acababa de perder a su marido por culpa de un cáncer. Con el fin de ordenar todos los asuntos económicos antes de que él muriera, visitaron juntos una empresa de intermediación, la cual les refirió a un abogado que creó un fideicomiso para ellos. El abogado, me contó Diana, les había recomendado que pusieran al fideicomiso como beneficiario del plan de pensiones que tenía el marido.

Cuando oí eso tragué saliva y le pregunté cuánto dinero había en el plan.

Me contestó que su marido había acumulado cerca de medio millón de dólares.

«Bien –dije–, entonces, usted tiene un problema potencial de 250.000 dólares.»

Eso era el dinero que probablemente iba a perder en impuestos, por culpa del mal asesoramiento de su abogado. Pero no sólo iba a tener que pagar el error del abogado. Diana sólo tenía 38 años, es decir que todavía le quedaban casi veinte años para su jubilación. Si calculáramos todo el dinero que iba a dejar de ganar durante las próximas dos décadas porque no iba a poder seguir aplazando los impuestos sobre el resto del dinero que su marido tenía en el plan, nos daría una pérdida total de cerca de 500.000 dólares. Un error realmente caro.

Diana me miró desesperada y me preguntó si yo podía hacer algo. Telefoneé a su abogado y descubrí que el hombre había creado más de cien fideicomisos ese mismo año y dando siempre el mismo mal consejo. No sabía que estaba haciendo mal hasta que yo se lo dije.

Afortunadamente para Diana, había una solución a su problema. Conseguimos que el fideicomiso declinara el dinero del plan de su difunto marido y gracias a ello Diana pudo hacer una transferencia de la cuenta de jubilación individual a nombre del cónyuge tal y como tiene que hacerse.

La moraleja de esta historia es doble: Vigile dónde va a pedir asesoramiento legal, y tenga cuidado con quién pone de beneficiario de su cuenta de jubilación. Si deja su cuenta de jubilación a un fideicomiso tendrá que pagar impuestos. Lo que usted y su marido deberían hacer es dejar sus cuentas a nombre del otro y después a nombre de sus hijos. Como cónyuge, el que viva más podrá hacer una transferencia de la cuenta de jubilación individual a nombre del cónyuge y después, cuando los hijos hereden la cuenta, podrán decidir cómo quieren retirar el dinero.

Si su marido ha estado casado anteriormente, mejor será que se asegure de que su ex mujer no esté como beneficiaria de ninguna de sus cuentas de jubilación. Más de una vez me he encontrado con este caso, y no sólo de las cuentas de jubilación ¡sino de las pólizas de seguros también!

Además, debería asegurarse también de que tiene un «beneficiario eventual» en su cuenta de jubilación, es decir, un segundo beneficiario en caso de que el primero muera antes (o al mismo tiempo).

Por ejemplo, imaginemos que usted está casada y tiene hijos, y que de repente en un accidente de coche mueren usted y su marido. Si ha nombrado a sus hijos beneficiarios eventuales de su cuenta de jubilación, ellos automáticamente pasarán a controlar el dinero de su jubilación (podrán entonces dejar el dinero en la cuenta durante cinco años o disponer una distribución mínima anual según sean sus esperanzas de vida; en cualquier caso, se mantendrán los beneficios de los impuestos de la cuenta. Si, por el contrario, no hubiera nombrado beneficiarios a sus hijos, los tribunales se verían obligados a distribuir sus cuentas, lo cual quiere decir que tendrían que pagar impuestos.

REGLA Nº6
Llévese siempre consigo el dinero de su jubilación.

Cuando deje una compañía en la que ha estado contribuyendo a un plan de pensiones, no olvide llevarse su dinero. Informe inmediatamente al departamento de personal de que desea realizar una transferencia de su cuenta de jubilación individual. Esto quiere decir que su empleador transferirá sus fondos de la jubilación o bien a una nueva cuenta de custodia que haya abierto en algún banco o empresa de intermediación, o al plan de pensiones de su nuevo empleador (suponiendo que haya uno y éste acepte dinero de otros planes).

Dejar los fondos en un plan antiguo podría ser un desastre. En caso de que usted muriera, su beneficiario tendría que volver a su antigua empresa para recuperar su dinero. Este proceso puede llevarle meses —en muchos casos hasta un año— y es posible que el dinero empiece a pagar impuestos antes de que el beneficiario lo recoja. De lo contrario, si cambia su dinero a una cuenta de jubilación individual, todo lo que su beneficiario tendrá que hacer es llevar su certificado de defunción a su banco o a la empresa de intermediación, y la cuenta de jubilación será transferida a su propia cuenta —libre de impuestos— en sólo tres días.

Otra razón para no dejar su dinero en un plan de un antiguo empleador es que las compañías están constantemente cambiando de proveedores del plan de pensiones. Si su antigua compañía cambia los planes, su dinero tendrá que ser transferido a un nuevo plan, y si por alguna razón la empresa no le encuentra (por ejemplo, porque se haya trasladado de país) no podrá decirles cómo quiere que inviertan sus fondos en el nuevo plan. Puesto que la empresa no recibe instrucciones de su parte, lo más normal es que acabe aparcando su dinero en un fondo del mercado monetario a bajo interés, con el que dejaría de ganar hasta miles de dólares. No pierda el control de su dinero. Haga una transferencia de su cuenta y llévese consigo el dinero cuando deje la compañía.

REGLA Nº 7
No se escamotee a sí misma.

Haga lo que haga en su vida financiera, por favor tómese en serio la planificación de su jubilación. Ya sé que todo esto le suena a sermón, pero como ya he dicho antes, no hay nada que vaya a tener más impacto en su seguridad económica futura como el maximizar sus aportaciones a una cuenta de jubilación y después asegurarse de que su dinero trabaja duramente por usted.

El hecho es que si usted no está ya maximizando sus aportaciones a su cuenta de jubilación –tanto si se trata de un plan esponsorizado por su empresa, o una cuenta de jubilación individual, o una cuenta de jubilación para trabajadores autónomos– está viviendo por debajo de sus posibilidades. No estoy intentando ser severo, simplemente quiero despertarle a la realidad. Contribuir a un plan de jubilación no es un lujo, ¡es una necesidad! Por favor concédase a sí misma la posibilidad de jubilarse cuando lo desee y con suficiente dinero para tener la diversión que se merece.

La tercera cesta: La cesta de los sueños

Imaginemos por unos momentos que tenemos una lámpara mágica con un genio dentro. Como todos sabemos, los genios están obligados a concedernos tres deseos. ¿Cuáles serían los suyos? Si pudiera tener –o ser– lo que quisiera, ¿qué desearía?

Por muy tonta que parezca la pregunta, en realidad está indagando sobre algo muy importante: ¿qué sueños no se están realizando? ¿Está deseando ver mundo? ¿Dejar su trabajo? ¿Empezar su propio negocio? ¿Trabajar en una institución benéfica?

Uno de los hechos más tristes de la vida es que mucha gente deja de soñar cuando se hace mayor. Por muy mal que nos sepa decirlo, la principal razón de ello es el dinero. Para muchos, el dinero es necesario para hacer realidad sus sueños, y normalmente no lo tienen. Sin tener ese recurso necesario, muchos acaban frustrándose y por tanto dejan de soñar.

Éstas son las malas noticias, las buenas son que no tiene por qué ser así. Usted *puede* hacer realidad sus sueños... y para ello no necesita una lámpara mágica o un número de lotería (su equivalente de los tiempos modernos). Tampoco tendrá que limitarse a sólo tres sueños.

Para hacer realidad sus sueños, sólo tendrá que hacer dos cosas: identificar cuáles son sus sueños y crear un plan para financiarlos. Por obvio que parezca, déjeme que le diga que mucha gente no lo hace.

No obstante, las Mujeres Inteligentes, no son como la mayoría de la gente. Así pues, empecemos...

Recupere su optimismo inocente

¿Sabe por qué tantas personas juegan a la lotería? Porque por muy poco dinero tienen una oportunidad de soñar. Por desgracia, esa oportunidad es lo único que consiguen. La realidad es que uno tiene muchas más posibilidades de que le dé un rayo que de que le toque la lotería.

Aunque muchos de nosotros lo sabemos, seguimos jugando. Esto demuestra lo poderosa que es nuestra necesidad de soñar. Los sueños nos dan energía. Añaden pasión a nuestras vidas. Difícilmente nos deprimiremos si estamos excitados por el futuro, y esto es precisamente lo que hacen los sueños: nos hacen creer que el futuro va a ser mejor que el presente.

Recuerde por unos momentos, si puede, cómo era su vida cuando era una niña. ¿Puede recordar algún momento en su vida en el que pensara que iba a tener y a ser lo que quisiera? ¿Recuerda cómo se sentía cuando no tenía que preocuparse por las facturas ni tenía responsabilidades familiares? Intente imaginárselo un momento. Imagine que usted es una niña que puede tener o ser todo lo que quiera. ¿Qué sería? ¿Qué tendría?

Intente profundizar más en estas cuestiones ahora que en el tercer paso, cuando intentaba averiguar cuáles eran sus objetivos en la vida. No estamos hablando de ganar un diez por ciento más o de perder diez kilos. Estamos hablando de *sueños*. ¿Le gustaría ver las Pirámides de Egipto? ¿Le gustaría estudiar arte en París? ¿Crear una asociación para mujeres maltratadas?

Recuerde que está intentando ser joven e imaginativa como cuando era una niña, y no convencional y estresada como es habitual. (¡Estoy bromeando!) En serio, ¿qué le gustaría que ocurriera en su vida? ¿Qué le falta? ¿A dónde quiere llegar? Quizá su sueño sea tener su propia casa. O dejar de ir al trabajo durante un mes y no tener siquiera que telefonear. Quizá le gustaría escribir un libro.

Sean cuales sean sus sueños, me gustaría que los escribiera en una hoja de papel. En la siguiente Hoja de Sueños, escriba sus cinco sueños favoritos. Si no tiene tiempo para hacerlo ahora, busque un momento más adelante para encontrarse consigo misma y elaborar la lista. Sí, eso es, quede consigo misma y resérvese entre 30 y 60 minutos para escribir los sueños que más le excitan. Y no me venga con excusas. Sus sueños bien se merecen media hora de su tiempo.

SUEÑOS

¡Diseñar y poner en práctica el factor diversión!

Este ejercicio tiene dos partes:

- Diez espacios en blanco para que escriba sus sueños favoritos.

- Un formulario en el cual tiene que especificar los cinco sueños más importantes de toda su vida.

Pasos:

- En esta página, en los diez espacios que hay a continuación, escriba los sueños que le gustaría realizar a lo largo de toda su vida.

- En la página siguiente, especifique:

    1. Los cinco sueños más importantes
    2. Los detalles de los sueños
       (Por ejemplo, ¿cuánto me costaría?)
    3. Acción inmediata en las próximas 48 horas
    4. Con quién compartirá sus sueños
    5. Qué valores le ayudarán a conseguirlos
    6. Con qué retos se enfrentará
    7. Estrategias para superar esos retos

1.   6.

2.   7.

3.   8.

4.   9.

5.   10.

Los cinco sueños más importantes	Los detalles de los sueños	Acción inmediata en las próximas 48 horas	Con quién compartirá sus sueños	Qué valores le ayudarán a conseguirlos	Con qué retos se enfrentará	Estrategias para superar esos retos
1						
2						
3						
4						
5						

Haga que sus sueños formen parte de su vida

En cuanto haya escrito sus cinco sueños preferidos, lo que tiene que hacer a continuación es dedicar unos momentos a pensar qué va a necesitar para que se hagan realidad. ¿Cuánto dinero necesitará? ¿Cuánto tiempo va a necesitar para ahorrar esa cantidad?

Cuando más concretos sean sus sueños, más fácil le va a ser calcular cuánto dinero necesitará para que se hagan realidad. La clave para conseguir algo en la vida está en ser específico. Si sabe exactamente cuánto dinero va a necesitar, podrá determinar qué cantidad tiene que ahorrar cada mes. Ahorrando una cantidad de dinero al mes, tendrá la sensación de que su sueño está cada vez más cerca, y por tanto se sentirá más ilusionada con su futuro.

¿Y SI AHORA MISMO NO TENGO NINGÚN SUEÑO EN CONCRETO?

Normalmente sugiero a mis clientes que pongan dinero en una cesta para los sueños, tanto si los tienen como si no. Después de todo, el que una persona no tenga ningún sueño en este preciso momento no quiere decir que nunca lo vaya a tener. Y ¿verdad que sería maravilloso tener dinero ahorrado en la cesta de los sueños cuando alguno surgiera (que inevitablemente surgirá)?

A veces los sueños no son lo que esperamos. En una ocasión sugerí a una clienta mía que se llamaba Lisa que empezara a ahorrar para la cesta de los sueños aunque en realidad no tenía ninguno en mente. Seis meses más tarde el perro de Lisa, Brandi cayó gravemente enfermo. Sin una operación que costaba unos 1.500 dólares, Brandi moriría. Lisa recurrió inmediatamente a su cesta de los sueños para coger ese dinero y gracias a eso Brandi es ahora un perro la mar de feliz. Lisa me comentó que «cuando empecé a ahorrar no tenía ni idea de cual era mi sueño, pero cuando Brandi enfermó supe inmediatamente que mi sueño era ayudarle a vivir. Si no hubiera sido por ese dinero que tenía ahorrado, Brandi hubiera muerto. «¡Mi cesta de los sueños permitió que siguiera con vida!»

Cómo provisionar su cesta de los sueños

Su cesta de los sueños es el lugar en donde ahorrar el dinero que necesitará para hacer que sus sueños (aparte del de la seguridad o la jubilación) se hagan realidad. Debería provisionarlo de la misma manera que su cesta de la jubilación, es decir, con un porcentaje fijo de su renta que debería ser aportado automáticamente cada mes a la cesta. Como ya he mencionado anteriormente, hacer que el proceso se realice automáticamente es la mejor manera de asegurar que se haga cada mes. Hay que determinar un plan de inversión sistemático, en el cual una cantidad de dinero determinada o bien es deducida directamente del sueldo o bien es transferida de su cuenta corriente al día siguiente de haber cobrado.

El tamaño de su aportación mensual debería ser determinado en función del coste de sus sueños. Como regla empírica, debería ser por lo menos el cinco por ciento de sus ingresos después de impuestos (lo cual representa mucho menos que el doce por ciento de los ingresos de impuestos aplazados que debería poner en su cesta de la jubilación). Aunque el cinco por ciento de sus ingresos después de impuestos no sea una cantidad enorme, es más que suficiente para crear un vehículo de ahorros a largo plazo bastante importante. No hace falta decir que si sus sueños son de una variedad especialmente cara, debería ahorrar un porcentaje mayor de su renta. La clave aquí está en darse cuenta de que es cosa suya: cuanto más dinero ahorre, antes se harán realidad sus sueños.

La manera de ahorrar el dinero dependerá de cuánto tiempo espera que pase hasta estar preparada para hacer realidad sus sueños. Algunos sueños requieren uno o dos años de planificación y ahorro; otros, pueden requerir media vida. En las siguientes páginas, comentaré una serie de vehículos de inversión diferentes y explicaré cuáles son los más adecuados para un período de tiempo y otro.

Para simplificar las cosas (y ciertamente no hay por qué hacerlas más complicadas de lo que en realidad son), debería pensar en sus sueños en función de cuánto tiempo probablemente tardará en hacerlos realidad. De manera específica, debería clasificarlos como sueños a largo plazo, a medio plazo y a corto plazo. Los sueños a corto plazo son los que pueden realizarse en uno o dos años (por ejemplo, poder hacer unas vacaciones de lujo). Los sueños a medio plazo tardarán un poco más en realizarse, digamos entre dos y cinco años (por ejemplo, tener ahorros para poder pagar la entrada de una casa). Los sueños a largo plazo requieren incluso más tiempo que eso. Algunos (como por ejemplo poder dejar el trabajo y trasladarse a vivir a una playa de Tahití) pueden requerir décadas.

Obviamente, no tendrá que provisionar un sueño a corto plazo con una estrategia de inversión a largo plazo. Mis consejos para construir mejor su cesta de los sueños son:

PARA LOS SUEÑOS A CORTO PLAZO
(MENOS DE DOS AÑOS)

Si está ahorrando para financiar un sueño a corto plazo, necesita guardar sus ahorros de la manera más segura y líquida posible. Esto quiere decir invertir en efectivo o similares. Para ello, existen tres tipos de inversiones en efectivo: las cuentas del mercado monetario, los certificados de depósito y las Letras del Tesoro.

Las cuentas del mercado monetario: una cuenta del mercado monetario es un fondo de inversión que invierte en títulos a corto plazo (normalmente Letras del Tesoro). La mayoría de las empresas de intermediación, bancos, cajas de ahorro y cooperativas de crédito los ofrecen –a menudo con unos beneficios como una tarjeta de débito que uno podrá utilizar para obtener dinero en efectivo de un cajero automático–. Para abrir una cuenta del mercado monetario generalmente se necesita una inversión mínima de 500 dólares, y actualmente el tipo de interés suele rondar el 5,5 por ciento anual. (Algunas cuentas pagan solamente el uno por ciento y además no ofrecen ningún beneficio adicional. Asegúrese por tanto de buscar bien.) Son una de las inversiones más seguras que hay.

Los certificados de depósito: son títulos emitidos por el banco que prometen pagarle durante un período de tiempo determinado un índice de rendimiento sobre un depósito que puede oscilar entre los 500 y los 100.000 dólares. Los vencimientos de los certificados de depósito pueden ser tan cortos como un mes o tan largos como diez años; actualmente los índices para los certificados de un año suelen rondar el cinco por ciento. Su desventaja es que si uno necesita retirar el dinero antes de la fecha de vencimiento tendrá que pagar una penalización que en algunos casos podría ser tan elevada como la mitad de los intereses que se supone tenía que ganar. (Los mercados monetarios, por el contrario, siempre son inmediatamente disponibles, sin ninguna penalización.) Por esta razón, si usted puede encontrar una cuenta del mercado monetario que le ofrezca un rendimiento mejor que el de un certificado de depósito de un año, ni se plantee comprar un certificado.

UN CONSEJO DE CINCO ESTRELLAS: *Los certificados de depósito pueden comprarse a través de las empresas de intermediación y también de los bancos. La ventaja de comprarlos a través de las primeras es que el certificado de depósito es líquido, lo cual quiere decir que puede ser prematuramente vendido sin incurrir en ningún tipo de penalización. Tendrá que pagar una pequeña comisión, pero ésta no será ni mucho menos como la impresionante penalización que el banco le cargaría.*

Las Letras del Tesoro: Emitidas por el gobierno, las Letras del Tesoro son títulos de renta fija que pueden comprarse o bien directamente al Ministerio de Economía y Hacienda, o a través de un banco o una empresa de intermediación. La principal diferencia entre una Letra del Tesoro y un certificado de depósito es que técnicamente las Letras del Tesoro no pagan interés. En lugar de eso, son emitidas a un precio reducido y después podrán ser rescatadas al precio total (conocido como valor nominal) cuando venzan. Por ejemplo, si el índice de una Letra del Tesoro de un año resulta ser el cinco por ciento, usted pagaría 9.500 dólares por un certificado que un año después podría rescatar por 10.000 dólares.

Hay muchas razones que explican por qué a la gente le gustan tanto las Letras del Tesoro. Por ejemplo, porque son respaldadas por «la confianza y el crédito del gobierno de», lo cual las convierte en las inversiones prácticamente más seguras que uno puede realizar. Por último, si uno las compra a través de un *broker*, las Letras del Tesoro podrán ser vendidas en el mismo momento de dar el aviso de venta simplemente haciendo una llamada telefónica y podrá recoger el dinero en un plazo de tres días. (Igual que ocurre con los certificados de depósito de las empresas de intermediación, no hay que pagar ninguna penalización por vender las Letras antes de su vencimiento, aunque sí que habrá que pagar una pequeña comisión.)

UN CONSEJO DE CINCO ESTRELLAS: *Como resultado de las modernas telecomunicaciones, ahora es mucho más fácil que nunca comprar Letras del Tesoro y bonos directamente al gobierno.*

PARA LOS SUEÑOS A MEDIO PLAZO
(DE DOS A CINCO AÑOS)

Dado que el período de tiempo es un poco más largo, la liquidez en este caso debería ser menos problema para los sueños a medio plazo que para los de corto plazo. Lo mismo ocurre con la seguridad. Puesto que tendrá un poco más de tiempo para jugar, podrá arriesgar un poco más –lo cual quiere decir que podrá esperar más recompensa–. Tampoco arriesgue demasiado, la idea después de todo es proteger su dinero, no jugar con él.

Teniendo esto en cuenta, yo suelo recomendar que el dinero para los sueños a medio plazo se invierta en bonos. Aunque los bonos sean un poco menos líquidos y más arriesgados que las inversiones en efectivo, no por ello dejan de ser relativamente seguros y además pagan mejor interés.

Un bono es esencialmente un pagaré; cuando usted compra uno, está literalmente prestando dinero al emisor (normalmente un organismo público o el Estado). El bono especifica cuándo se le devolverá el dinero (la fecha de vencimiento) y cuánto interés le pagarán entretanto (generalmente en dos plazos al año).

Los bonos suelen ser emitidos en incrementos de 1.000, 5.000 o 10.000 dólares. Los vencimientos pueden variar entre uno y treinta años. Cuanto más corto el período, menos riesgo para el comprador del bono, y más bajo el tipo de interés.

Se puede invertir en cientos de bonos diferentes, desde los muy seguros bonos del gobierno, hasta las obligaciones o bonos «basura» de alto rendimiento.

Obligaciones de empresas: Mientras que la deuda pública está respaldada por el gobierno, una obligación de empresa no es más sólida que la empresa en particular que la emite. Esto no quiere decir que no haya obligaciones de empresas muy seguras. Las hay. Pero también hay otras muy arriesgadas. Antes de comprar una obligación, debería comprobar la puntuación que ha recibido de una de las firmas de valoración importantes, como es Standard & Poor's o Moody's (véase el gráfico que figura a continuación). En The Bach Group, casi nunca compramos obligaciones de nuestros clientes que hayan recibido una clasificación por debajo de A. Evidentemente, cuanto mejor clasificada esté la empresa, más bajo será el tipo de interés. (Para vender sus bonos, las compañías más poderosas no necesitan ofrecer tanto interés como las otras.) Pero no importa. El interés extra que usted pueda ganar de un bono de tipo inferior no justifica el riesgo extra que correría. Actualmente, los tipos varían entre el cinco y el diez por ciento, según la credibilidad de la empresa y el vencimiento del bono.

Los tipos de interés hacen fluctuar los precios de los bonos

La mayoría de los bonos son líquidos, es decir, usted no tendrá que esperar a que venzan para poder recuperar su dinero. Aunque probablemente no conseguirá que la empresa que ha emitido su bono le pague antes de que éste venza, siempre podrá vender el bono a otro inversor. Evidentemente no hay garantías de que éste le vaya a dar el mismo precio que usted pagó por él en su momento. Los precios de los bonos en un momento determinado dependen del nivel general de los tipos de interés. Si los tipos han subido desde que fuera emitido su bono, probablemente tendrá que venderlo con un poco de descuento. Por otro lado, si los tipos han bajado, su bono será probablemente vendido a un precio mejor.

Dos empresas reconocidas que asignan grados de solvencia estimados a las empresas son *Moody's* y *Standard & Poor's*.

A continuación figuran sus grados de inversión clasificados en niveles que reflejan la calidad del crédito de un aspecto determinado:

CLASIFICACIÓN/CALIDAD	MOODY'S	S&P
Grado más elevado	Aaa	AAA
El grado más bajo de riesgo de la inversión		
Grado elevado	Aa1	AA+
Un poco más de riesgo	Aa2	AA
que el grado superior	Aa3	AA −
Grado medio superior	A1	A+
El interés y lo principal es seguro,	A2	A
pero no libre de riesgo.	A3	A−
Grado medio	Baa1	BBB+
La seguridad es adecuada,	Baa2	BBB
pero susceptible a las condiciones	Baa3	BBB−
económicas cambiantes.		

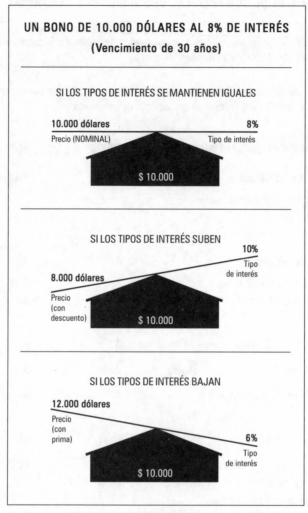

UN BONO DE 10.000 DÓLARES AL 8% DE INTERÉS
(Vencimiento de 30 años)

SI LOS TIPOS DE INTERÉS SE MANTIENEN IGUALES

10.000 dólares   8%
Precio (NOMINAL)   Tipo de interés

$ 10.000

SI LOS TIPOS DE INTERÉS SUBEN

10%
Tipo
de interés
8.000 dólares

Precio
(con
descuento) $ 10.000

SI LOS TIPOS DE INTERÉS BAJAN

12.000 dólares

Precio
(con
prima)   6%
                              Tipo
$ 10.000   de interés

Por supuesto, nada de esto es importante en el caso de que mantenga su bono hasta su fecha de vencimiento. Suponiendo que la empresa que emitió su bono siga siendo solvente, usted cobrará el importe total independientemente de cuáles sean los tipos de interés o cómo esté funcionando el mercado.

La manera más simple de invertir en bonos

Para una persona que no sea experta una de las maneras más simples de invertir en bonos es a través de un fondo de inversión de renta fija. Las ventajas de este método son numerosas. No sólo están gestionados por profesionales, sino que además son diversificados; un fondo típico puede poseer literalmente cientos de bonos diferentes. Además, podrá comprar un fondo de inversión de renta fija con una inversión inicial tan pequeña como 500 dólares, mientras que para comprar un bono individual siempre necesitará más de mil. Y a diferencia de los bonos individuales, los cuales generalmente pagan intereses únicamente dos veces al año, en el caso de los fondos de inversión de renta fija usted podrá solicitar si así lo desea que le paguen los beneficios cada mes.

PARA LOS SUEÑOS A LARGO PLAZO (ENTRE TRES Y DIEZ AÑOS)

Nada ha creado más millonarios que el mercado de valores. Aunque no hay ninguna inversión que sea cien por cien segura, es verdad que las acciones a largo plazo difícilmente bajarán. Como ya he mencionado anteriormente, desde finales de la década de los veinte los valores han generado una media de rendimiento anual del once por ciento. Desde principios de los ochenta, los precios de los valores se han incrementado cerca del quince por ciento al año.

Son las estadísticas como éstas las que le indican que debería poner su dinero para los sueños a largo plazo en el mercado de valores. Es verdad que las acciones son más arriesgadas que las cuentas corrientes o los bonos, pero si usted puede esperar a los inevitables descensos del mercado –y si está ahorrando para los sueños a largo plazo, tendría que poder esperar– las acciones a largo plazo son las mejores inversiones que usted pueda realizar.

¿Qué es una acción?

Cuando usted compra una acción está comprando una parte de una empresa. (El tamaño de la parte que compra dependerá de la cantidad de acciones que compre.)

Existen dos maneras de hacer dinero a partir de la compra de acciones. La manera más obvia consiste en comprar una acción a un precio relativamente bajo y después esperar a que se revalúe. Por otra parte, algunas empresas pagan dividendos sobre sus acciones distribuyendo parte de sus beneficios entre sus accionistas.

Existen tres maneras de invertir en acciones. Comprando acciones individuales directamente o invirtiendo a través de un fondo. Para simplificarle las cosas a usted, el inversor, voy a concentrar las inversiones de la cesta de los sueños en fondos mutuos.

10.000 fondos de inversión y siguen creciendo

En la última década ha habido una explosión de las inversiones realizadas en fondos de inversión. La industria de fondos de inversión ha visto como su base de activos crecía de menos de 150 mil millones de dólares a más de 2 billones.

Suelo hacer broma en mis clases cuando digo que cada siete horas nace un nuevo fondo de inversión. Pero esta afirmación no está nada lejos de la realidad. Actualmente existen más de 10.000 fondos de inversión disponibles para los inversores. Aunque estos fondos fueron creados originalmente para simplificar el proceso de inversión, su enorme proliferación nos ha dejado a la mayoría de nosotros más confundidos que nunca. En las siguientes páginas, intentaré aclarar parte de esta confusión.

¿Por qué invertir en un fondo de inversión?

La razón que tendría que considerar a la hora de invertir en un fondo de inversión es que, como inversora, su objetivo tiene que ser ahorrar una cantidad de dinero cada mes independientemente de cómo marche el mundo. ¿Recuerda el concepto de pagarse primero a sí misma del que hablamos en el cuarto paso? Ahora me gustaría sugerirle que también ponga dinero en la cesta de sus sueños automáticamente. Tanto si gana 3.000 como si gana 30.000 dólares al mes, mi objetivo para usted es que aparte cada mes automáticamente una cantidad de dinero que represente un porcentaje específico de sus ingresos. Puede hacerlo muy fácilmente con lo que se conoce como plan de inversión sistemático, un proceso automatizado por el cual se le hace un cargo a su cuenta corriente (normalmente una vez al mes) para provisionar una inversión (normalmente un fondo de inversión).

Sea cual sea la cantidad que usted decida apartar cada mes, debería ir siempre a una inversión. Digamos que después de estudiar bien y analizar cómo y en qué gasta su dinero cada semana, descubre que puede ahorrar 200 dólares cada mes. Si pone automáticamente ese dinero en la cesta de los sueños y su sueño está a cinco años vista, querrá que el dinero crezca. Si pone su dinero en un fondo de inversión que invierte en acciones, inmediatamente empezará a trabajar para usted y un administrador de fondos profesional se dedicará plenamente a invertir sus 200 dólares para que crezcan. Este administrador de fondos de inversión tiene a su disposición los mejores estudios y el mejor apoyo que el dinero puede comprar, y tiene acceso a información que ni usted ni yo tenemos a no ser que queramos dedicar cientos de horas al mes a convertirnos en expertos inversores. ¿Qué posibilidades hay de que usted vaya a dedicar diez horas al mes al mercado de valores para buscar inversiones? Muy pocas, ¿verdad? Pero incluso, aunque quisiera hacerlo y creyera que puede elegir usted misma las acciones, ¿estaría dispuesta ha hacerlo todos y cada uno de los meses? Aunque tuviera 3.000 dólares para invertir cada mes ¿querría invertirlos en sólo un valor cada mes, y después tener que preocuparse por si eligió el valor adecuado? Lo más probable es que quiera hacer otras cosas con su vida. Es por esto que la inversión en fondos de inversión se ha hecho tan popular en la última década.

Hay libros enteros dedicados a la cuestión de cómo elegir un fondo de inversión, así que yo no voy a pretender enseñarle todo lo que tiene que saber sobre la inversión en fondos de inversión en sólo unas páginas. La verdad es que lo mejor sería que contratase a un profesional financiero para que le ayudara en el proceso crítico de la selección y construcción de una cartera de fondos de inversión. Mientras tanto, por eso, le recomiendo una serie de pasos básicos que debería dar.

Yo siempre he pensado que lo mejor es edificar sobre una base. Cuando se trata de fondos de inversión, esto quiere decir que debería proveer su cartera con cinco tipos diferentes de fondos de inversión. Por orden de los que debería comprar primero, desde el más conservador hasta el más agresivo, éstos son: un fondo de desarrollo e ingreso, un fondo de desarrollo, un fondo de valores, un fondo de crecimiento agresivo y un fondo global.

Los fondos de desarrollo e ingreso. El primer tipo de fondo en el que debería invertir es el que se conoce como fondo de desarrollo e ingreso. Este tipo de fondo invierte generalmente importantes. En el caso de España hablaríamos de empresas como Endesa, Banco Santander, BBVA...

Los fondos de desarrollo. Los fondos de desarrollo invierten en empresas que generalmente no pagan dividendos porque prefieren reinvertir sus carteras en su propio desarrollo y expansión. Las mejores de estas empresas orientadas al desarrollo –como Home Depot, Microsoft, Dell Computers, McDonald's e Intel– suelen disfrutar de un incremento constante (a veces espectacular) en el precio de sus acciones. Los fondos de desarrollo son un poco más arriesgados que los anteriores, pero a largo plazo suelen dar mejores resultados.

Los fondos de valores. Típicamente, un fondo de valor se concentrará en comprar aquellas acciones de grandes y medianas empresas cuyo precio esté por debajo del normal. Normalmente el administrador de un fondo de valores se concentrará en comprar acciones que estén a un precio bajo y que paguen dividendos. A mí me gusta invertir en este tipo de fondos. Si elige el tipo adecuado de fondo de valor, casi siempre conseguirá buenos resultados y correrá poco riesgo. ¡Esto es música para mis oídos!

Los fondos de desarrollo agresivo. Un fondo de desarrollo agresivo invertirá en compañías que son todavía unos bebés esperando crecer. Su potencial para desarrollarse es enorme pero también lo es su potencial para problemas. En última instancia, un fondo de desarrollo agresivo es justamente esto ¡agresivo! Los inversores esperan obtener importantes beneficios pero también están arriesgando mucho más aquí que en los otros tipos de fondos. Yo le sugiero que no invierta más del veinte por ciento de su cesta de los sueños en este tipo de fondo.

Los fondos globales. Cerca del sesenta por ciento de la actividad del mercado de valores del mundo se desarrolla fuera de Estados Unidos. Los fondos globales reflejan este hecho financiero de la vida, invirtiendo tanto en los mercados de Estados Unidos como en los del resto del mundo. En este mundo tan intensamente interconectado de hoy día, usted tiene que tener algún valor global en su cartera. Generalmente recomiendo a mis clientes que inviertan alrededor del quince por ciento del dinero de su cesta de sueños en fondos globales. Así podrán tener una buena exposición a los mercados globales sin arriesgar demasiado.

RENDIMIENTO MEDIO DE LOS FONDOS

Para el período: 31 de diciembre de 1982 - 31 de marzo de 1998

Cartera de inversiones	
Dow Jones 30 Media Industrial comprobada	19,86%
Índice bursátil mixto de Standard & Poor 500	18,75%
Media de fondos de empresas de capitalización media	17,42%
Media de fondos de desarrollo de pequeñas empresas	16,72%
Índice de fondos de desarrollo	16,70%
Índice de fondos de desarrollo e ingresos	16,57%
Índice de fondos internacionales	15,86%
Media de fondos globales	15,67%
Índice de fondos equivalentes	14,20%
Índice de fondos de bonos de renta alta	11,27%
Índice general de fondos municipales	9,21%
Índice general de fondos del gobierno	8,24%
Media de fondos del mercado monetario	4,63%

Fuente: 1998 Lipper Analytical Services, Inc.

La controversia sobre los fondos de inversión que cobran comisión y los que no cobran comisión

Algunas revistas financieras (generalmente aquellas cuyos anunciantes son principalmente empresas de fondos de inversión que no cobran comisión) le dirán que la única manera de invertir en fondos de inversión es a través de lo que denominamos fondos de inversión que no cobran comisión.

Mi objetivo aquí no es criticar a ninguna revista en particular sino señalar que muchas de sus fuentes de información no son objetivas. De hecho, algunas son totalmente parciales. Los fondos de inversión sin comisión ¡no son gratuitos!

Charles Schwab, hombre al que yo admiro y respeto, creó el concepto de «sin cargo» en las inversiones en fondos de inversión casi sin ayuda, para persuadir a la gente de que podía invertir exitosamente sin ayuda de un profesional. Bien, Charles Schwab es un genio del marketing, pero no se hizo millonario repartiendo gratuitamente fondos de inversión. Los fondos sin comisión también valen dinero. De promedio, cuando usted invierte en un fondo sin comisión, está pagando cerca de un 1,5 por ciento en cuotas anuales. Este dinero es deducido del rendimiento del fondo (y es por esto que usted nunca verá el cargo). Esto es lo que cuesta hacer que alguien gestione su dinero en teoría «gratuitamente».

El hecho es que la industria que Charles Schwab creó con fondos de inversión sin comisión está sufriendo un cambio masivo. Durante los últimos cinco años, la gente se ha dado cuenta de que necesita ayuda para administrar sus inversiones. Por tanto, las firmas libres de comisión como Charles Schwab, Vanguard y Fidelity están todas acelerando para dar consejo a sus clientes. Y de hecho no lo hacen porque sea rentable (para ellos es caro contratar asesores o compartir las comisiones con los asesores que ellos recomiendan), sino porque tienen que hacerlo. Los estudios demuestran que la gente está ahora más confundida que nunca sobre el tema de las inversiones, y muchos de los que están invirtiendo por sí mismos no están teniendo demasiado éxito.

Si usted contrata a un profesional financiero para que le ayude a construir su cartera de fondos personalizada en función de sus objetivos y metas –un profesional que le ayude a administrar su dinero el resto de su vida– el coste anual para usted debería estar entre un 1,5 y un 2,50 por ciento del valor total de sus activos (esto incluye las comisiones de los fondos de inversión). ¿Cuánto más le costará contratar a un profesional para que le ayude en lo que es el aspecto más importante de su vida junto con el de su salud? Entre el 0,5 y el uno por ciento de sus activos. Un buen asesor financiero debería ser capaz de calcular el coste de darle un buen asesoramiento, pero además usted podrá dormir mejor por la noche porque tendrá un profesional para ayudarle a tomar las decisiones más inteligentes sobre su dinero.

PARA LOS SUEÑOS VERDADERAMENTE A LARGO PLAZO (DE DIEZ O MÁS AÑOS)

Existen sueños a largo plazo y sueños *verdaderamente* a largo plazo. Pongamos que su sueño es tener una segunda residencia en Hawai, pero no sabe si será posible hasta que sus hijos acaben la universidad, es decir, dentro de diez años. ¿Dónde debería poner mientras tanto el dinero de su cesta de los sueños?

Considere la variable de la pensión vitalicia. Ésta es una de mis maneras favoritas de invertir ese dinero que no voy a necesitar hasta al cabo de una década o más. (Nota: ésta *no* es un substituto de un plan de jubilación. Debería asegurarse de que su cesta de la jubilación esté totalmente llena antes de empezar a poner dinero en una pensión vitalicia.)

Básicamente, las pensiones vitalicias son fondos de inversión con una póliza de seguros envuelta alrededor de ellos. La cubierta del seguro, como se le suele denominar, permite que el dinero que hay en el fondo crezca con el pago de impuestos aplazado. En este caso, las pensiones vitalicias variables son como las cuentas de jubilación individual no deducibles, con dos grandes ventajas: no hay limitaciones de ingresos sobre quién puede comprarlas, y uno puede poner en ellas tanto dinero como quiera.

Las pensiones vitalicias variables se provisionan contribuyendo con dinero después de impuestos, al cual se le permite crecer sin que el gobierno tome su parte anual. Cuando llegue a la edad de la jubilación podrá decidir empezar a retirar su dinero. Al igual que ocurre con las cuentas de jubilación individual, tendrá que pagar impuestos sobre la renta sobre sus distribuciones, pero sólo sobre la porción atribuible al crecimiento de las ganancias de principal y de interés.

Suena a buen negocio ¿no? Pues sí, lo es. El único inconveniente, si así se le puede denominar, es que tendrá que pagar por la cubierta del seguro. Por norma, la comisión del seguro oscila entre el 0,5 y el uno por ciento del valor del activo de la pensión vitalicia. (En otras palabras, si usted ha invertido 100.000 dólares, el seguro le costará entre 500 y 1.000 dólares por año.) Hay gente que lo considera una tremenda desventaja. Yo no estoy de acuerdo. En muchos casos, el dinero que uno ahorra haciendo que sus fondos crezcan con impuestos aplazados, supera de largo este coste extra.

Piense sobre esto un segundo. Digamos que usted tiene 100.000 dólares en un fondo de inversión regular, es decir sujeto a impuestos. Lo más probable es que una cuenta de este tamaño genere alrededor de 7.500 dólares en ganancias de capital y distribuciones cada año. Si usted está en el tramo impositivo del treinta por ciento, esto querrá decir que tendrá que pagar al gobierno 2.250 dólares en impuestos. Por otro lado, si tuviera la misma cantidad de dinero en una pensión vitalicia variable, tendría que pagar entre 500 y 1000 dólares en comisiones del seguro, pero no tendrá que pagar los 2.250 dólares de factura fiscal.

Desde mi punto de vista, no hace falta ser muy listo para decidir entre uno y otro.

Las desventajas de las pensiones vitalicias variables

Muchas pensiones vitalicias imponen lo que se conoce como cargo de venta diferida de siete años. Lo que esto quiere decir es que, si usted vende su pensión o coge alguna distribución de ella en el plazo de siete años desde la fecha de la compra, tendrá que pagar una penalización. Esta penalización empieza por el siete por ciento de la cantidad retirada y desciende un uno por ciento por cada año que pasa hasta los siete años. En ese momento, podrá retirar su dinero sin incurrir en ninguna penalización.

Es por esto que antes de comprar una pensión vitalicia debería pedirle a su asesor financiero que le explicara con detalle si hay algún cargo por venta. Actualmente una buena pensión vitalicia no debería imponer un cargo por venta prematura de más del siete por ciento, y el cargo por las ventas aplazadas debería desaparecer completamente al cabo de siete años.

El punto aquí está en que retirar su dinero de una pensión variable en uno de los primeros años resulta tremendamente caro. Pero recuerde, yo le sugiero que no se plantee nunca comprar una pensión vitalicia variable a no ser que esté segura de que no va a necesitar ese dinero antes de que transcurran por lo menos diez años.

Y por último, el dinero que ponga en una anualidad variable tendrá que estar ahí hasta que usted cumpla 59 años y medio (igual que ocurre con la cuenta de jubilación). Si retira alguna cantidad antes de esa edad, tendrá que pagar una penalización del diez por ciento de impuestos sobre los beneficios. Lo mejor sería que pusiera el dinero en una pensión vitalicia variable siempre que estuviera segura de que no lo va a necesitar en diez años o hasta que se jubile.

No hay nada malo en pedir ayuda

Hemos tratado un montón de cosas en este capítulo. Con todas las recomendaciones que le he dado sobre cómo llenar sus tres cestas, estoy seguro de que su cabeza empieza a darle vueltas. De todas formas recuerde que la planificación financiera en realidad no es tan complicada. Las pequeñas inversiones (que son las que la mayoría de las Mujeres Inteligentes hace) son sólo cuestión de saber qué pasos dar y en qué orden.

El hecho es que tener seguridad económica y poder ahorrar para sus sueños, es algo así como abrir una caja fuerte. Si usted no conoce la combinación nunca podrá abrirla. Por el contrario, si conoce la combinación no habrá caja que se le resista. Ahora ya sabe cuál es la combinación de su seguridad económica. Utilice las herramientas que le he dado, en el orden correcto, y sus sueños financieros se harán realidad.

De la misma manera que creo que cualquier Mujer Inteligente puede controlar por sí misma sus finanzas si se lo propone, también le recomendaría que antes de empezar a invertir pida ayuda a un profesional. El contratar a un profesional no quiere decir que usted sea débil o perezosa o no tenga confianza en sí misma. Es algo así como contratar a un entrenador –y no hay nada de malo en contratar a un entrenador–. La gente que más cosas consigue en el mundo trabaja siempre con un entrenador o guía personal. Por ejemplo, Barbra Streisand. Ella, una de las cantantes más prestigiosas del mundo, también tiene un entrenador personal para su voz. Lo mismo ocurre con el golfista Tiger Woods. Michael Jordan trabaja siempre con entrenadores de baloncesto. Meryl Streep, la brillante actriz ganadora de un Oscar, tiene también profesores de drama y lingüística.

¿Por qué todas esas personas de todos conocidas siguen confiando en los entrenadores? Porque quieren seguir mejorando, y porque un entrenador les puede dar algo que por ellas mismas difícilmente conseguirán (o quizá nunca lleguen a conseguir): un *feedback* preciso y objetivo sobre lo que están haciendo.

Piense usted también en contratar a un profesional. No sólo hará más sencilla la tarea de administrar su dinero sino que si contrata a un buen profesional (y ese es el que debería contratar) probablemente conseguirá mejores resultados que si se encarga usted misma de la administración.

¿Cómo encontrar a un buen asesor financiero? Lo más interesante es que mientras que es muy importante el tipo de persona que contrate, hay muy pocos libros que hablen sobre cómo conseguir a un auténtico profesional. Por haberme dedicado toda mi vida al mundo de las finanzas hay una serie de cosas que conozco por experiencia. Una, si dejara de trabajar en el negocio de las inversiones, no continuaría administrando mi propio dinero. Contrataría a alguien para que lo hiciera por mí, porque al cabo de pocos años de dejar el negocio las leyes y todo lo que está relacionado con las finanzas habrían cambiado tanto que no podría seguir haciéndolo bien al cien por cien. Me vería obligado a buscar un asesor financiero. Con lo que he aprendido hasta ahora, y habiendo administrado mi dinero durante años, aquí tiene algunas normas que yo seguiría si entrevistara a alguien para que me ayudara a gestionar mi dinero. Por muy básicas e incluso obvias que parezcan, mucha gente no las utiliza. Si usted sigue estas normas y las aplica de verdad, estoy seguro de que encontrará a un profesional financiero para que le ayude a usted y a su familia (si la tiene) a tomar las decisiones más inteligentes con respecto a su dinero. Lo que es más importante, podrá contratar al mejor asesor posible y que éste le preste la atención que usted se merece.

Las 14 reglas de oro para contratar a un profesional financiero

---

REGLA Nº1
Vaya donde está el dinero.

La gente rica no se encarga de la administración de su dinero. Por norma, trabaja con profesionales financieros de primerísima categoría. ¿Por qué entonces reinventar la rueda? Vaya a alguien que conozca que sea rico y pregúntele con quién trabaja. No hace falta que sea un íntimo amigo. A lo mejor es el dueño de la empresa para la que usted trabaja. Pregúntele si está satisfecho con el asesoramiento financiero que recibe y por qué. Pregúntele cuánto paga por ese asesoramiento y si le recomendaría a su asesor. Después telefonéele y pregúntele si podrían quedar un día para ver si le contrata para que le ayude a tomar decisiones inteligentes con su dinero.

Seguramente está pensando, «Un asesor de primerísima calidad no trabajará para mí. Yo no tengo millones de dólares». Quizá esté equivocada. Así es como funciona el mundo real. Pongamos por ejemplo que yo tengo una clienta llamada Margaret que tiene una cartera de cinco millones de dólares. Imaginemos también que esta clienta es la propietaria de la empresa para la que usted trabaja y que usted le ha pedido que le recomendara algún asesor financiero. Margaret me telefonea y me pregunta si estaría dispuesto a reunirme con una de sus empleadas que está buscando asesoramiento financiero. Bien, ¿qué tipo de servicio cree que va a recibir? Un servicio que vale un millón de dólares. ¿Por qué? Porque independientemente de cuanto dinero tenga usted, lo que a mí me interesa es que mi clienta de cinco millones de dólares esté contenta.

Así que busque a alguien que tenga mucho dinero y pídale que le recomiende a su asesor financiero. Le garantizo que usted será considerada una clienta de «primera categoría» aunque no tenga mucho dinero que invertir.

REGLA Nº2
Vaya con su primera reunión preparada.

Un profesional verdadero insistirá en que vaya preparada a su primera reunión. Esto quiere decir que le pedirá que lleve copias de los informes de sus inversiones, el patrimonio neto, el desglose de las gastos actuales, y las declaraciones de las rentas más recientes –en resumen, toda esa clase de información que tendrá que tener a mano para realizar los apéndices 1 y 2 del libro. Hay 500.000 personas en Estados Unidos que se llaman a sí mismos asesores financieros. Pero no todos son de la misma calidad. Un profesional que no le pida toda esa clase de información no es el tipo de profesional que le recomendaría.

Si no está preparada para llevar toda esa información en su primera visita, o si tiene reparos de mostrar sus documentos financieros personales a un profesional, probablemente no esté preparada para trabajar con uno de ellos. Se trata de ser realista no de ser violento. Hay gente que no se siente cómoda ni segura al mostrar esta clase de documentos personales a otra persona. Esta clase de gente nunca se sentirá satisfecha por haber contratado a un profesional financiero por muy bueno que éste sea.

REGLA Nº3
Durante su primera visita, usted debería ser la que más hablara.

Su primera visita con un asesor financiero es algo así como una «revisión financiera». El objetivo es que el asesor determine su salud financiera y descubra (o le ayude a descubrir) cuáles son sus objetivos económicos y valores. Un buen profesional financiero conducirá la reunión de tal manera que usted acabará siendo la que más habla. Si el asesor pasa la mayor parte del tiempo contándole lo maravilloso que es, y cuánto dinero consigue que hagan sus clientes, y lo poderosa que es su firma, agradézcale educadamente el haberse reunido con usted y busque otro inmediatamente. Ese no es el tipo de asesor que le conviene.

REGLA Nº4
Un buen asesor financiero debería poder explicar su filosofía de la inversión.

Pregúntele al asesor cuál es su filosofía sobre la inversión. Tendría que ser capaz de responderle rápidamente y empleando términos sencillos.

A usted no le conviene alguien que le diga: «¿A usted le gustan las acciones? ¡yo estoy especializado en acciones! ¿Qué le gustan los fondos de inversión? ¡Soy especialista en ello! ¿Le gusta el oro? ¡Creo que el oro es una buena inversión!». Esta persona es un maravilloso vendedor, no un profesional financiero. Un profesional financiero tiene que tener su propia filosofía, un plan o estrategia a largo plazo que modele todas sus intervenciones. Debería buscar a alguien cuya filosofía coincida con la suya, no a alguien que esté dispuesto a hacer todo lo que usted quiera.

REGLA Nº5
Averigüe cuánto le va a cobrar el asesor financiero.

Algunos asesores financieros cobran a comisión (es decir, se quedan un pequeño porcentaje de cada transacción que realizan). Los hay que cobran unos honorarios planos anuales sobre los activos administrados. Otros cobran una combinación de comisiones y honorarios. No dude en preguntar al asesor cómo cobrará y cuánto le costarán sus servicios. Pídale que se lo escriba en una lista y le incluya todos los cargos que le hará, incluyendo los costes ocultos como son las comisiones internas de los fondos de inversión. (Yo les denomino «ocultos» porque muchos asesores financieros –e incluso algunas empresas de fondos de inversión sin comisión– muchas veces no los explican con detalle. Un buen asesor sí que lo hará.)

La industria de los servicios financieros está sufriendo en estos momentos un cambio drástico. Durante décadas, los asesores financieros trabajaron a comisión. Pero esos días han pasado ya. Como resultado del cambio tecnológico y la competencia cada vez mayor, las comisiones sobre las acciones y los bonos son cada vez más pequeñas y cada vez más y más asesores están cambiando al cobro de honorarios. Bajo un acuerdo de pago de honorarios, usted estará pagando una media de honorarios anuales entre el uno y el 2,5 por ciento del valor de los activos que él esté administrando. En otras palabras, para administrar una cartera de 100.000 dólares, un asesor que cobre honorarios le cargará entre 1.000 y 2.500 dólares anuales.

Por esta cuota anual, usted debería recibir un plan financiero completo que incluyera una declaración de la política de inversiones (esto es un acuerdo escrito que explique cómo va a invertirse su dinero y cuáles son los objetivos y fines). Además, deberían ofrecerle una gestión de su dinero totalmente profesional y la posibilidad de disponer de un asesor con el que pudiera reunirse siempre que quisiera (por lo menos dos veces al año), e informes de rendimiento trimestrales que le expliquen detalladamente cómo marcha su inversión. Por último, todos los costes de transacciones (es decir, los costes de comprar o vender) deberían estar incluidos en esta cuota anual.

En general, creo que este sistema de honorarios tiene más sentido que el de pagar una comisión por cada transacción porque en él no hay conflicto de intereses. El asesor no cobra por mover su dinero de un lado a otro, como ocurre con el sistema de comisiones, sino que la única manera que tiene de ganar más dinero es haciendo crecer efectivamente su cartera. Si su asesor no hace un buen trabajo administrando y sirviendo su cuenta, usted llevará su dinero a otro sitio y por tanto dejará de pagarle la cuota. Gracias a este sistema usted tendrá siempre la sartén por el mango, que es como debe ser.

Hace cinco años, la media de los honorarios que cobraran los asesores por administrar una cartera era cerca del tres por ciento anual. Actualmente, debido a la competencia, las cuotas no suelen ser mayores del dos por ciento. Mi predicción personal es que dentro de entre tres y cinco años, casi todos los asesores e intermediarios financieros cobrarán honorarios y el índice se reducirá al uno por ciento anual. Esto será maravilloso para el cliente y bueno para aquél asesor financiero que haya construido un negocio importante sirviendo bien a sus clientes. Muchos asesores financieros estamos en el proceso de pasar de cobrar comisiones a cobrar honorarios. Los que lo hacen ahora están a la vanguardia, el resto se verá obligado a hacerlo también o de lo contrario se extinguirán como los dinosaurios.

REGLA Nº7
Conviértase en una clienta importante... dando las «gracias».

No basta con contratar a un buen asesor financiero. Además querrá que el asesor que contrate le preste atención —y aún mejor, que le considere una de sus clientas más importantes—. Mucha gente cree que para ser importante para el asesor, lo que importa es tener mucho dinero. Nada más lejos de la realidad. Yo tengo clientes con activos que van desde los 25.000 hasta los 100 millones de dólares, y puedo asegurarle que algunos de los más pequeños son tan importantes para mí como los más grandes.

El hecho es que no es sólo el dinero lo que determina que su asesor se preocupe por usted, sino cómo le trata usted a él. Como ejemplo, yo tengo una clienta, Francine, que abrió una cuenta conmigo con sólo 1.000 dólares. Puse el dinero de Francine en unas acciones que triplicaron su valor, así que de repente sus 1.000 dólares se convirtieron en 3.000 dólares. También compré estas acciones para muchos otros de mis clientes. Muchos de ellos ganaron mucho más dinero que Francine porque la inversión fue mayor. Pero a diferencia de todos ellos, Francine se presentó en mi despacho un día con cuatro botellas de vino como obsequio. Ahora no sé cuanto dinero le costaron las botellas, tampoco recuerdo siquiera si se trataba de vino blanco o tinto, lo único que recuerdo es el maravilloso gesto de agradecimiento.

Por eso, cuando su asesor financiero le haga ganar dinero, busque un momento para darle las gracias. Por supuesto que es su trabajo hacerle ganar dinero. Pero no por ello tiene que dejar de mostrarle su agradecimiento. Por pequeña que sea su cartera, una simple nota de agradecimiento o una botella de vino puede transformarle en una clienta «de primera categoría».

Otra manera de dar las gracias a su asesor —y por tanto convertirse en una clienta de primera categoría— es recomendando su asesor a algún amigo o familiar. No sólo estará demostrándole lo mucho que aprecia lo que hace por usted, sino que estará haciéndole un favor a un amigo ayudándole a organizar sus finanzas.

Y no son sólo los asesores financieros los que deberían recibir este tipo de consideración. Cuando Francine me dio ese pequeño obsequio, me hizo darme cuenta de que yo nunca había expresado mi agradecimiento a ninguno de los profesionales de los que yo dependía: mi abogado, mi médico, mi mecánico, mi peluquero... la lista sigue y sigue. Gracias a ello, hace ahora tres años empecé a enviarles notas de agradecimiento y en algunos casos cestas de Navidad. La primera vez que lo hice, mi médico me telefoneó personalmente para darme las gracias. Incluso una vez que no tenía horas de visita libres conseguí que me visitara la misma semana.

No estoy bromeando, gracias a estas notas de agradecimiento, mi relación con todos estos profesionales es ahora diferente. Me recuerdan porque he hecho el gesto de darles las gracias. Inténtelo usted también. Nuestros padres tenían razón: dando las «gracias» se consiguen muchas cosas.

REGLA Nº8
Contrate a un asesor financiero que tenga un equipo de buenos profesionales.

Muchos asesores financieros trabajan sin ayuda. Ellos son quienes contestan el teléfono, le preparan el café, validan su ticket de parking y además si les sobra tiempo, gestionan su dinero.

El hecho es que el equipo de colaboradores de un asesor financiero muchas veces es tan importante como el propio asesor. La profesionalidad del equipo de colaboradores asegura que los clientes reciban la atención y el servicio que se merecen. Así que cuando contrate a alguien para que gestione su dinero asegúrese de que tenga un buen equipo. A fin de cuentas si el equipo de colaboradores es bueno conseguirá un mejor servicio y por tanto un mejor rendimiento de sus inversiones.

¿Cómo saber si la persona que usted está pensando contratar es alguien de confianza? Los periódicos continuamente cuentan historias de directores financieros deshonestos que han estafado a sus clientes. Recientemente en Bay Area se ha dado un caso de un hombre que decía ser asesor financiero y se fugó del país con más de diez millones de dólares de sus clientes. Se dice que incluso llegó a estafar a sus propios empleados. Lo peor de esta historia es que podía haberse evitado. El hombre tenía antecedentes de comportamiento financiero negligente y como resultado de ello había sido despedido de una importante firma de intermediación. El hecho fue documentado en lo que se conoce como U4, un informe que la norteamericana National Association of Securities Dealers (NASD) guarda de cada uno de los profesionales del país. Las firmas de más prestigio no contratarían nunca a un asesor financiero cuyo informe tuviera alguna nota negativa. En España, se puede obtener información similar de la Comisión Nacional del Mercado de Valores.

Lo mejor es informarse antes acerca del asesor que quiere contratar y de la empresa para la que trabaja. Las firmas importantes tienen lo que se conoce como departamentos administrativos, los cuales se encargan de controlar que todos los empleados cumplan las normas éticas y legales cuando se trata de invertir y administrar el dinero. En muchas sociedades y agencias de valores, todas las cartas que se reciben son fotocopiadas y revisadas. Cada una de las transacciones es supervisada. Si parece que un asesor está negociando demasiado activamente la cuenta de un cliente, la firma comprueba que éste esté al tanto de lo que su asesor está haciendo.

Obviamente, contratar a un asesor financiero que trabaje en una firma importante no garantiza los buenos resultados. Pero sí que le dará una protección muy importante contra los daños que pueda ocasionar un asesor poco ético. Si un *broker* logra evitar el radar del departamento administrativo y realiza prácticas de inversión ilegales o poco éticas, lo más seguro es que la firma le compense por los daños que le haya ocasionado. Esto no ocurre en las pequeñas firmas financieras independientes.

REGLA N°10

Nunca contrate a un asesor financiero que alardee de su actuación.

Recientemente, con la subida espectacular del mercado de valores, muchas carteras de inversión han conseguido duplicar sus resultados. Y por ello, actualmente, los asesores financieros o empresas de fondos de inversiones pueden fácilmente presentar carteras de recomendación que han generado ganancias de más del veinte por ciento anual durante los últimos cinco años.

Pero estos cinco años pasados no quieren decir nada para el futuro. Yo denomino a este tipo de inversión, inversión del «espejo retrovisor», y poco tiene que ver con una buena y sólida predicción financiera. Un buen asesor financiero le hablará de los últimos veinte o treinta años y no sólo de los cinco años anteriores. Esto es importante porque mirando las rentabilidades que han generado las diferentes clases de inversiones y activos desde los años sesenta y setenta, uno puede ver claramente que a largo plazo, las inversiones en el mercado de valores producen unas rentabilidades anuales del once por ciento y no del veinte por ciento.

La clave para crear un plan financiero inteligente es utilizar proyecciones realistas, lo que equivale a decir proyecciones basadas en más que en los últimos cinco o diez años. Nadie sabe qué nos deparará el futuro. Lo único que sabemos es lo que la historia nos demuestra. Cuanta más historia utilicemos —es decir cuanto más nos remontemos en el tiempo— más seguras serán nuestras proyecciones.

Cuando su asesor le ofrezca una propuesta de cómo invertir su dinero, pídale el desglose de las inversiones en acciones, bonos y efectivo. Después compare lo que le diga con el gráfico siguiente. Si le está diciendo que puede ganar un dieciocho por ciento anual cuando el gráfico demuestra que históricamente el desglose del activo que él está sugiriendo ha conseguido únicamente el diez por ciento, sabrá que está tratando con una persona poco ética. Cambie de asesor.

DISTRIBUCIÓN DE ACTIVOS – RIESGO Y RECOMPENSA
Devoluciones en un año
Enero 1950 – Marzo 1998

Mayor pérdida	Devolución media	Ganancia más importante	Desglose de la cartera	Pérdida más importante	Rentabilidad media	Ganancia más importante
-34,4%	13,3%	55,9%	90% acciones No bonos 10% efectivo	-34,4%	13,3%	55,9%
-30,2%	12,5%	52,5%	80% acciones 10% bonos 10% efectivo	-30,2%	12,5%	52,9%
-26,2%	11,7%	49,1%	70% acciones 20% bonos 10% efectivo	-26,2%	11,7%	49,1%
-22,2%	10,9%	45,7%	60% acciones 30% bonos 10% efectivo	-22,2%	10,9%	45,7%
-18,2%	10,1%	42,3%	50% acciones 40% bonos 10% efectivo	-18,2%	10,1%	42,3%
-14,1%	9,3%	38,9%	40% acciones 50% bonos 10% efectivo	-14,1%	9,3%	38,9%
-10,1%	8,6%	35,5%	30% acciones 60% bonos 10% efectivo	-10,1%	8,6%	35,5%
-6,1%	7,8%	32,1%	20% acciones 70% bonos 10% efectivo	-6,1%	7,8%	32,1%
-3,9%	7,0%	28,9%	10% acciones 80% bonos 10% efectivo	-3,9%	7,0%	28,9%
-4,2%	6,2%	30,2%	No acciones 90% bonos 10% efectivo	-4,2%	6,2%	30,2%

REGLA Nº11
Un buen asesor financiero explica los riesgos asociados a la inversión.

Es fácil olvidarse del riesgo cuando el mercado de valores está yendo de la manera que lo está haciendo últimamente, pero esto no quiere decir que tenga que olvidarse. El crack bursátil del año 2000 y 2001 nos permite recordar el riesgo que implica la inversión en bolsa. Un buen asesor dedicará tiempo a explicarle y educarle sobre los riesgos que conlleva la inversión. Conviene explicar cuántas veces el mercado ha caído en el pasado, cuanto tiempo ha permanecido abajo, y, basándonos en la historia de los últimos cuarenta y cinco años, cuáles creemos que son los riesgos asociados a nuestra propuesta.

Esto es sumamente importante porque hoy en día mucha gente no comprende del todo –tampoco está preparada para ello– los riesgos inherentes a las inversiones en el mercado de valores. Si se encuentra con un asesor que no trate el tema del riesgo con usted agradézcale el tiempo que le ha dedicado y busque uno nuevo.

REGLA Nº12
Busque un asesor que tenga muchos clientes satisfechos.

Un asesor financiero de primera clase es como un buen médico o un buen restaurante: difícil de encontrar un sitio. El hecho es que un buen asesor siempre estará tan ocupado que seguramente no podrá atenderle hasta al cabo de unas semanas.

Por el contrario, un asesor financiero que esté dispuesto a visitarle en cuanto usted le telefonee no es un profesional. Lo más normal es que usted tenga que organizarse para ir a visitar a su asesor financiero. Alguien que esté dispuesto a visitarle al final del día o el fin de semana, o no tiene suficientes clientes o no tiene vida personal. Ambas son malas señales.

REGLA Nº13
Actúe por instinto.

Cuando entreviste a un asesor financiero, pregúntese a sí misma si se siente cómoda con esa persona. ¿Es ese el tipo de persona a la que usted le gustaría contarle su vida y trabajar durante los próximos años? ¿Piensa que es alguien en quien puede confiar? La respuesta debería ser un sí visceral. Si no es así, continúe su búsqueda. Todavía no ha encontrado a su asesor de confianza.

Si hace doce meses que no sabe nada de su asesor (los informes no cuentan), quizá haya caído en lo que yo denomino el abismo del cliente. Salga de él rápidamente. Vaya a visitarle inmediatamente o empiece a buscar a un nuevo asesor. Por norma, su asesor debería contactar con usted por lo menos dos veces al año, y deberían reunirse para revisar su situación financiera como mínimo cada doce meses.

Conclusión

Estas catorce reglas pretenden guiarle en su búsqueda de una vida financiera satisfactoria. No deje que nada de lo que he dicho le asuste. Hay muchos, muchos profesionales buenos y éticos dispuestos a ayudarle en sus decisiones financieras.

Recuerde, ahora es el momento de tomar las decisiones. Si ha decidido que necesita ayuda profesional, contrate antes que nada a un profesional. Su objetivo debería ser contratar a una persona o a un equipo con el que se sintiera a gusto –ojalá para el resto de su vida–. El proceso de contratación, por eso, es algo que debería tomarse muy en serio. Pregunte a sus amigos y conocidos con quién están trabajando. Dedique tiempo a entrevistar a varios profesionales, pida referencias y después siga y compruebe esas referencias.

Se lo prometo, el esfuerzo vale la pena.

Sexto paso

Aprenda los nueve errores más importantes que cometen los inversores y cómo evitarlos

Cuando tenía cinco años, mi amiga Marvin y yo pensamos que sería divertido ver qué había detrás de esos enchufes eléctricos que nuestras madres siempre nos habían prohibido tocar. Creo que fui yo quien encontró el destornillador, pero sin duda fue Marvin quien lo metió en el enchufe.

¡Guauu!

Antes de que ninguno de los dos pudiera reaccionar, Marvin salió disparada y todos los plomos de la casa saltaron de golpe. ¡Caramba!, dije, mirando atónito a mi amiga, quien estaba tumbada medio apoyada contra la pared. «¿Ha sido divertido?»

La pobre Marvin me miró con cara aturdida y se echó a llorar.

No puedo recordar la historia que entonces inventamos para encubrir lo que habíamos hecho, pero lo que sí recuerdo claramente es que la experiencia nos enseñó dos cosas importantes. La primera era que nunca debíamos meter un destornillador en un enchufe. La segunda era que mientras es importante aprender de nuestros propios errores, probablemente sea mejor idea (y ciertamente mucho más segura) aprender de los errores de los demás.

Cuento esta historia porque ambas lecciones son importantes cuando se trata de decidir cómo invertir todo el dinero que estamos ahorrando en las tres cestas. El hecho es que cuando se trata de invertir, muchos de nosotros actuamos como niños de cinco años metiendo destornilladores en los enchufes. Es decir, experimentamos neciamente –e invariablemente cometemos horrendos errores.

A lo largo de este capítulo vamos a concentrarnos en lo que considero los nueve errores más «espantosos» que suelen cometer los inversores. Mi deseo es que, como resultado de estudiar los errores de otras personas, usted sea capaz de evitar la experiencia cara y dolorosa de aprender de sus propios errores.

ERROR Nº 1
Convertirse en inversor antes de organizarse y tener objetivos específicos en mente.

En el tercer paso ya hemos hablado de la importancia de conocer exactamente cuál es su situación financiera actual y a dónde desea llegar antes de lanzarse a la carretera. Bien, espero que no le importe si me repito un poco en este asunto. El hecho es que lanzarse a la carretera sin la debida preparación –es decir, sin tener una idea clara de dónde está y a dónde quiere llegar– es quizá uno de los errores que más comúnmente cometen los inversores, y por otro lado el más evitable.

No hay alternativa en este punto. Antes de invertir su dinero debería invertir parte de su tiempo. La regla es muy simple: para poder convertirse en una inversora con éxito, antes tiene que haber escrito sus objetivos y valores y haber organizado sus finanzas. Tiene que hacer un inventario financiero familiar y un balance de situación, y determinar con precisión su patrimonio neto actual. También debería saber exactamente cuánto gana y cuánto gasta. No se trata de un acertijo o de un cálculo aproximado. Recuerde, hasta que no sepa cuál es su situación financiera, no debería invertir ni un duro. Como he dicho anteriormente, utilice la hoja de trabajo del Apéndice 2 para hacerse una idea clara de cuál es su situación financiera.

Puedo oírle protestar: «¿Hojas de trabajo? ¿Inventarios financieros? Todo ello requiere tiempo. ¿Y si mientras estoy organizando mis finanzas se me escapa una gran oportunidad de inversión?».

Créame, reconozco que el trabajo de base no es tan excitante como invertir en acciones. Nadie va a una fiesta y empieza a fanfarronear de que se ha pasado todo el fin de semana organizando sus finanzas, lo más normal es que a la gente le guste hablar de su nueva inversión que acaba de comprar, y ahora con todas esas revistas, programas de televisión, boletines de información para el inversor, y las *chat rooms* de Internet, es muy fácil verse tentado a invertir sin antes tener organizadas las finanzas ni tener unos objetivos por escrito.

Resista la tentación. Uno no puede invertir con éxito sin saber cuál es su situación financiera y cuáles son sus objetivos. Sólo después de saber estos detalles podrá evaluar inteligentemente las diferentes oportunidades que hay y calcular cuál de ellas es mejor para usted.

ERROR Nº2
Comprar una inversión que no conozca.

Se sorprendería al ver cuanta gente inteligente comete este error. Pongamos el ejemplo de Marilyn. Cuando la conocí por primera vez, me quedé impresionado por su sofisticación y por el hecho de que estaba licenciada por una de las mejores escuelas empresariales del país. Cuando acabé de ver su cartera, esa primera impresión había cambiado. Casi todas las acciones que tenía habían bajado significativamente de precio desde que las compró –algo increíble dada la actuación magnífica del mercado de valores en los últimos años.

Al estudiar la cartera de Marilyn me di cuenta de que prácticamente todas las compañías en las que había invertido tenían una cosa en común. Nunca las había oído. Trece acciones, trece compañías, y ninguna de ellas me era familiar. Cuando le pregunté a Marilyn dónde había encontrado esas compañías, me dijo que fue su *broker* quien se las había elegido.

«¿Sabes lo que hace alguna de ellas?», le pregunté.

«No», respondió, pero su *broker* le había asegurado que todas tenían un enorme «potencial de ascensión».

«Marilyn –le dije–, ¿por qué inviertes dinero en una compañía de la que jamás has oído hablar cuando hay muchas otras de las que no sólo has oído hablar sino que además conoces su negocio?»

«¿No es eso lo que hacen los inversores más sofisticados?», me preguntó.

La respuesta era por supuesto negativa. Lo que los inversores sofisticados e inteligentes hacen es comprar lo que conocen.

Peter Lynch, el legendario experto en gestión del dinero que ayudó a crear el imperio Fidelity Investments, dijo en una ocasión: «Yo no compro inversiones que no pueda explicar utilizando un lápiz y un papel». La idea de Lynch es que si no puede explicar fácilmente una inversión, es que no la entiende, y si no la entiende, no quiere poseerla.

Hace unos tres años dirigí un seminario en Lynch. Como no quería perder la oportunidad de dejarme aconsejar por lo mejor, le pregunté si creía que su filosofía del «lápiz» seguía teniendo sentido en la actual economía orientada a la tecnología.

Lynch sonrió. «No –me dijo–, la he canviado. Ahora sólo compro valores que un niño de *siete años* ¡pueda explicarme con un lápiz!»

Y hablaba en serio. Durante los últimos años, Lynch había estado enseñando a los niños de esa edad de diferentes escuelas cómo comprar acciones. Y su enfoque funcionó. Durante los últimos tres años, los niños de esas clases han superado al mercado.

¿Habían invertido los niños de siete años de Lynch en compañías de biotecnología, en derivados de bonos indiciados, en las ofertas públicas más novedosas? Justamente lo contrario. Estaban comprando acciones en empresas que hacían cosas que tenían sentido para ellos, empresas como Coca-Cola, McDonald's, Pepsico, Colgate-Palmolive, Apple Computers, Toys'R'S y America Online.

Los niños son listos. Sospechan de lo que desconocen. Los adultos por el contrario, tendemos a impresionarnos. Y esto suele ser cierto cuando se trata de las inversiones. Muchos de nosotros dedicaremos más tiempo a la compra de una lavadora o una nevera nueva que a buscar una inversión o diseñar un plan de jubilación.

Es precisamente por esto que muchos inversores fracasan. No saben lo que hacen. *Nunca jamás compre una inversión que no conozca.* Recuerde a mi amiga Marvin: invertir en algo que no entiende es como meter un destornillador en un enchufe. Lo más probable es que le pase la corriente. Si la persona que compra la idea (tanto si es su *broker*, su planificador financiero o su mejor amigo) no puede explicarle claramente la inversión, *no la compre*.

ERROR Nº3
Esperar el momento más oportuno para comprar o vender.

¿Cuál es el secreto para ganar dinero en el mercado de valores? Si usted es como la mayoría de la gente, probablemente contestará, «Comprar bajo y vender alto».

También esto es equivocado.

Existe la idea de que para tener éxito como inversor lo importante es comprar cuando el mercado está bajo y vender cuando está alto, lo que se conoce como sincronización del mercado. Esta idea probablemente fue creada por alguna empresa de marketing para promocionar su revista sincronizada con el mercado. El hecho es que intentar mejorar el rendimiento anticipándose a las oscilaciones del mercado es una receta para la ansiedad productora de úlceras, si no para el desastre total.

Y si no pregúnteselo a Jim.

Cuando Jim vino a mi despacho para hablar de su situación financiera personal enseguida me entró la curiosidad. Jim era un arquitecto de 49 años, y tenía más de 500.000 dólares (el total de sus ahorros para la jubilación) en una cuenta del mercado monetario. Usted ya sabe que el dinero para la jubilación no tiene que estar en una cuenta del mercado monetario, pero Jim no lo sabía. «¿Cuál es el negocio?», le pregunté. «¿Qué hace su dinero de la jubilación en una cuenta ganando sólo un cuatro por ciento anual?».

La historia de Jim era desgarradora, pero no poco común. En 1994, cuando el Dow Jones Industrials alcanzó los 4.000, Jim estaba convencido de que los precios de las acciones tenían que caer. Lo más inteligente, pensó, sería retirar su dinero de la Bolsa y aparcarlo en una cuenta segura del mercado monetario hasta que el Dow Jones se hubiera corregido.

Por desgracia, esa corrección nunca se dio. Durante los siguientes cuatro años, el dinero de Jim estuvo fuera de juego mientras que el Dow ascendía hasta pasados los 9.000. «Me pongo enfermo sólo de pensar en el error que cometí –me dijo Jim–. Si hubiera dejado mi dinero donde estaba, mi cuenta de jubilación ahora valdría cerca de 1.200 millones de dólares y ya podría retirarme.»

El error de Jim era que no conocía su historia. Considere lo siguiente.

Durante los cincuenta años comprendidos entre 1946 y 1996, las acciones incluidas en el índice Standard & Poor 500 habían aumentado su valor a un índice medio anual del doce por ciento. Dicho de otra manera, si usted hubiera invertido cien dólares en el S & P 500 en 1946 y hubiera dejado su dinero ahí, reinvirtiendo todos los dividendos, en 1996 su cartera valdría cerca de 31.000 dólares.

Ahora, incluso aunque usted fuera un perfecto adivino, tendría que admitir que no hay manera de predecir siempre correctamente. En el transcurso de los cincuenta años, seguro que ha habido alguna ocasión en la que se equivocó –algunas veces que vendió porque pensaba que el mercado iba a empezar a bajar y resultó que subió (o que compró porque creía que iba a empezar a subir y sin embargo bajó)–. Suponga que usted se hubiera equivocado el cinco por ciento de las veces. Esta cifra es un tanto impresionante. Piense en ello –estamos suponiendo que usted no se ha equivocado diecinueve de veinte veces; los expertos en el mercado de valores nos dicen que uno hace un buen trabajo si acierta el sesenta por ciento de las veces o doce veces de veinte.

Bien pues, según los resultados, si sólo se ha perdido el cinco por ciento de los meses de mejor crecimiento del mercado durante los últimos cincuenta años, su rentabilidad anual media de ese período hubiera sido del 6,5 por ciento. Esto equivale a decir que en lugar de crecer hasta 31.000 dólares en 1996, su inversión inicial de cien dólares hubiera crecido solamente hasta dos mil dólares. En otras palabras su decisión de sincronizar con el mercado hubiera recortado su rentabilidad no sólo a la mitad sino a más del noventa y tres por ciento.

Y esto suponiendo que hubiera supuesto bien el noventa y cinco por ciento de las veces. ¿Qué ocurriría si solamente hubiera acertado el noventa por ciento de las veces? En ese caso, su inversión de cien dólares hubiera producido un mísero 2,7 por ciento de devolución anual, creciendo hasta 325 dólares hacia 1996. Sus ahorros sólo valdrían el uno por ciento del valor que tendrían si los hubiera dejado solos todos esos años.

Tanto si usted es una inversora principiante como si es una gran profesional, las estadísticas hablan por sí solas. El gráfico que figura a continuación ilustra este punto con exactitud.

Como puede ver, es prácticamente imposible hacer bien la sincronización con el mercado. Muchos inversores que lo intentan no sólo acaban locos de preocupación, sino que a menudo pierden grandes sumas de dinero.

Para empeorar el tema, muchos de esos futuros «sincronizadores» acaban siendo víctimas de lo que yo denomino la dislexia del inversor –en lugar de comprar bajo y vender alto, acaban comprando cuando el mercado está alto y vendiendo cuando está bajo–. Hay un viejo dicho que afirma que hay dos cosas que gobiernan el mercado de valores: el miedo y la avaricia. La avaricia hace que la gente se precipite por los valores más «calientes», mientras que el miedo le hace deshacerse de sus inversiones a la primera señal de problemas. Obviamente, esto es una receta para el fracaso.

¿Cuál es entonces la verdadera clave para el éxito a largo plazo? Es bastante simple: ¡Compre calidad... y quédese con ella!

Si hay un secreto para el éxito a largo plazo en las inversiones, no es sincronizar con el mercado sino llegar a él. Cuando empecé a escribir este libro, en enero de 1996, el índice Dow Jones estaba por debajo de 5.000. Veintiséis meses más tarde estaba por encima de 8.600. ¿Cuánto tiempo seguirá creciendo? No lo sé. Nadie lo sabe. Es cierto que el mejor momento para entrar en el mercado fue hace treinta años, pero si usted no lo hizo entonces, *el mejor momento para entrar en el mercado es ahora*.

Lo importante es que una vez entre en el mercado invierta a largo plazo. Deje que el mercado suba y baje, pero no se deje asustar. Siempre que haya invertido en compañías de calidad, a la larga obtendrá beneficios.

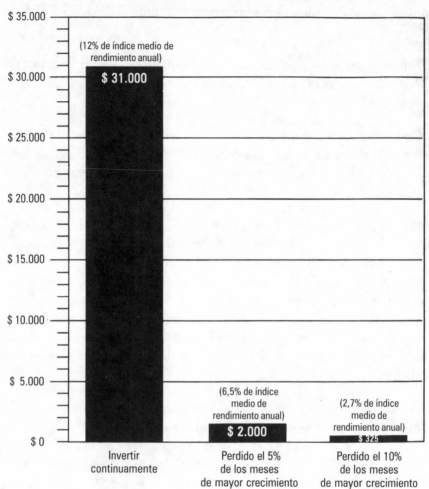

SINCRONIZACIÓN DEL MERCADO
VERSUS
MANTENER CONTINUAMENTE LAS INVERSIONES

(12% de índice medio de rendimiento anual)

$ 31.000

(6,5% de índice medio de rendimiento anual)

$ 2.000

(2,7% de índice medio de rendimiento anual)

$ 325

Invertir continuamente

Perdido el 5% de los meses de mayor crecimiento

Perdido el 10% de los meses de mayor crecimiento

Período de 1946 a 1996

Inversión inicial 100 dólares

Al principio del libro he apuntado que el noventa y cinco por ciento de los norteamericanos de 65 años o más tiene unos ingresos de menos de 25.000 dólares anuales. Como ya he indicado también, esto quiere decir que menos del cinco por ciento de nosotros está en situación de vivir una vida cómoda cuando se jubile. De hecho el gobierno dice que sólo el dos por ciento de los jubilados tiene una posición económica que le permite hacer más o menos lo que quiere y cuando quiere.

Este fracaso no sólo es totalmente inaceptable sino que también es totalmente evitable. La diferencia entre un futuro confortable y la miseria no está en más que unos pocos dólares al mes. El problema está en que muchos dejamos de planificar, de hecho incluso planificamos para el fracaso.

El problema no es complicado. Cuanto más tarde en empezar, más tendrá que ahorrar. El siguiente cuadro ilustra este aspecto. En él se muestran los ahorros de dos mujeres, Susan y Kim. Susan empezó a ahorrar para su jubilación cuando tenía 19 años. Durante ocho años dejó de aportar dinero en su cuenta. Kim, por otro lado esperó hasta que tenía 27 años para empezar a ahorrar. Desde entonces no dejó de poner dinero en su cuenta. Kim puso dos mil dólares en una cuenta de inversiones cada año. ¿Quién consiguió más dinero? El cuadro muestra la respuesta, la cual estoy seguro que le sorprenderá.

EL VALOR DEL TIEMPO EN EL DINERO
Mejor invertir ahora que más adelante

Susan empieza a invertir a los 19 años (10% de rentabilidad anual)				Kim empieza a invertir a los 27 años (10% de rentabilidad anual)		
Edad	Inversión	Valor total	V	Edad	Inversión	Valor total
19	$ 2.000	2.200	E	19	0	0
20	2.000	4.620	A	20	0	0
21	2.000	7.282		20	0	0
22	2.000	10.210	A	22	0	0
23	2.000	13.431		23	0	0
24	2.000	16.974		24	0	0
25	2.000	20.871		25	0	0
26	2.000	25.158	L	26	0	0
27	0	27.674	A	27	$ 2.000	2.200
28	0	30.442		28	2.000	4.620
29	0	33.486	A	29	2.000	7.282
30	0	36.834		30	2.000	10.210
31	0	40.518		31	2.000	13.431
32	0	44.570	D	32	2.000	16.974
33	0	48.027		33	2.000	20.871
34	0	53.929	I	34	2.000	25.158
35	0	59.322		35	2.000	29.874
36	0	65.256	F	36	2.000	35.072
37	0	71.780		37	2.000	40.768
38	0	78.958	E	38	2.000	47.045
39	0	86.854		39	2.000	53.949
40	0	95.540		40	2.000	61.544
41	0	105.094	R	41	2.000	69.899
42	0	115.603		42	2.000	79.089
43	0	127.163	E	43	2.000	89.198
44	0	130.880		44	2.000	100.318
45	0	153.868	N	45	2.000	112.550
46	0	169.255		46	2.000	126.005
47	0	188.180	C	47	2.000	140.805
48	0	204.798		48	2.000	157.086
49	0	226.278	I	49	2.000	174.094
50	0	247.806		50	2.000	194.694
51	0	272.586	A	51	2.000	216.363
52	0	299.845		52	2.000	240.199
53	0	329.830		53	2.000	266.419
54	0	362.813		54	2.000	295.261
55	0	399.094		55	2.000	326.988
56	0	439.003		56	2.000	361.886
57	0	482.904		57	2.000	400.275
58	0	531.194		58	2.000	442.503
59	0	584.314		59	2.000	488.953
60	0	642.745		60	2.000	540.048
61	0	707.020		61	2.000	596.253
62	0	777.722		62	2.000	658.078
63	0	855.494		63	2.000	726.086
64	0	941.043		64	2.000	800.895
65	0	1.035.148		65	2.000	883.185

**Ganancias
sobre la inversión
1.019.148 dólares**

**Ganancias
sobre la inversión
805.185 dólares**

Ganancias de Susan	1.019.148 dólares
Ganancias de Kim	805.185 dólares
Susan gana más	213.963 dólares

Susan invirtió una quinta parte de dinero pero al final consiguió un 25% más de beneficios.

¡Empiece a invertir cuanto antes!

Como ya hemos comentado en el quinto paso, la mejor manera de empezar a ahorrar para la jubilación es hacerlo sin tener que pensar en ello, es decir, hacer que su contribución mensual sea deducida directamente de su paga o transferida automáticamente de su cuenta corriente. Los beneficios de este método son enormes. En primer lugar (y más importante) si no ve ese dinero en su cuenta no podrá gastarlo. En segundo lugar, se evitará el tener que dudar cada mes de si necesita hacer esa contribución o no. Tercero, contribuir una o dos veces al mes resulta mucho más sencillo que escribir un gran cheque al final del año. El hecho es que mucha gente que espera hasta final de año para aportar dinero a su cuenta acaba no haciéndolo o bien aportando una cantidad muy pequeña.

Recuerde que cuanto antes empiece a ahorrar para su jubilación, antes podrá jubilarse cómodamente.

ERROR Nº5
Especular con el dinero de las inversiones.

Muéstreme un jugador y yo le mostraré a un futuro perdedor. La razón de que Las Vegas sea la ciudad de crecimiento más rápido de Norteamérica, con nuevos casinos cada mes, es que las apuestas favorecen a los casinos. La gente que juega acaba perdiendo.

Lo mismo ocurre en el caso de las inversiones. En el mundo de las inversiones, no lo denominamos juego o apuesta, utilizamos el término «especulación», pero en realidad viene a significar lo mismo. Un especulador, igual que un jugador, es alguien que busca un golpe rápido, ganar dólares sin esfuerzo, un beneficio importante. E igual que en un casino, de vez en cuando tiene suerte. Pero a largo plazo, nada le impedirá más convertirse en una persona segura financieramente como el especular con su dinero de las inversiones. Por obvio que parezca, no lo es; de lo contrario millones de personas no estarían especulando en el mercado cada día.

Aquí tiene las cuatro maneras más comunes de especular, y las que sin duda tendría que intentar evitar.

Invertir en opciones sin garantía. Una de las maneras más fáciles de especular en el mercado de valores –y de perder todo lo invertido en el proceso– es comprar lo que se denominan *opciones sin garantía.* Éstas le permiten especular sobre el precio futuro de un valor determinado. Esencialmente, usted estará apostando que el precio de un valor determinado llegará a alcanzar cierto punto en una fecha determinada. El problema es que si usted apuesta equivocadamente y el valor no alcanza ese precio en esa fecha dada, su opción podría expirar sin valor alguno –y el dinero que haya pagado por él será dinero tirado–. (Algo sorprendente de estas opciones es que son una de las pocas inversiones en las que uno dice por anticipado qué día su inversión dejará de tener valor. A este día se le denomina fecha de caducidad de la opción.)

Por supuesto, hay muchos otros aspectos importantes de estas opciones, pero a no ser que esté dispuesta a dedicar todo el tiempo necesario para llegar a dominar sus complejidades –o que trabaje con un profesional que ha demostrado dominar el negocio de las opciones– le recomiendo que las evite siempre que pueda.

Invertir en empresas que no obtienen beneficios. Por obvio que parezca, ésta es la segunda manera más común de perder dinero en el mercado de valores. Cuando uno compra una acción, está haciendo una inversión en un negocio. Algunos negocios están bien gestionados y obtienen beneficios año tras año, otros están mal dirigidos y pierden dinero. ¿No es mejor invertir en una empresa que consistentemente gana dinero que hacerlo en una que no lo gana? Por supuesto que sí. Sin embargo, miles de personas compran acciones de empresas que nunca han obtenido beneficio alguno, o incluso que nunca han producido un producto de prestigio. Recientemente es más común ver este fenómeno en los valores relacionados con Internet. Últimamente parece que lo importante es poner las palabras «Internet» o «ciberalgo» en el prospecto para que el público inversor se vuelva loco por él. Como resultado, algunas empresas que llevan en el negocio únicamente un año o dos, valen ya miles de millones de dólares –incluso aunque continuamente estén perdiendo dinero–. Al final, es evidente que todos estos «valores de gran éxito» se enfriarán y los inversores que se hayan entusiasmado con ellos podrían acabar perdiendo la camisa.

Algunos argumentan que invertir sólo en empresas probadas con un gran historial de sólidas ganancias es una manera magnífica de perderse al siguiente Microsoft. Este argumento es ridículo. No hace falta meterse de lleno en una empresa hasta que haya conseguido cuatro o cinco años de beneficios regulares. Pongamos el caso de Microsoft. Imaginemos que usted decidió ser cauteloso y esperar hasta que la empresa reportara beneficios durante diez años antes de empezar a invertir en ella. ¿Podría mientras tanto tener dinero en el mercado? Por supuesto que sí. Entre 1995 (diez años después de que la empresa anunciara sus primeros beneficios) y 1998, el precio de las acciones de Microsoft se cuatriplicó.

¿Por qué arriesgar? Dejemos a las empresas de alta tecnología y otras similares para los capitalistas aventureros. Siempre que usted esté invirtiendo para asegurar su futuro, debería limitarse a las empresas sólidas con resultados positivos probados.

Negociar activamente con su cuenta. Una cosa que hace que las mujeres sean potencialmente mejores inversores que los hombres es que ellas generalmente son mejores a la hora de comprometerse con el largo plazo. Cuando los hombres compran acciones empiezan a ponerse nerviosos; observan constantemente a su alrededor, preguntándose si hay alguna inversión mejor esperándoles. Y mientras que comprar y vender inversiones activamente puede parecer una buena manera de estar al día de los desarrollos del mercado, el hecho es que en esta comercialización desmesurada sólo hay dos ganadores: la firma que ejecuta sus intercambios (porque gana una comisión sobre cada una de sus transacciones) y la Dirección General de Tributos (porque recoge parte de sus beneficios cada vez que vende una inversión por más dinero del que la compró). Y no hay manera de evitarlos; bajo las leyes impositivas actuales es imposible ganar dinero a largo plazo comprando y vendiendo acciones a corto plazo.

Pongamos por ejemplo que usted compra unas acciones a diez dólares la acción y antes de un año las vende a doce dólares. Pensará que ha ganado un beneficio del veinte por ciento, pero en realidad no es así. Primero de todo, seguramente le costó 25 centavos por acción la compra y 25 centavos por acción la venta de las acciones. Sus dos dólares de beneficios ya se reducen a 1,50 dólares. Segundo, si vende las acciones consiguiendo un beneficio antes de que transcurran doce meses desde la fecha de compra, acabará pagando más o menos el cuarenta por ciento de sus ganancias en impuestos. Así que ahí van otros 40 centavos. De repente su veinte por ciento de beneficios ya se ha reducido al siete por ciento. Y esto suponiendo que lo hiciera todo correctamente y comprara la acción cuando estaba subiendo y la vendiera obteniendo un beneficio.

El tema está en que cuando se trata de invertir en acciones, la palabra clave es *invertir*. Uno no invierte en una empresa haciendo una compra de acciones especulativa con la esperanza de que se produzca un movimiento favorable a corto plazo. Invierta a largo plazo, con el objetivo de poseer esas acciones durante años. Confíe en mí, esta filosofía le hará ganar más dinero. O como mínimo, le ayudará a pagar menos en comisiones e impuestos.

Poner dinero bueno en algo malo. No puedo ni contarle la cantidad de veces que he visto convencer a gente de que pusiera más dinero en una inversión que acababa de sufrir una importante caída del precio —y la explicación que dan es que como ha caído el precio, la inversión es una ganga—. Muchas veces, los asesores financieros sugieren que es mejor comprar una acción de veinte dólares a diez dólares. El hecho de que el precio de una acción haya caído no quiere decir que ahora esté «en rebajas». Esto sólo ocurre cuando la empresa marcha bien y sus acciones bajan de precio por algún giro a corto plazo del mercado, y no por problemas del negocio que le impedirían ganar dinero en el futuro.

Yo tuve que aprender este fenómeno con mi propia experiencia. Hace unos años tenía unas acciones que alcanzaron los 65 dólares cada una y de repente empezaron a caer. Cuando llegaron a valer tres dólares cometí el estúpido error de comprar mil acciones más pensando que al cabo de nada valdrían diez dólares, pero el precio siguió bajando en picado hasta cero.

La lección de esta cara experiencia es clara: cuando el precio de una acción cae en picado, y la empresa no ofrece una explicación convincente de la caída (o un plan específico para corregir el problema), no añada más miseria a su condición financiera comprando más acciones. Como dijo en una ocasión el gurú de las inversiones Warren Buffett: «Lo primero que tiene que hacer cuando se encuentre en un agujero es dejar de excavar».

El enemigo número uno de su futuro financiero son los impuestos. Cuando reviso la situación financiera de mis nuevos clientes, me asombro al ver que en muchas ocasiones sus asesores financieros no les hicieron ningún tipo de planificación fiscal. En mi opinión, esto es mala práctica financiera. Si actualmente está trabajando con un asesor financiero que nunca ha revisado con usted su situación fiscal, mejor será que cambie de asesor.

Al crear una cartera de inversiones es absolutamente necesario que tenga en cuenta su deuda fiscal potencial. La razón de que haya dedicado tanto tiempo en el cuarto y quinto paso hablando de los planes de pensiones es que el dinero que aportamos a ellos tiene los impuestos aplazados, lo cual ayuda a que los ahorros crezcan más rápidamente. La diferencia de no pagar impuestos sobre las inversiones durante un plazo de entre diez a treinta años puede ser enorme. Puede llegar a ser la diferencia entre la pena y el placer financiero. El siguiente gráfico muestra lo rápidamente que crecerá su dinero si lo invierte en vehículos de pago de impuestos aplazados. En un plazo típico de treinta años, puede añadir literalmente millones de dólares a su bolsillo.

OBSERVE LA DIFERENCIA QUE PUEDE ORIGINAR LA INVERSIÓN EN UN VEHÍCULO DE PAGO DE IMPUESTOS APLAZADO

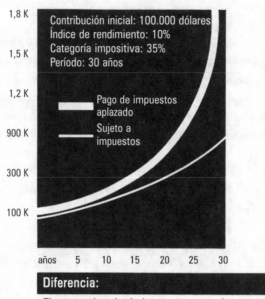

Contribución inicial: 100.000 dólares
Índice de rendimiento: 10%
Categoría impositiva: 35%
Período: 30 años

Pago de impuestos aplazado
Sujeto a impuestos

Diferencia:	$ 1.083.503

El pago aplazado de impuestos permite generar más dinero.

Convertir el crecimiento en rendimiento

De...	Sujeto a impuestos...	Pago de impuestos aplazado
Acumulación	$ 661.437	1.744.940
Índice de rendimiento	10%	10%
Beneficios anuales	$ 66.143	$174.494
Categoría impositiva	35%	35%
Rendimiento anual	**$ 42.993**	**$113.422**

El crecimiento con aplazamiento del pago de impuestos puede generar más beneficios.

Como puede ver, su dinero crece bastante más rápidamente cuando los beneficios no son absorbidos por los impuestos. Intente siempre minimizar sus impuestos cuando invierta: lo ideal sería que buscara inversiones que crecieran con el pago de impuestos aplazado.

Una inversión no líquida es aquella que uno no puede vender inmediatamente. Para mí, inmediatamente quiere decir en menos de cinco días laborables. Si no voy a poder venderla en menos de cinco días, no la compro. ¿Por qué? Muéstreme una inversión que no pueda vender en un plazo de tiempo determinado y yo le mostraré un problema potencial.

No me malinterprete. No estoy argumentando en contra de comprar una casa, o una inversión como pueden ser los bonos del Estado que tardan diez años en madurar. Todas estas inversiones pueden perfectamente ocupar un lugar en su cartera de inversiones. Lo que estoy advirtiéndole que no compre es aquello que no sea vendible en un período de tiempo, no importe cual. Un ejemplo de tipo de inversión no líquida es una *sociedad comanditaria* –las dos palabras más terribles en el vocabulario financiero de las Mujeres Inteligentes–. Cuando hablo de este tipo de sociedades en mis clases, suelo escuchar gritos de quejas y protestas de mis alumnas, lo cual quiere decir que ya han tenido alguna mala experiencia con ellas.

Las sociedades comanditarias suelen establecerse con el fin de aunar dinero de los inversores para comprar ciertos tipo de inversiones, generalmente inversiones mobiliarias. El problema es que muchas sociedades comanditarias no son vendibles –es decir, no son líquidas– normalmente hasta al cabo de diez o quince años. «No se preocupe por ello –suele decir el vendedor al inversor potencial–. El dinero que usted está invirtiendo es para la jubilación y por tanto no lo va a necesitar hasta dentro de veinte años.» Sí, pero, ¿qué pasa si de repente aparece una urgencia y tiene que echar mano a ese dinero?

Sé que hay gente que discute conmigo sobre este tema e insiste en que las sociedades comanditarias pueden tener sentido. Bien, lo siento; yo he visto muchos estados de cuentas y he oído muchas historias de gente que ha salido muy malparada de inversiones de este tipo. Desde mi punto de vista, las sociedades comanditarias son una mala idea para los inversores ordinarios. No son líquidas, así que no las compre.

Uno de los peores casos que conozco es el de una antigua clienta mía llamada Bárbara. En 1991, un fuego devastador arrasó cerca de 2.800 casas en las colinas de Berkeley, California. La casa de Bárbara fue una de ellas. Por suerte, Bárbara tenía un seguro contra incendios en orden. Su compañía aseguradora aceptó su reclamación de 500.000 dólares y gracias a ello Bárbara pudo planificar la reconstrucción de su casa.

Puesto que la construcción no iba a poder empezar hasta al cabo de seis meses, Bárbara puso el dinero en un certificado de depósito de un banco (un magnífico lugar si recuerda lo que dijimos al hablar de la cesta de los sueños para los fondos a corto plazo). Unas semanas más tarde un vecino suyo que estaba en una situación similar le preguntó qué había hecho con el dinero que le había pagado el seguro. Cuando Bárbara le dijo que estaba en un certificado de depósito ganando un cinco por ciento, el vecino se quedó sorprendido. Su dinero del seguro, dijo, estaba ganando un quince por ciento.

Esto atrajo la atención de Bárbara. El vecino le explicó que un amigo suyo que invertía en cédulas hipotecarias (hipotecas secundarias) le había propuesto el negocio. Bárbara estaba tan impresionada que acabó dándole a su vecino la mitad del dinero del seguro –250.000 dólares– para que lo invirtiera en cédulas. La explicación del amigo era simple. El dinero estaría seguro porque estaría respaldado por la agencia inmobiliaria. En cualquier caso, Bárbara no tenía que preocuparse porque las inversiones a corto plazo en este tipo de cédulas eran muy fáciles de comprar y vender. Le pagarían de entrada el valor de los intereses de 180 días y después obtendría la devolución del préstamo transcurrido ese tiempo. El tema era demasiado bonito para ser cierto.

A Bárbara le pagaron por anticipado los intereses, pero cuando pasaron los 180 días, se encontró esperando en vano que le devolvieran su préstamo de 250.000 dólares. Cuando fue a preguntarle al amigo de su vecino qué estaba pasando, se dio cuenta de que el hombre había desaparecido. Presa de pánico, Bárbara corrió a los tribunales para comprobar los archivos sobre la propiedad en la que supuestamente tenía una cédula. La propiedad estaba en venta por juicio hipotecario –y por ello, la inversión de Bárbara era invendible.

Si Bárbara hubiera seguido la norma de no invertir en inversiones no líquidas, nunca le hubiera ocurrido esto. El hecho es que las hipotecas secundarias casi nunca son líquidas porque tienen que ser vendidas antes de conseguir la devolución del dinero.

Líquidas significa que el público (es decir, cualquiera que usted elija para vendérsela) puede comprarle su parte fácil y rápidamente –idealmente en menos de cinco días laborables–. Ejemplos de inversiones líquidas son las acciones, los bonos, los fondos de inversión, los mercados monetarios, los certificados de depósitos y las Letras del Tesoro. De hecho, la mayoría de las inversiones son líquidas. Simplemente acuérdese de preguntar antes: «Si tuviera que hacerlo, ¿podría venderla y conseguir la devolución de mi dinero en menos de cinco días laborables?». Si la respuesta es negativa, piense antes de poner un solo dólar en esa inversión.

ERROR N°8
Tener una hipoteca a treinta años.

En mi opinión, la estafa más grande que se le puede hacer a la gente actualmente es la hipoteca a treinta años. Una hipoteca a treinta años a un ocho por ciento de interés infla el coste real de una casa de 250.000 dólares a más de 660.000. Esto representa más de dos veces y media el precio real de la casa.

¿Cuál es la alternativa? Bien, si saldara su hipoteca en quince años, el coste total de su casa ascendería a 493.000 dólares. Aunque sigue siendo mucho, es 168.000 dólares menos que con una hipoteca a treinta años. ¿Es realmente difícil pagar totalmente una casa en quince años en lugar de en treinta? Honestamente, creo que no.

Para empezar no hace falta que salga corriendo a conseguir una nueva hipoteca, simplemente haga lo siguiente:

En primer lugar, telefonee al tenedor de su hipoteca y pregúntele cuánto tendría que añadir a sus pagos mensuales para saldar su hipoteca en quince, dieciocho o veinte años. También pregúntele cuánto se ahorraría en intereses. En cuanto vea los ahorros, se sentirá más ilusionada para empezar a incrementar sus pagos mensuales. Confíe en mí. Esta llamada podría acabar ahorrándole literalmente cientos de miles de dólares. Así que llame ahora mismo.

En cuando haya decidido en cuanto tiempo quiere saldar su hipoteca, tendrá que decidir si lo quiere hacer pagando una cantidad superior cada mes o desembolsando una cantidad mayor al final del año. Le recomiendo que lo haga mensualmente; si las cantidades son pequeñas le será más fácil cumplir el plan. Si puede hacerlo, considere un diez por ciento extra cada mes y después añada un pago mensual extraordinario al final del año. Esto casi le garantiza que su hipoteca a treinta años será saldada en cerca de dieciocho años (quizá incluso en menos tiempo, dependiendo de si su préstamo es fijo o ajustable). Imagínese, son doce años de hipoteca que va a ahorrarse y que va a poder dedicar a otras cosas –como a su fondo de jubilación, o incluso a una casa de vacaciones.

«Pero espere –le puedo escuchar diciendo–, ¿y qué pasa con la deducción fiscal que consigo?» ¿Qué pasa? Pues que lo más probable es que usted comprara su casa porque necesitaba un lugar donde vivir, no porque necesitara una gran deducción fiscal. Los beneficios fiscales de ser propietario de una casa son buenos, pero no compensan la cantidad que usted puede ahorrarse liquidando su hipoteca en menos años.

Si necesita otra razón para convencerle de que tiene que acelerar la liquidación de su hipoteca piense en esto: cuanto antes acabe de pagar su casa, antes podrá jubilarse.

De todas formas, hay algunos expertos que no están de acuerdo con esta filosofía. Una escuela de pensamiento sugiere que en lugar de intentar saldar antes su hipoteca a treinta años, debería coger una hipoteca a cuarenta años y luchar por no saldarla nunca. Obviamente esto parece mucho más divertido. ¿Por qué las mujeres no intentan hacer pagos hipotecarios durante toda su vida y de esta manera tener una deducción fiscal?

Algunos planificadores financieros dicen que deberíamos canjear cualquier hipoteca que tuviéramos sobre nuestra casa e invertir el importe en el mercado de valores o en una póliza de seguros. En mi opinión, este consejo está totalmente fuera de contacto con la realidad. La realidad es que uno necesita un lugar donde vivir y en el cual sentirse seguro y feliz. Uno no puede vivir en un fondo de inversión o en una póliza de seguros. Por muy maravillosos que sean los beneficios, uno no puede aparcar su coche en ellos. Y a pesar de lo que estos expertos quieran hacerle creer, van a haber años en los que el mercado de valores caerá y el fondo de inversión «perfecto» será mucho menos apreciado que su casa.

Volvamos a lo fundamental. Mucha gente sueña con poseer su propia casa. Mucha gente también sueña con jubilarse pronto y así disfrutar de su vida y de sus seres queridos. Si usted compra una casa y salda cuanto antes su hipoteca, podrá conseguir ambos sueños. En mi opinión cuanto antes sea propietaria de su casa, mejor.

ERROR Nº9
Abandonar.

Una vez pregunté a mi abuela si había cometido algún error importante en sus inversiones. Me contestó que las primeras acciones que compró cayeron en picado y perdió todo lo que había invertido. En realidad sólo había invertido unos doscientos dólares, pero en aquella época representaba los ahorros de todo un año. Me contó que estaba tan avergonzada que le dio miedo contárselo a mi abuelo.

«¿Qué hiciste? —le pregunté.

«¿Qué podía hacer? —respondió sonriendo—. El dinero había desaparecido». Pero, se dio cuenta de una cosa, «el problema no era el mercado, el problema era mi inexperiencia en inversiones. Así que me propuse estudiar sobre inversiones y hacerlo bien la próxima vez», me dijo.

Y eso fue justo lo que hizo. Leyó libros (como el que usted está leyendo ahora), revistas e informes, asistió a clases, e hizo todo lo que pudo por aprender sobre inversiones. ¿Volvió a equivocarse? Por supuesto que no. Al principio cometió cientos de errores, pero aprendió de ellos, y al cabo de los años tenía una cartera de medio millón de dólares.

La gente suele cometer un error financiero, asesorarse mal y después abandonar su sueño de seguridad financiera. *No deje que esto le ocurra a usted*. Ahora usted ya sabe más que mucha gente sobre cómo evitar los errores más comunes a la hora de invertir su dinero. ¿Hay muchos más obstáculos? Por supuesto. ¿Podría caer en uno de ellos? Posiblemente. Pero no deje que éstos le aparten de su propósito. Conforme vaya continuando su viaje y adquiriendo más y más conocimiento y control sobre sus finanzas, empezará a ser capaz de divisar de lejos las malas decisiones sobre el dinero. Será como si en ellas hubiera un letrero que dijera: «¡Dígale adiós a su dinero!».

Tiene que tener cuidado, pero no sea extremadamente cautelosa. Si aprende a evitar los errores que suelen cometer los inversores, minimizará el riesgo y se colocará en el camino hacia la seguridad financiera. Pero recuerde: *el mayor error que puede cometer es no convertirse en una inversora*.

Séptimo paso

Siga los doce mandamientos para atraer mayor riqueza

Hasta ahora nos hemos estado concentrando en cómo sacar el máximo provecho a los recursos financieros que usted posee –en otras palabras, la mejor manera de repartir su pastel financiero–. Ahora pasemos a hablar de cómo hornear un pastel más grande.

Lo que siempre hay que tener en mente es que es un error separar su «vida financiera» de su vida personal o profesional. No quiere decir que su vida tenga que girar alrededor del dinero, sino que su situación personal financiera está entrelazada de modo inextricable con todo aquello que es importante para usted: sus objetivos, sus sueños, su salud, su seguridad, su libertad.

Lo que quiero es que aplique las herramientas que espero haya adquirido al leer este libro a mucho más que simplemente a la gestión del dinero. Los buenos hábitos que debería desarrollar como parte de su viaje hacia la independencia financiera –cosas como la disciplina y una actitud basada en los valores– pueden reforzar el éxito en todos y cada uno de los aspectos de su vida. Al cambiar su actitud financiera para que encaje con sus valores, probablemente empezará a darse cuenta de cosas positivas que ocurren en otras áreas de su vida: su salud, las relaciones, su carrera, sus aficiones. Como mínimo empezará a ver hasta qué punto las cosas que hace en su vida personal y profesional reflejan (o *no* reflejan) sus valores. Y esto a su vez, le permitirá tomar decisiones más inteligentes sobre qué opciones profesionales y personales tienen más sentido para usted.

Recuerde, no obstante, que no basta con comprender los conceptos que hemos tratado en este libro. Que no basta con creer que simplemente siguiendo los pasos que he detallado, usted podrá controlar su destino financiero. Tiene que aplicar lo que ha aprendido. Tiene que ponerse manos a la obra.

Esto no quiere decir que tenga que subir al Everest. Una de las ideas equivocadas que tiene la gente es que para hacer cambios importantes en su vida tiene que hacer cosas especiales y tremendamente difíciles que requieren un enorme esfuerzo y habilidades complicadas. Por culpa de esta creencia, mucha gente se frustra antes incluso de empezar. ¡No deje que esto le ocurra a usted! El tema de este libro es que usted puede hacer cambios drásticos en su vida –y ayudar y apoyar a la gente que le rodea– simplemente utilizando las herramientas que le he presentado.

Pero, ¡tiene que utilizarlas!

La última herramienta que voy a ofrecerle quizá sea una de las más poderosas, ya que posee la habilidad de facilitarle la consecución de todo lo que hemos dicho en los primeros seis pasos de nuestro viaje. La herramienta que voy a ofrecerle le permitirá ganar rápidamente más dinero.

Seguro que está pensando, «¿no ha dicho que los ingresos no es lo que realmente importa?».

Es verdad, lo dije y sigo creyendo en ello. Pero como ya he dicho, el tema central de este libro es que el éxito financiero está basado en la cultivación de buenos hábitos, que para estar seguro financieramente y poder conseguir sus sueños, tiene que tener los hábitos, herramientas y creencias adecuadas. Ahora que ya lo tiene todo, me gustaría ayudarle a llegar fácilmente a donde quiere llegar.

Tener el salario que se merece

Una de las características que define a las mujeres inteligentes es que son remuneradas como se merecen. Pero esto no se consigue porque sí, sino que sólo lo conseguirá si su rendimiento es el adecuado.

Estoy convencido de que la mayoría de la gente gana entre un diez y un treinta por ciento menos de lo que podría ganar si simplemente tomara el control de su carrera. Piense en ello unos minutos. ¿Y si pudiera incrementar su paga entre un diez y un treinta por ciento durante los próximos meses? Antes de leer este libro, a lo mejor pensaría en recompensarse a sí misma con unas vacaciones o con algo de ropa o incluso con un coche nuevo. Pero ahora que ya está acabando el libro probablemente piense en las magníficas cosas que podría hacer con esos ingresos extra: volver a la universidad, viajar por el mundo, ahorrar lo suficiente para poder jubilarse a los 55 años. En lugar de hacer compras de una vez que sólo satisfacen esos antojos momentáneos, seguramente esté pensando en inversiones en sí misma, en inversiones permanentes. Son estas contribuciones duraderas a su vida las que reflejan un cambio real, sustantivo en sí misma.

¿Cómo incrementar su riqueza para poder hacer estas inversiones tan importantes?

Este dinero extra no sólo se puede conseguir a través del salario. Tanto si trabaja para una empresa, como si trabaja para sí misma, como si tiene su propio negocio, existen ciertos comportamientos y hábitos que le permitirán atraer la riqueza que usted se merece –siempre y cuando decida tomar el control–. Estas «reglas» –que yo denomino los doce mandamientos para atraer mayor riqueza– no sólo hablan de ganar dinero. Una incluso habla del abandono. Pero como verá, todas ellas tratan de desempeñar un papel activo en su vida y tomar decisiones inteligentes en lugar de permitir que sea el destino el que la controle.

Los doce mandamientos para atraer mayor riqueza

En la introducción, le he contado una historia sobre una mujer llamada Lauren a la que yo formé tanto a nivel de sus finanzas personales como en su carrera. Lauren, después de toda la formación que yo le di, fue capaz de doblar sus ingresos en menos de seis meses. Actualmente está ganando un gran sueldo y es mucho más feliz de lo que solía ser. Lo que le enseñé fue básicamente lo siguiente:

La gente continuamente se queja de lo que gana, o de lo que deja de ganar. Dice cosas como «Mi jefe no me aprecia», o «No me han subido el sueldo en un año», o «Todos mis esfuerzos pasan inadvertidos», o «Si trabajara para la empresa X estaría ganando el doble», o –y esto es lo más típico– «Estoy en un trabajo sin futuro».

Seguro que usted conoce a alguien que dice estas cosas. Como amiga, seguramente simpatizará con su situación. Este proceso es lo que yo denomino «quejadumbre de grupo» y es un fenómeno nacional que parece darse durante las comidas, en el aseo o en los descansos. Lo siento amigas, pero yo no simpatizo con ellos. Y no creo que usted tenga que hacerlo tampoco. Durante los próximos treinta días quiero que cuando oiga a alguien decir cosas de este tipo se diga a sí misma: «Si su trabajo es tan despreciado, debería dejarlo y cambiar su destino».

Esto es básicamente lo que yo le dije a Lauren después de escuchar mil veces sus quejas de que trabajaba 70 horas semanales y no le pagaban como se merecía. Educada pero tajantemente le dije que ya había escuchado su historia durante más de dos años. «O dejas de quejarte –le dije–, o buscas otro trabajo donde te paguen lo que te mereces.»

Lauren estaba ganando 55.000 dólares al año e insistía en que conocía gente con trabajos similares que estaba ganando cerca de 80.000. Me contó que el problema era que, aunque probara que le pagan menos de lo que le correspondía, sus jefes eran tan miserables que nunca le pagarían lo que se merecía.

«En este caso –le dije–, estás trabajando para la empresa equivocada. Deberías encontrar un nuevo empleador.»

«¿Pero cómo? –preguntó Lauren

Le pregunté el nombre de alguna empresa que supiera que pagaban 80.000 dólares anuales por un trabajo como el que ella realizaba.

Me dijo una.

«Bien –respondí–, aquí es donde tú tienes que estar trabajando.» Le sugerí que telefoneara a la compañía, y les explicara que trabajaba para la competencia pero que estaba explorando nuevas oportunidades, y que si creían que valía la pena que fuera a conocerles.

Lauren lo hizo. Al cabo de cinco semanas, tenía una oferta de empleo no por 80.000 dólares sino por 115.000 dólares más un incentivo importante. La moraleja de esta historia es simple. A uno le pagan lo que está dispuesto a aceptar. Si usted cree que vale más de lo que le están pagando, busque a su alrededor y averigüe si es verdad. Si es así, busque a alguien que esté dispuesto a pagarle más de lo que está ganando. Si resulta que no estaba en lo cierto, por lo menos tendrá una buena razón para dejar de quejarse y concentrarse más en nuevas maneras de añadir valor.

MANDAMIENTO 2
La sociedad recompensa a aquellos que añaden valor.

La manera más importante de incrementar sus ingresos es añadiendo valor. Esta es una de las lecciones más importantes que he aprendido jamás. Lo aprendí del orador sobre la motivación Zig Zigler. Zig dice que, para conseguir lo que quieres en la vida, tienes que ayudar a los demás a conseguir lo que ellos quieren.

Si usted dirige un negocio, tendrá que determinar qué es lo que quieren sus clientes y después tendrá que dárselo. En otras palabras, tiene que añadir valor a sus vidas. Las empresas que fracasan generalmente tienen un problema en común: no añaden suficiente valor a las vidas de sus clientes.

Este concepto se aplica tanto a los empleados como a los emprendedores. Si usted trabaja para un jefe, tendrá que preguntarle qué tiene que hacer específicamente para «añadir más valor» a la empresa. (Lo mismo ocurre si usted es una profesional con clientes.) No se pregunte si está haciendo un buen trabajo, esto no quiere decir nada. Siéntese con su jefe o cliente y diga: «Me he propuesto mejorar y necesito su ayuda. Quiero ser mejor en lo que hago. En otras palabras, quiero añadir más valor a nuestra relación. ¿Qué puedo hacer en concreto para conseguir mi objetivo?».

Confíe en mí. Incluso aunque nunca haya hecho nada notable, esta simple acción puede hacer disparar el concepto que tiene de usted su jefe o cliente.

MANDAMIENTO 3
Descubra qué es lo que le hace ser inigualablemente valiosa.

Todos tenemos una serie de talentos que nos hacen ser diferentes a los demás. Algunos descubren sus talentos en su juventud y desde entonces se concentran en ellos hasta que la sociedad acaba recompensándoles por ellos. A estas personas de tanto éxito les llamamos «estrellas».

No estoy refiriéndome solamente a las estrellas de cine o a las de los deportes. Las estrellas existen en todos y cada uno de los campos. Hay vendedores estrella, madres estrella y contables estrella. La pregunta que tiene que formularse a sí misma (o a los que le conocen) es ¿qué es lo que le hace ser inigualablemente valiosa? ¿Qué tiene para ofrecer?

Lo más probable es que sea algo que le guste hacer. Algo en lo que usted es buena. El tema es que si usted se concentra en esa cosa que le gusta hacer, llegará a ser inigualablemente valiosa en ello y por tanto le pagarán por hacerlo.

MANDAMIENTO 4
No pierda su tiempo en cosas que otras personas deberían hacer por usted.

El tiempo es nuestro bien más preciado. Sin embargo mucha gente lo pierde haciendo cosas que otros pueden hacer. Calcule cuánto gana en una hora y después nunca haga nada por lo que pueda pagar menos para que otro lo haga por usted.

Cuando digo que calcule cuánto gana en una hora, me refiero a que calcule el tiempo que dedica a hacer aquello por lo que le pagan –aquello que le hace ser inigualablemente valiosa–. Pongamos por ejemplo que gana 3.000 dólares al mes como vendedora. El hecho es que no dedica cada una de las 200 horas aproximadas que trabaja al mes a reunirse con futuros clientes, sino que lo más probable es que sólo dedique a ello una parte de ese tiempo –cinco horas a la semana, o veinte horas al mes–. Pero eso es por lo que le pagan. Así que en realidad lo que está ganando son 150 dólares por hora (cuando está vendiendo).

La gente que trabaja en empresas suele confundir las horas que pasa en el trabajo con las horas que en realidad dedica a trabajar. Por supuesto no es lo mismo. El trabajo es aquello que uno hace y con lo que consigue un resultado. Si usted trabaja en ventas, sólo una peque-ña parte de lo que hace produce un resultado. Todo lo demás es el proceso. A usted no le pagan por el proceso. No le pagan por escribir cartas, cerrar sobres, fotocopiar documentos, hacer llamadas telefóni-cas, etcétera. A usted le pagan para que consiga resultados.

Mucha gente se especializa en lo que yo denomino cosas sin impor-tancia; en otras palabras, desperdician su tiempo en trivialidades. Una mujer inteligente, sin embargo, se concentra en aquello que la hace ser inigualablemente valiosa. Todo lo demás lo delega.

Si resulta que usted tiene un empleo que implica los procesos de escribir cartas, fotocopiar documentos, contestar el teléfono... debería concentrarse en aquello que añade más valor. Después hable con su jefe para ver si podría delegar esas otras tareas no esenciales. La me-jor manera de persuadir a su jefe es explicándole que quiere añadir más valor a la empresa y dándole ejemplos de cómo conseguirlo gra-cias a delegar las tareas no importantes.

MANDAMIENTO 5
Limpie las suciedades que haya en su vida.

Hay gente que en el despacho acumula pilas y pilas de papeles. Pape-les que a lo mejor no han sido leídos en años. El resultado: todavía más desorden. Según el experto en gestión del tiempo Jeffrey Mayer, la mayoría de la gente dedica cerca de una hora diaria buscando pape-les que ha perdido por su mesa –¡el sesenta por ciento de los cuales no es necesario!

Piense en ello unos minutos. Si de media una persona dedica una hora al día buscando papeles, representa que está 22 horas al mes, o 264 horas al año, perdiendo el tiempo. Es decir, un mes entero del tiempo de trabajo. Para algunos puede ser incluso peor.

Láncese a sí misma un salvavidas. Lo primero que tiene que hacer este fin de semana es ir a su despacho y empezar a ordenar su mesa.

A continuación figuran una serie de consejos sobre cómo hacerlo fácil y rápidamente:

1. Empiece por los cajones. Abra cada uno de los archivos y formúlese tres cuestiones: ¿He mirado estos documentos en los últimos doce meses? ¿Tengo que guardarlos por cuestiones legales? ¿Son realmente importantes estos documentos? Si la respuesta es negativa, deshágase de ellos.

2. Haga lo mismo con todos los periódicos y revistas que haya acumulado en su despacho. Si ha estado guardando alguno durante más de 30 días para leerlo, tírelo. Deshágase de él. Obviamente no es tan importante como creyó; si lo fuera ya lo habría leído.

3. Comprométase con la siguiente regla: «No guardaré nada en mi mesa durante más de una semana. Al final de la semana, o me lo llevaré a casa para leerlo o lo tiraré».

4. Propóngase como finalidad mantener ordenado su despacho. Si tiene el despacho ordenado está demostrando a aquellos para los que trabaja –a su jefe o a sus clientes– que es una persona organizada. No piense que el desorden es lo normal. La excusa «pero si siempre he sido una gandula», no es válida en el mundo laboral. Una oficina limpia y ordenada no sólo causará una buena impresión inmediata, sino que también le hará sentirse mejor y ser más productiva.

El desorden en su vida tiene que acabar, no sólo en el despacho sino también en su casa. Para organizar rápidamente su casa permítame que le dé un consejo que aprendí de mi entrenador personal, Dan Sullivan, en su programa Entrenamiento Estratégico. Para cada una de las cosas que encuentre desordenada en su casa (en los armarios, cajones, etcétera) pregúntese: ¿La he utilizado en los últimos seis meses? ¿Me encanta? ¿Es irremplazable? Si la respuesta a todas estas preguntas es negativa, piense en deshacerse de ella. Confíe en mí, ordenar de una vez por todas su casa y su despacho (tirando todo lo que tenga que tirar por no ser importante) es una de las cosas más motivadoras y estimulantes que puede hacer para tomar el control inmediato de su vida.

MANDAMIENTO 6
Escriba sus objetivos en un lugar que todos los puedan ver.

¿Recuerda aquellos objetivos que trabajó en el tercer paso? Bien pues, además de colgarlos en el espejo de su cuarto de baño y en su calendario, póngalos también en su despacho para que sus jefes, compañeros o empleados los puedan ver. No le dé vergüenza mostrar sus objetivos. Siéntase orgullosa. Si sus compañeros de trabajo o empleados conocen sus objetivos, se sentirá más motivada a aferrarse a ellos. Además a lo mejor consigue que esas personas le ayuden a conseguirlos.

MANDAMIENTO 7
Invierta en sí misma.

Por alguna razón, mucha gente cuando acaba la universidad deja de valorar el proceso de aprendizaje. Esto es un grave error. El hecho es que usted debería considerar muy en serio apartar una cantidad de dinero al año para mejorar lo que hace y su persona. El denominador común de la gente con éxito es que está constantemente aprendiendo nuevas habilidades y mejorando sus herramientas. El movimiento de autoayuda no es un capricho. La gente con éxito sabe que el poder de una idea puede cambiar para siempre su vida. Pero menos del cinco por ciento de las personas lee libros de este estilo. Y esto es porque de repente dejan de invertir en sí mismos y en su posibilidad de crecimiento. Oblíguese a sí misma a asistir a clases, a leer libros nuevos, a escuchar cintas sobre la motivación. Todo ello le ayudará a mejorar su calidad de vida y a ser más feliz.

John Templeton, el inversor millonario y filántropo de fama mundial, dijo en una ocasión que la clave de la vida no está en ser una persona emprendedora sino en ser un buen «donante». Esta afirmación cambió mi vida. Es muy probable que cuando intentemos conseguir algo y nos veamos atrapados en ello empecemos a pensar que deberíamos ser más emprendedores. Pero la persona emprendedora se concentra sobre todo en «conseguir», mientras que el donante se preocupa por «dar».

Este concepto está ligado también al concepto de añadir valor. Lo que la persona verdaderamente exitosa hace es añadir valor y devolver. No estoy hablando solamente de hacer aportaciones a organizaciones benéficas sino también de dedicar tiempo a la gente que lo necesita: los hijos, los empleados... Intente ser la persona que siempre está dispuesta a echar una mano. La gente se acuerda siempre de estos gestos y al final le devolverán tanto como haya dado.

Su futuro financiero puede ser modelado en el momento en que tome una decisión financiera.

Recuerde la filosofía básica sobre la que está desarrollado este libro: cuando se trata de nuestro futuro, podemos ser proactivos o reactivos. Hay muchos que nunca conseguirán determinar qué es realmente importante en su vida. Dejarán que su vida transcurra sin más en lugar de ser ellos los que la modelen.

Seguro que a lo largo de su vida ha pospuesto decisiones relacionadas con su carrera o con su vida personal. Le propongo ahora que salte la valla y tome una decisión. La única manera de avanzar es decidiéndose. Pregúntese a sí misma: «¿Qué importante decisión he estado aplazando?» Me gustaría que dejara de aplazarla y se decidiera ya.

En deportes, algunos atletas son conocidos como los «chicos decididos», es decir, aquellos que hacen juego.

Actualmente cada vez hay más mujeres con nombres conocidos tanto en los deportes como en los negocios. Esto es precisamente lo que una mujer inteligente quiere hacer. Quiere que los demás la conozcan como el tipo de mujer que está por encima de la competencia. Quiere ser una chica «decidida».

Tanto si usted trabaja para sí misma como si lo hace para otro, lo que tiene que intentar es convertirse en alguien en quien los demás puedan confiar. ¿Qué necesita para lograrlo? Por suerte, no demasiado.

Una de las cosas más sorprendentes del mundo empresarial actual es que está lleno de gente que se conforma con ser mediocre. Aunque suena un tanto deprimente, es una buena noticia para las mujeres inteligentes porque quiere decir que no tendrán que esforzarse demasiado para superar a los demás. De hecho, lo único que necesita la mujer inteligente para ganar más dinero, ganarse el respeto de los compañeros y convertirse en una chica decidida es:

1. Llegar pronto al trabajo.

2. Tener un plan e implementarlo.

3. Hacer siempre lo que ha dicho que va a hacer.

4. Asumir la responsabilidad total.

5. Ser educada.

6. Sonreír.

Estas seis cosas pueden no parecer demasiado, pero el hecho es que mucha gente no se preocupa por hacerlas, ni personal ni profesionalmente. Inténtelo usted. ¿Qué hay de malo en ser una mujer que llega pronto al trabajo, tiene un plan, sigue siempre lo que ha prometido, asume responsabilidades, actúa educadamente y todo lo hace con una sonrisa? Se quedará sorprendida al ver las enormes recompensas que el mundo le concederá simplemente siendo educada y comportándose debidamente. Recuerde: ¡lo sencillo es bueno, lo sencillo funciona!

MANDAMIENTO 11
Para ganar más dinero, tiene que pedir más dinero.

En el mundo de las ventas se dice que la clave del éxito es aprender que se tiene que solicitar el pedido. Pero los vendedores no son los únicos que necesitan aprender esta lección. En la vida todo lo importante requiere «solicitar el pedido». Para conseguir una promoción o para lograr que los hijos recojan su ropa, es necesario pedirlo. Sí, si usted cumple todos los demás mandamientos que he citado, lo más seguro es que sea recompensada de una u otra manera, pero para poder cargar más a su cliente o conseguir ese aumento que quiere y se merece, va a tener que pedirlo.

Lo que no tendría que hacer nunca es ir y decirle a su jefe o a su cliente, «Quiero más dinero». Lo que tendría que hacer es recordar el Mandamiento 2, que dice que debería añadir más valor. Cuando esté añadiendo más valor, estará en condiciones de pedir un aumento de sueldo. Si, como mi clienta Lauren, cree que ya está añadiendo un valor significativo, vaya a presentar su caso. Demuestre cómo añade valor y cuánto cree que vale ese valor en el mercado actual. El coste sólo será un problema si no existe ese valor. Los empleadores y los clientes estarán encantados de pagar mucho dinero por esos servicios de primera calidad que ofrecen resultados de primera calidad. La clave está en que usted añada ese valor, servicio y resultados de primera calidad –y después pida el dinero que se merece ganar.

MANDAMIENTO 12
Viva según la filosofía ¡HÁGALO YA!

En la vida creo que hay cuatro tipos de personas. Las que miran como ocurren las cosas, las que se preguntan qué ha ocurrido, las que se quejan de lo que ha ocurrido y las que hacen que ocurran las cosas ya. En su vida pregúntese continuamente qué tipo de persona está siendo. La vida no es un ensayo general. En la vida uno obtiene exactamente aquello que persigue.

Tómese tiempo para oler las rosas

Ahora hemos llegado juntos al final del viaje –sin embargo, su viaje personal hacia la seguridad financiera y la independencia no ha hecho más que comenzar–. Me gustaría que cerrara el libro intentando recordar algo de lo que yo muchas veces me olvido. En sus esfuerzos por construirse un futuro seguro y proteger su destino financiero, no debería olvidar nunca que el mejor bien que posee es la vida. Por desgracia, la vida tiene una duración limitada y no está garantizada. No hay ningún seguro que podamos comprar que nos devuelva la vida o la de nuestros seres queridos.

Lo que quiero decir es que no debería dejar que su viaje financiero le consumiera tanto como para no poder compartir momentos con la gente que ama. Mientras intenta gestionar sus finanzas y su carrera, por favor no se olvide de demostrar a aquellos que quiere cuánto significan para usted. Las palabras «te quiero» son las palabras más poderosas e infrautilizadas del lenguaje. Si usted ama a alguien, hágaselo saber. No sólo se sentirá mejor sino que espiritualmente estará añadiendo más valor a ellos del que se pueda imaginar.

Ahora que ya sabe lo que necesita para conseguir la seguridad financiera y alcanzar sus sueños, mi deseo final para usted es que disfrute del viaje. El proceso *Las Mujeres Inteligentes Acaban Ricas*, no es doloroso ni sacrificado. Para convertirse en una mujer que controla totalmente su futuro financiero, no tiene por qué abandonar la parte divertida de la vida. Podrá alcanzar la seguridad financiera y todos sus sueños sin que ello le impida tener tiempo libre para oler las rosas.

Viva su vida sin arrepentimiento

Poco antes de que muriera, le pregunté a mi abuela Bach si se arrepentía de algo de su vida. Me dijo que de lo único que se arrepentía era de los riesgos que no había tomado. Con esto en mente, me gustaría sugerirle lo siguiente: si cree que va a vivir cinco años más (y espero que así sea) sólo tiene dos resultados posibles. O bien será cinco años más vieja y habrá conseguido sus sueños (o por lo menos estará en camino de conseguirlos) porque habrá utilizado las herramientas de este libro, o simplemente será cinco años más vieja.

La elección es suya. Coja las herramientas de este libro y empiece ahora mismo su viaje personal hacia la nueva mujer que quiere ser dentro de cinco años, una mujer más segura económicamente que ahora, más próspera en su carrera, más feliz, más sana. Y recuerde: aunque encuentre obstáculos en el camino no deje que éstos le detengan. Se supone que no lo conseguirá todo a la primera (piense en ello: los errores y los fracasos no son más que su investigación de mercado para sus éxitos futuros).

Conforme vaya ganando el control de su vida, por favor recuerde que mis pensamientos y mis oraciones están con usted. Este viaje al que llamamos vida es un increíble regalo y espero que este libro de alguna manera le haya ayudado. Quiero que sepa que respeto y admiro su deseo de ser inteligente y acabar rica, y que espero encontrarme algún día con usted... durante el viaje.

Apéndice 1

¿A dónde va realmente su dinero?

Una de las partes más importantes para organizar su vida financiera es tener una idea exacta de cuál es su flujo de caja actual. Para ello, utilice la siguiente hoja de trabajo.

PRIMERO, DETERMINE CUÁNTO DINERO GANA...

Sus ingresos

Sueldos, salarios, propinas, comisiones,
    ingresos como autónoma   _____

Dividendos de las acciones, bonos, fondos de inversión,
    cuentas de ahorro, certificados de depósito, etc.   _____

Ingresos por el alquiler de una vivienda   _____

Ingresos por cuentas corrientes   _____

Pensión alimenticia, ayuda a los hijos, beneficios
    de viudedad de la seguridad social   _____

Pensiones de la Seguridad Social   _____

Otros ingresos   _____

                                              TOTAL   _____

SEGUNDO, DETERMINE CUÁNDO DINERO GASTA...

Sus gastos

Impuestos

Impuesto sobre la renta _____

Cuotas de la Seguridad Social _____

Impuestos municipales _____

Otros impuestos _____

TOTAL IMPUESTOS _____

Vivienda

Pagos hipotecarios o alquiler de la primera residencia _____

Pagos hipotecarios sobre las propiedades de alquiler
   o los ingresos _____

Servicios _____

Seguro de propiedad o de alquiler _____

Reparaciones o mantenimiento _____

Servicio de limpieza _____

Televisión por cable _____

Teléfono _____

Cuota mensual de Internet _____

Gastos de comunidad _____

Otros gastos _____

TOTAL VIVIENDA _____

Automóvil

Leasing o préstamo para automóvil _____

Gasolina _____

Seguro del coche _____

Teléfono del coche _____

Reparaciones o servicio _____

Parking _____

Peajes _____

Otros gastos _____

TOTAL GASTOS _____

Seguros

Seguro de vida   _____

Seguro de invalidez   _____

Seguro para el cuidado a largo plazo   _____

Seguro de responsabilidad (Póliza de cobertura general)   _____

TOTAL SEGUROS   _____

Alimentación

Supermercado   _____

Comidas fuera de casa   _____

TOTAL ALIMENTACIÓN   _____

Cuidado personal

Vestimenta   _____

Tintorería/lavandería   _____

Cosméticos   _____

Club deportivo y/o entrenador personal   _____

Ocio   _____

Cuotas de asociaciones   _____

Vacaciones   _____

Aficiones   _____

Educación   _____

Revistas   _____

Regalos   _____

Otros gastos   _____

TOTAL CUIDADO PERSONAL   _____

Médicos

Seguro médico   _____

Recetas y medicamentos   _____

Gastos de dentista u otros médicos   _____

TOTAL MÉDICOS   _____

Gastos varios

Tarjeta de crédito

Pagos de préstamos _____

Manutención o cuidado de los niños _____

¡Cualquier otra cosa que me haya olvidado! _____

_____

TOTAL GASTOS VARIOS _____

TOTAL GASTOS MENSUALES _____

Factor de la Ley de Murphy

Coja el total de los gastos e increméntele un 10% _____

Ingresos totales

Menos el total de los gastos mensuales _____

Flujo de caja neto (disponible para ahorros o inversiones) _____

Apéndice 2

Hoja de trabajo: Inventario financiero para determinar su patrimonio neto

PRIMER PASO: INFORMACIÓN FAMILIAR

Nombre del cliente _____ Fecha de nacimiento _____ Edad _____

Apodo _____

Nombre del cónyuge _____ Fecha de nacimiento _____ Edad _____

Apodo _____

Dirección de los envíos _____

Ciudad _____ Provincia _____ Código postal _____

Teléfono de casa _____

Teléfono del trabajo _____ Fax _____

Teléfono del trabajo del cónyuge _____ Fax _____

E-mail _____ E-mail del cónyuge _____

Seguridad Social _____ Seguridad Social del cónyuge _____

Empleador _____ Título del empleo _____

Empleador del cónyuge _____ Título del empleo _____

¿Está jubilado? Sí _____ Fecha de jubilación _____ No ____ Fecha planificada de jubilación _____

¿Está jubilado su cónyuge) Sí ___ Fecha de jubilación _____ No ___ Fecha planificada de jubilación _____

Estado civil: Soltera _____ Casada _____ Divorciada _____ Separada _____ Viuda _____

Hijos

Nombre   Fecha de nacimiento

Nombre   1) _____ _____ _____

          2) _____ _____ _____

          3) _____ _____ _____

          4) _____ _____ _____

          5) _____ _____ _____

Personas a su cargo

¿Tiene algún familiar que depende o podría depender de usted en el futuro? (por ejemplo, padres, abuelos, hijos adultos, etc.) Sí ___ No ____

Nombre   1) _____ Edad _____ Relación _____

         2) _____ Edad _____ Relación _____

         3) _____ Edad _____ Relación _____

SEGUNDO PASO: INVERSIONES PERSONALES

(No se incluyen en este apartado los planes de pensiones)

Reservas en efectivo

Cantidad en bancos, bancos hipotecarios y cooperativas de crédito

Nombre del banco	Tipo de cuenta	Saldo actual	Tipo de interés
1)			
2)			
3)			
4)			
5)			

Ingresos fijos

Inversiones de ingresos fijos

Ejemplo: certificados de depósitos, Letras del Tesoro, bonos..	Cantidad	% Actual	Fecha de vencimiento
1)			
2)			
3)			
4)			

Acciones

Nombre de la empresa	Número de acciones	Precio de compra	Valor aproximado en el mercado	Fecha de compra
1)				
2)				
3)				
4)				
5)				

Fondos de inversión

Nombre del fondo	Número de acciones	Coste básico	Valor aproximado en el mercado	Fecha de compra
1)				
2)				
3)				
4)				
5)				
6)				

Anualidades

Compañía	Beneficiario/ Propietario	Tipo de interés	Valor aproximado en el mercado	Fecha de compra
1)				
2)				
3)				

Otros activos (por ejemplo participación en la empresa)

	Valor aproximado en el mercado
1)	
2)	
3)	

TERCER PASO: PLANES DE PENSIONES

¿Está usted participando en un plan de jubilación esponsorizado por el empleador?

Sí _____ No _____

Nombre de la empresa donde está su dinero	Tipo de Plan	Valor aproximado	% con el que usted contribuye
Usted			
1) _____	_____	_____	_____
2) _____	_____	_____	_____
3) _____	_____	_____	_____
Su cónyuge			
1) _____	_____	_____	_____
2) _____	_____	_____	_____
3) _____	_____	_____	_____

¿Tiene dinero en otro plan de alguna empresa para la que usted ya no trabaje?

Sí _____ No _____ Saldo _____ ¿Cuándo dejó la empresa? _____

Cónyuge

Sí _____ No _____ Saldo _____ ¿Cuándo dejó la empresa? _____

Otros planes de pensiones

¿Está usted participando en un plan de pensiones?

Nombre de la institución donde tiene su dinero	Tipo de plan	Valor aproximado
Usted		
1) _____	_____	_____
2) _____	_____	_____
3) _____	_____	_____
4) _____	_____	_____
5) _____	_____	_____
Su cónyuge		
1) _____	_____	_____
2) _____	_____	_____
3) _____	_____	_____
4) _____	_____	_____
5) _____	_____	_____

CUARTO PASO: VIVIENDA

¿Alquila o es propietario de su casa?

Propietario _____ Hipoteca mensual _____

Alquiler _____ Alquiler mensual _____

Valor aproximado de su primera residencia _____

Saldo de la hipoteca _____

Participación sobre la casa _____

Duración del préstamo _____

Tipo de interés del préstamo _____ ¿Es préstamo fijo o variable? _____

¿Tiene segunda residencia?

Valor aproximado de su segunda residencia _____

Saldo de la hipoteca _____

Participación sobre la casa _____

Duración del préstamo _____

Tipo de interés del préstamo _____ ¿Es préstamo fijo o variable? _____

¿Posee alguna otra residencia?

Valor aproximado _____

Saldo de la hipoteca _____

Participación sobre la casa _____

Duración del préstamo _____

Tipo de interés del préstamo _____ ¿Es préstamo fijo o variable? _____

QUINTO PASO: DISPOSICIONES SUCESORIAS

¿Tiene ya su testamento? Sí _____ No _____

¿Fecha que lo revisó por última vez? _____

¿Quién le ayudó a realizarlo? Nombre del abogado _____

Dirección _____

Teléfono _____ Fax _____

Gestión del riesgo / Seguros

¿Tiene un plan de protección para su familia? Sí _____ No _____

Compañía del seguro de vida	Tipo de Seguro	Indemnización por fallecimiento	Valor en efectivo	Prima anual
1) _____	_____	_____	_____	_____
2) _____	_____	_____	_____	_____
3) _____	_____	_____	_____	_____

Planificación fiscal

¿Hay algún profesional que se encargue de su planificación fiscal? Sí _____ No _____

Nombre del contable _____

Dirección _____

Teléfono _____ Fax _____

¿Cuál fue su renta gravable del año anterior? _____

¿Categoría impositiva estimada? _____ %

SEXTO PASO: FLUJO DE CAJA

Ingresos

Ingresos mensuales estimados _____   Ingresos anuales estimados _____

Ingresos mensuales estimados de su cónyuge _____   Ingresos anuales estimados _____

Ingresos por alquiler de una propiedad: Mensualmente _____ Anualmente _____

Otros ingresos

Tipo de ingreso	Mensual	Anual
1) _____	_____	_____
2) _____	_____	_____
3) _____	_____	_____

Gastos

Utilice el formulario *A dónde va realmente su dinero* para calcular sus gastos

Gastos mensuales estimados _____   Gastos anuales estimados _____

SÉPTIMO PASO: FLUJO DE CAJA NETO

¿Cuánto gana al mes después de impuestos? _____

¿Cuánto estima que va a gastar?   − _____

Flujo de caja neto   = _____

OCTAVO PASO: ACTIVO NETO

Patrimonio neto

    Total activos _____

− Total deudas   − _____
_____

= **Patrimonio neto estimado** _____

NOVENO PASO: OBJETIVOS FINANCIEROS

¿Cuáles son sus actuales objetivos y metas financieras? _____
_____
_____
_____

¿Hay algo en particular que actualmente le preocupe sobre su situación financiera? _____
_____
_____
_____

¿Está planificando algún cambio importante de estilo de vida para el que requiera dinero (por ejemplo, la jubilación, el divorcio, la universidad de los hijos, etc.)? _____
_____
_____
_____

¿Cuál es la mejor decisión financiera que jamás haya tomado? _____
_____
_____
_____

¿Ha tomado alguna decisión financiera de la que se arrepienta? _____
_____
_____
_____

¿Posee algunas inversiones o propiedades que esté planificando vender o le gustaría comprar en el futuro próximo? _____
_____
_____
_____

Si tuviera que contratar a un asesor financiero, ¿qué tres cosas le gustaría que él hiciera por usted? _____
_____
_____
_____

¿Algún comentario adicional? _____
_____
_____
_____

El autor

David L. Bach es uno de los asesores financieros más conocidos de Estados Unidos. Es vicepresidente adjunto de una de las empresas de intermediación más importantes de Nueva York y además es socio de The Bach Group en Orinda, California, el cual gestiona más de 600 millones de dólares de inversores privados.

Además de ser un asesor financiero a plena dedicación, David es un profesor muy reconocido por los cursos que imparte sobre la planificación de la jubilación en la Universidad de Berkeley California, en otras universidades y en numerosas empresas incluidas en Fortune 500. Como conferenciante, David ha compartido el escenario con Tony Robbins en sus programas sobre el mundo y normalmente participa en todos los eventos que destacan la importancia de que la mujer tome el control de su futuro financiero. Sus seminarios «Las mujeres inteligentes acaban ricas» han atraído la atención del público y gracias a ellos participa regularmente en programas de televisión, radio y prensa escrita.

David está casado y vive con su mujer, Michelle, en San Francisco, California.